GEO SAISON

Reisesprachführer

Spanisch

von Silvia Parra Belmonte

BERTELSMANN LEXIKON VERLAG

Text und Konzeption: Silvia Parra Belmonte

Redaktion: Michaela Stüttgen, Dr. Beate Varnhorn
Illustrationen: Dieter Stadler
Satz und Layout: Dirk Bischoff, Ernst-Jürgen Bischoff, Anke Eickholt
Bildredaktion: Edeltraud Siebart
Herstellung: Günter Hauptmann
Einbandgestaltung: Petra Dorkenwald

Bildnachweis:

AGE FotoStock, Barcelona: 35, 55, 127, 149, 187, 206, 211, 220, 227, 249; Bertelsmann Lexikon Verlag, Gütersloh: 355; dpa, Frankfurt/Burger-Precht: 121, 173, 216; IFA-Bilderteam, München: 87/Amadeus, 113/Everts; MAS, Barcelona: 15/VG Bild-Kunst, Bonn; Mauritius, Mittenwald: 179/Vidler, Hintergrund: 15, 35, 55, 87, 113, 149, 179, 211, 227, 249, 265, 281; ZEFA, Düsseldorf: 81; Seite 353: entnommen aus „Atlas der spanischen Weine", erschienen im Hallwag Verlag, Ostfildern. Seite 352: Fritz Wendler, Weyarn.

Schutzumschlag: Tony Stone Bilderwelten, München/Oliver Strewe.

Umwelthinweis: gedruckt auf chlorfrei gebleichtem Papier

Alle in diesem Band aufgeführten Wörter, Wendungen, Übersetzungen und Fakten wurden sorgfältig recherchiert. Für ihre Richtigkeit kann jedoch keine Gewähr übernommen werden.

Druck, Verarbeitung: Egedsa, Sabadell/Spanien
Printed in Spain · ISBN 3-577-10607-7

INHALTSVERZEICHNIS

8 **EINFÜHRUNG**

Zahlen, Zeiten, Zentimeter 1

16 **Zahlen & Maße**
16 Kardinalzahlen
17 Ordinalzahlen
18 Bruch- & Prozentzahlen
18 Maß- & Mengeneinheiten
20 **Rund ums Geld**
20 Bezahlen
21 **Zeiten**
22 Uhrzeiten
23 Öffnungszeiten
25 Tageszeiten
26 Wochentage
26 Monate
27 Relative & andere Zeitangaben
28 Häufigkeit
29 **Datum & Feiertage**
29 Datum
29 Fest- & Feiertage
31 **Wetter & Jahreszeiten**
31 Jahreszeiten
31 Übers Wetter reden
32 Wettervorhersage
32 Glossar: Wetterbericht
34 Himmelsrichtungen
34 **Farben**

Kontakte: Tägliches & Nützliches 2

36 **Das Allernotwendigste**
36 Gesten
37 Bei Verständigungsschwierigkeiten
38 Die Aufmerksamkeit auf sich lenken
39 **Begrüßung & Verabschiedung**
39 Sich begrüßen
40 Sich vorstellen
41 Sich verabschieden
42 **Angaben zur Person**
42 Auskunft geben
43 Glossar: Personalien
44 Berufstätigkeit
45 Studium
45 **Höflichkeitsformeln**
45 Komplimente machen
46 Sich bedanken
46 Anfragen & etwas erbitten
47 Sich entschuldigen
47 Bedauern, Freude & Begeisterung ausdrücken
48 Glückwünsche
48 **Einladungen & Verabredungen**
49 Sich verabreden
50 Einladungen
50 Empfang & Bewirtung
51 **Small talk**
51 Meinungen äußern
52 Ausrufe
53 Gefallen äußern
53 Kontakte knüpfen
54 Annäherungen zurückweisen

1 2 3 4 5 6 7 8 9 10

Unterwegs: Von A nach Z 3

56 **Allgemein**
56 Wegbeschreibungen
59 Entfernungen erfragen
59 Verkehrsverbindungen erfragen
60 **An der Grenze**
60 Paßkontrolle
61 Zollangelegenheiten
61 Unterwegs mit Tieren
62 **Mit dem Auto oder Motorrad**
63 Auf der Autobahn
63 Tankstelle: Tanken
64 Serviceleistungen
64 Autowäsche
65 Parken
66 Autovermietung
67 Wichtige Verkehrshinweise
69 Verkehrskontrolle
70 **Mit dem Zug**
70 Züge
70 Zugverbindungen erfragen
71 Fahrkarten kaufen
73 Am Bahnhof: Orientierung
74 Schilder & Durchsagen
74 Im Zug
75 Gepäck
76 **Mit dem Bus**
77 **Mit dem Flugzeug**
78 Orientierung
79 Buchungen & Stornierungen
79 Einchecken
80 Lautsprecherdurchsagen
80 An Bord
80 **Mit Schiff & Fähre**
82 Informationen erfragen
82 Schiffskarten
82 **Mit dem Fahrrad**
84 **Öffentliche Verkehrsmittel vor Ort**
85 Informationen erfragen
85 Fahrkarten kaufen
86 Taxis

Unterkunft 4

88 **Allgemein**
88 Unterkunftsmöglichkeiten erfragen
90 Fragen zum Preis
91 Aufenthaltsdauer festlegen
93 Art der Unterkunft
94 Beanstandungen
96 **Hotels & Pensionen**
96 Einrichtung & Ausstattung
96 Glossar: Zimmer & Betten
97 Telefonische Reservierung
98 Zimmersuche vor Ort
99 Ankunft: Check-in
100 Orientierung: Wo ist …?
100 Nachrichten hinterlassen
101 Fragen & Wünsche
102 Zimmertelefon
102 Abreise
103 **Ferienwohnungen**
103 Reservierung
105 Bei der Ankunft

105 Räumlichkeiten & Einrichtung
107 Wasser, Gas & Strom
108 Glossar: Bedienungsanleitung
109 Abreise
110 **Camping**
110 Anmeldung
111 Einrichtungen vor Ort
112 Ausrüstung

Essen & Trinken 5

114 **Allgemein**
114 Wann & Wo?
116 **Getränke**
116 Mengen
117 Kaffee & andere heiße Getränke
118 Erfrischungsgetränke
119 Alkoholische Getränke
120 **El bar: Frühstück & Snacks**
121 Bestellen
122 Bezahlen
122 Frühstück
124 Brötchen & Sandwiches
125 Tapas
128 **El restaurante: Genüßlich essen gehen**
128 Reservieren & Platz nehmen
129 Die Speisekarte: Ein Überblick
132 Vorspeisen, Suppen & Salate
134 Fisch & Meeresfrüchte
136 Fleisch & Geflügel
137 Beilagen
139 Nachspeisen
140 Bestellen
141 Bitten & Beanstandungen
142 Bezahlen
143 **Süße Leckereien**
143 In der Pastelería
145 In der Eisdiele
146 **La bodega: Weine genießen**
147 Rund um den Wein
148 Sherry & Co.
148 Sekt & Schaumwein

Einkaufen 6

150 **Orientierung**
152 **Verkaufsgespräche**
152 Allgemein
153 Die Ware beschreiben
154 Bewerten & sich entscheiden
155 Fragen zum Preis
156 Umtausch & Reklamation
156 **Lebensmittel**
156 Mengenangaben
157 Glossar: Getreideprodukte
158 Glossar: Milchprodukte
158 Glossar: Wurstwaren
159 Glossar: Fleisch
160 Fisch & Meeresfrüchte
162 Glossar: Gemüse

163 Glossar: Obst
163 **Kleidung & Textilien**
163 Größen
164 Anprobe
165 Glossar: Kleidungsstücke
166 Stoffe, Muster & Schnitte
167 **Schuhe & Lederwaren**
167 Schuhkauf
169 Glossar: Lederwaren
169 **Glossar: Körperpflegeartikel & Kosmetika**
171 **Glossar: Babyartikel**
171 **Foto & Film**
172 **Tabakwaren**
173 **Zeitungen, Bücher & Schreibwaren**
175 **Musik**
175 **Souvenirs & Geschenke**
176 **Antiquitäten, Kunst & Kunsthandwerk**
177 **Schmuck & Uhren**
178 **Brillen & mehr**

Entspannung, Sport & Kultur 7

180 **Badeurlaub**
180 Am Strand
182 Im Schwimmbad
183 Glossar: Badeurlaub
184 **Sport**
185 Orientierung & Anmeldung
186 Glossar: Sportarten
188 Glossar: Sportstätten & Einrichtungen
188 Glossar: Sportgeräte & Ausrüstung
190 Sportveranstaltungen
191 Glossar: Fußball
192 **Kirchen, Museen, Exkursionen**
192 Orientierung
193 An der Kasse
194 Fragen zu Namen, Daten & Fakten
195 Glossar: Kunst & Natur
197 Kirchen & Gottesdienste
198 Organisierte Fahrten
199 **Kulturveranstaltungen**
199 Orientierung
200 Kartenverkauf & Einlaß
201 Musik: Konzerte, Opern, Ballett
203 Theater
204 Kino
205 Volksfeste
207 Stierkampf
208 **Nachtleben**
208 Wohin am Abend?
209 Beim Einlaß
210 Glücksspiele

Dienstleistungen: Banken, Post, ... 8

212 **Allgemein**
212 **Banken & Geldverkehr**
213 Reisezahlungsmittel
213 Geldwechsel
214 Am Geldautomaten
215 Geldverkehr

216 **Postdienste**
217 Sendungen verschicken & entgegennehmen
218 **Telefonieren**
218 Nützliche Telefonnummern
219 In der Telefónica
220 In der Telefonzelle
221 Am Telefon
223 Auskunft & Ansagen
223 **Beim Friseur**
224 Was soll gemacht werden?
224 Waschen, schneiden, fönen
226 **Reinigung**

Für alle Fälle 9

228 **Das Allernotwendigste**
229 **Bei Verkehrsunfällen**
230 **Autopanne**
230 Hilfe herbeiholen
231 In der Autowerkstatt
233 **Diebstahl & Verlust**
233 Allgemein
234 Anzeige erstatten
235 Bei Geld- & Kartenverlust
236 **In der Apotheke**
236 Medikamente kaufen
237 Glossar: Packungsbeilage
238 **Arztbesuch & Krankenhausaufenthalt**
238 Orientierung
239 Beschwerden & Verletzungen benennen
240 Ärztliche Untersuchung
242 Diagnose & Therapie
243 Glossar: Körperteile & Organe
245 Im Krankenhaus
246 **Beim Zahnarzt**
247 **Kuraufenthalt**

Dienstlich unterwegs 10

250 **Kontaktaufnahme**
250 Sich vorstellen
251 Den Ansprechpartner ausfindig machen
252 Glossar: Positionen & Hierarchien
253 Glossar: Abteilungen
253 Glossar: Unternehmensformen
254 Termine vereinbaren
255 Telefonieren
256 Schriftliche Korrespondenz
256 **In der Firma**
256 Sekretariat & Empfang
257 Small talk
258 Verhandlungen führen
259 Etwas erbitten
259 Bürobedarf & Ausstattung
261 Computer
263 **Messen**

Kurzgrammatik & Wörterbuch S. 265

EINFÜHRUNG

Spanier sprechen Spanisch – auf den ersten Blick eine banale Feststellung. Aber neben dem *español* gibt es drei weitere offizielle Landessprachen: das Katalanische, das Baskische und das Galizische. Spanisch wird allerdings überall gesprochen und verstanden; und jeder Versuch eines Fremden, Spanisch zu sprechen – sei es noch so unvollkommen – wird sicher positiv aufgenommen.

Ganze Sätze und einzelne Vokabeln nachschlagen

Einzelne deutsche oder spanische **Vokabeln** und ihre Übersetzung finden Sie am schnellsten im Wörterbuchteil im Anhang des Buches. Wenn Sie sich hingegen auf eine bestimmte Situation im Reiseland systematisch vorbereiten wollen und bestimmte **Sätze**, eine feste Wendung oder situationstypische Standardvokabeln lernen oder nachschlagen möchten, so gelangen Sie am besten über das thematisch geordnete Inhaltsverzeichnis in das entsprechende Kapitel. Hier sind dann alle typischen Redemittel in überschaubaren Einheiten präsentiert. Darüber hinaus finden Sie in den Kapiteln nützliche **Tips und Hinweise** zu Land und Leuten. Eine weitere Zugriffsmöglichkeit bietet das **Wörterbuch** im Anhang. Denn dort ist außer der Übersetzung der gesuchten Vokabel auch die Seitenzahl angegeben, die Sie direkt in den entsprechenden Textteil führt.

Der Reisesprachführer als Selbstlernsprachkurs

Für Spanischlerner und diejenigen, die sich mit den wichtigsten Regeln der spanischen Sprache vertraut machen möchten, ist die **Kurzgrammatik** im Anhang konzipiert. Die **Ausspracheregeln** im Vorspann des Buches und die zusammen mit dem Buch erhältliche **Audiokassette** geben Ihnen die korrekte Sprechweise an. Die **Lerneinheiten** im Leseteil sind thematisch geordnet und eignen sich zum selektiven Lesen und Lernen. In den einzelnen Kapiteln sind alle wichtigen Redemittel zu der jeweiligen typischen Reisesituation übersichtlich zusammengestellt: elementare Sätze der Alltagskommunikation und die wichtigsten Vokabeln ebenso wie häufige Hinweise, Schilder und Durchsagen in der Landessprache. Das, was gelernt werden sollte, steht immer rechts: Handelt es sich um Wörter oder Wendungen, die Sie aktiv beherrschen sollten (z. B. *Die Rechnung, bitte!*), so steht die deutsche Wendung links, die spanische Übersetzung rechts. Wörter und Wendungen, die Sie kaum selbst sagen würden, aber doch verstehen sollten (z. B. *Haben Sie etwas zu verzollen?*), sind genau umgekehrt angeordnet. So können Sie jeweils die rechte Spalte verdecken und lernen.

Symbole & Darstellungsweisen

Symbole	Beschreibung	Beispiel	
blaue Schrift	Spanientips und -hinweise	Wenn Sie ein Postamt suchen ...	
●	passiver Wortschatz	● ¡Su documentación, por favor! – Ihre Papiere, bitte!	
/	Alternativen; durch Grauschrift gekennzeichnet	Angestellte/r – empleado/a Wo ist / sind ...? Bis nachher / später / bald!	
( )	fakultative Erweiterungen	Es tut mir (wirklich) leid! – Lo siento (de verdad).	
...	Platz für Varianten, die hier eingesetzt werden können	**Fahren Sie ...!** nach rechts geradeaus	**¡Vaya ...!** a la derecha recto
▶	Weiteres finden Sie im Wörterbuch oder im Kapitel	▶ Wörterbuch (Berufe) ▶ Kap. 1, Rund ums Geld S. 20	
~	Wiederholung der Vokabel	café, el ~ con leche	Kaffee Milch~

AUSSPRACHE

Vokale (a, e, i, o, u) werden im Spanischen immer kurz und offen gesprochen. Diphtonge werden anders als im Deutschen stets getrennt geprochen: *E-u-ropa.*

Insgesamt werden die meisten spanischen Konsonanten wie im Deutschen ausgesprochen, nur weicher. Folgende Konsonanten haben eine etwas andere bzw. eine zusätzliche Aussprache:

Buchstabe	Laut	Beschreibung	Position	Beispiel
b	[b]	weiches *b* wie in *Ball*	am Wortanfang, nach **m**, **n**	**b**ueno, ham**b**re
	[ƀ]	wie *w* in Wasser	im Wort	be**b**er
c	[k]	wie in *Kilo*		**c**osta
	[θ]	wie engl. *th* in *think*	vor **e** und **i**	gra**c**ias
ch	[tʃ]	wie *tsch* in *Tschüs*		ma**ch**o
d	[d]	wie weiches *d* in *Adam*	am Wortanfang, nach **l**, **n**	**d**on**d**e
		kaum gesprochen	am Wortende	Madri**d**
	[đ]	wie engl. *th* in *this*	ansonsten	a**d**iós
g	[g]	wie *g* in *Garten*		a**g**ua
	[x]	wie *ch* in *ach*	vor **e** und **i**	**g**ente
gue	[ge]	wie in *gern*		**gue**rrilla
gui	[gi]	wie in *Gitter*		**gui**tarra
güe	[gue]	*ü* wie *u*		ci**güe**ña
güi	[gui]	*ü* wie *u*		lin**güi**sta
h		wird nie gesprochen		**h**otel
j	[x]	wie *ch* in *ach*		**J**erez

ll	[ʎ]	wie *lj* gesprochen, wobei *l* fast verschwindet		ca**ll**e
n	[n] [m] [ŋ]	wie *n* in *Nase* wie *m* in *Dampfer* wie in *Ring*	 vor **b**, **f**, **p**, **v** vor **c**, **k**, **g**, **j**	**n**oche e**n**fermo o**n**ce
ñ	[ɲ]	wie frz. *gn* in *Champagner*		Espa**ñ**a
p	[p]	wie *p* in *Park*, nur unbehaucht		**p**an
qu	[k]	wie *k* in *Kur*		**qu**e
r rr	[r] [rr] [rr]	Zungen-*r* gerolltes Zungen-*r* gerolltes Zungen-*r*	 am Wortanfang, nach **l**, **n**, **s**	hom**br**e **r**uta, hon**r**a a**rr**iba
s	[s] [z]	wie *s* in *Messer* wie *s* in *Sonne*	 vor **b**, **v**, **d**, **m**, **n**, **l**	ca**s**a, **s**ol i**s**la
t	[t]	wie *t* in *Tat*, nur unbehaucht		**T**oledo
v	siehe **b**			
w	siehe **b**			
y	[j] [i]	wie *j* in *Jahr* wie *i* in *ich*	 am Wortende	**y**o so**y**
z	[θ]	wie engl. *th* in *think*		**Z**arago**z**a

Betonung

Zwei einfache Regeln genügen im Spanischen, um zu wissen, wo ein Wort ohne Akzent betont wird.

1. Wörter, die auf **Vokal**, **-n** oder **-s** enden, werden auf der vorletzten Silbe betont: z. B. *chịco, Cạrmen, naciọnes*.
2. Wörter, die auf **Konsonant** – außer *-n* und *-s* – enden, werden auf der letzten Silbe betont: z. B. *colọr, Valladolịd*.

Abweichungen von diesen Regeln werden durch einen Akzent angezeigt. Vokalkombinationen mit *i* oder *u* werden als eine Silbe gezählt (daher z. B. die Betonung *farmạcia*). Ansonsten muß ein Akzent gesetzt werden, wie z. B. bei *librerị́a, panaderị́a*. In einigen wenigen Fällen dient der Akzent der Unterscheidung von Wörtern, die zwar gleich geschrieben werden, jedoch unterschiedliche Bedeutungen haben: *él* (= er) im Gegensatz zu *el* (= der).

WICHTIGE ABKÜRZUNGEN

a.C.	antes de Cristo	vor Christus
apdo.	apartado de correos	Postfach
Av./Avda.	Avenida	Allee
c/	calle	Straße
Cía.	Compañía	Gesellschaft
D.	Don	Herr (+ Vorname)
Dª	Doña	Frau (+ Vorname)
d.C.	después de Cristo	nach Christus
dcha.	derecha	rechts
EE.UU.	Estados Unidos	USA
G.C.	Guardia Civil	Polizeigruppe
h	hora	Uhrzeit, Stunde
IVA	impuesto sobre el valor añadido	Mehrwertsteuer
izq./izqda.	izquierda	links

MOPU	Ministerio de Obras Públicas y Urbanismo	Bauministerium
nº/núm.	número	Nummer
ONCE	Organización Nacional de Ciegos Españoles	Spanischer Blindenverband
ONU	Organización de las Naciones Unidas	UNO
OTAN	Organización del Tratado del Atlántico Norte	NATO
P.A.	por autorización/por ausencia	im Auftrag
p./pág.	página	Seite
p. ej.	por ejemplo	zum Beispiel
Pl.	plaza	Platz
pta./ptas.	peseta(s)	Pesete(n)
P.V.P.	precio de venta al público	Endverbraucherpreis
R.A.C.E.	Real Automóvil Club de España	Königlich-Spanischer Automobilclub
Renfe	Red Nacional de Ferrocarriles Españoles	Staatliche Eisenbahn
R.F.A.	República Federal de Alemania	BRD
Rte.	remitente	Absender
S./Sto./Sta.	San/Santo/Santa	Heilige/r
SIDA	síndrome de inmunodeficiencia adquirida	AIDS
Sr./sr.	señor	Herr
Sra./sra.	señora	Frau
Srta.	señorita	Fräulein
tel./telef./tfno.	teléfono	Telefon(nummer)
TVE	Televisión Española	Staatliches Fernsehen
Vd./Ud.	usted	Sie (Singular)
Vds./Uds.	ustedes	Sie (Plural)

▶ Kap. 10, Glossar: Unternehmensformen S. 253

ALPHABET & BUCHSTABIERTAFEL

Tauchen beim Buchstabieren Unsicherheiten auf, verweisen Sie einfach auf das spanische Kennwort: *Bauer se escribe con be – con be de Barcelona* (= Bauer schreibt man mit B – mit B wie Berta).

A	[a]	Antonio/Almería
B	[be]	Barcelona
C	[ce]	Ceuta
CH	[che]	Chocolate
D	[de]	Domingo
E	[e]	España
F	[efe]	Francia
G	[ge]	Gerona
H	[hache]	Historia
I	[i/i latina]	Italia
J	[jota]	Jaén
K	[ka]	kilo
L	[ele]	Lorenzo
LL	[elle]	Llave
M	[eme]	Madrid
N	[ene]	Navarra
Ñ	[eñe]	Ñoño
O	[o]	Oviedo
P	[pe]	Paris
Q	[cu]	Queso
R	[erre]	Ramón
S	[ese]	Sevilla
T	[te]	Toledo
U	[u]	Ursula
V	[uve]	Valencia
W	[uve doble]	Washington
X	[equis]	Xilofón
Y	[i griega]	Yegua
Z	[zeta]	Zaragoza
Ä, Ö, Ü	(a, o, u con diéresis)	

ZAHLEN, ZEITEN, ZENTIMETER

1

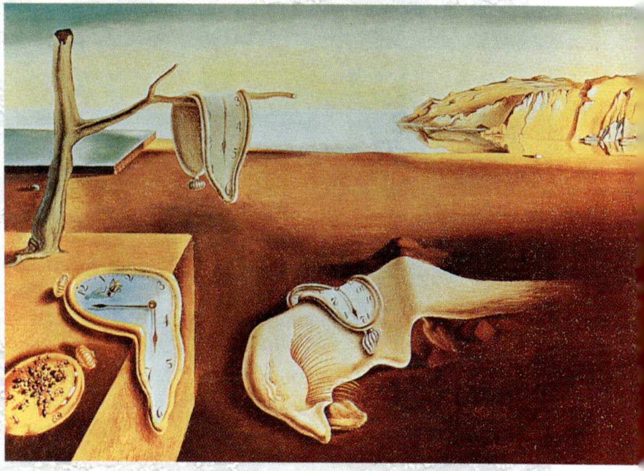

1

Zahlen & Maße

Kardinalzahlen

Zahlen zu verstehen ist angesichts des Sprechtempos vieler Spanier nicht unbedingt einfach. Im Notfall können Sie immer noch fragen: *¿Podría / Podrías anotarme el número de teléfono / el precio?* (= Könnten Sie / Könntest du mir die Telefonnummer / den Preis aufschreiben?)

0 cero	1 uno	2 dos	3 tres	4 cuatro
5 cinco	6 seis	7 siete	8 ocho	9 nueve
10 diez	20 veinte	30 treinta	40 cuarenta	50 cincuenta
60 sesenta	70 setenta	80 ochenta	90 noventa	100 cien

11	once	21	veintiuno	101	ciento uno
12	doce	22	veintidós	200	doscientos/as
13	trece	23	veintitrés	300	trescientos/as
14	catorce	31	treinta y uno	400	cuatrocientos/as
15	quince	32	treinta y dos	500	quinientos/as
16	dieciséis	33	treinta y tres	600	seiscientos/as
17	diecisiete	41	cuarenta y uno	700	setecientos/as
18	dieciocho	42	cuarenta y dos	800	ochocientos/as
19	diecinueve	43	cuarenta y tres	900	novecientos/as

1000	10 000	1 000 000
mil	diez mil	un millón

1500	mil quinientos	20 000	veinte mil
2000	dos mil	100 000	cien mil
3000	tres mil	2 000 000	dos millones

Hunderterzahlen können eine maskuline (*doscientos dólares*) oder feminine (*doscientas pesetas*) Endung haben. Angaben in Millionengröße erfordern die Anfügung von *de:* Die Einwohnerzahl Spaniens (Stand 1994) beträgt *treinta y nueve millones de habitantes.*

▶ Kap. 1, Rund ums Geld S. 20

Ordinalzahlen

primer(o)	1º	1ª	primera	erste(r,-s)
segundo	2º	2ª	segunda	zweite(r,-s)
tercer(o)	3º	3ª	tercera	dritte(r,-s)
cuarto	4º	4ª	cuarta	vierte(r,-s)
quinto	5º	5ª	quinta	fünfte(r,-s)
sexto	6º	6ª	sexta	sechste(r,-s)
séptimo	7º	7ª	séptima	siebte(r,-s)
octavo	8º	8ª	octava	achte(r,-s)
noveno	9º	9ª	novena	neunte(r,-s)
décimo	10º	10ª	décima	zehnte(r,-s)

Im Spanischen werden Ordinalzahlen üblicherweise nur bis 10 benutzt, darüber hinaus weicht man meist auf die »einfacheren« Kardinalzahlen aus: der zwölfte Stock = *el piso doce*.

1

An vielen spanischen Haustürkingeln sucht man vergebens nach Namensschildern, stattdessen muß man sich an den Ordinalzahlen orientieren, die Stockwerk und Wohnungstür bezeichnen:

▶ Kap. 1, Datum S. 29

Bruch- & Prozentzahlen

$^{1}/_{2}$	medio	$^{1}/_{5}$	un quinto
1 $^{1}/_{2}$	uno y medio	$^{1}/_{6}$	un sexto / seisavo
$^{1}/_{3}$	un tercio		
$^{1}/_{4}$	un cuarto	50%	el cincuenta por ciento
$^{3}/_{4}$	tres cuartos	15%	el quince por ciento

Maß- & Mengeneinheiten

mm	milímetro	Millimeter
cm	centímetro	Zentimeter
m.	metro	Meter
km.	kilómetro	Kilometer
	milla (naútica) / legua	(See-) Meile

m^2	metro cuadrado	Quadratmeter
km^2	kilómetro cuadrado	Quadratkilometer
a	área, el	Ar
ha	hectárea	Hektar
cm^3	centímetro cúbico	Kubikzentimeter
m^3	metro cúbico	Kubikmeter
km/h	kilómetro por hora	Stundenkilometer
	nudo	Knoten
cl.	centilitro	Zentiliter
dl.	decilitro	Deziliter
l.	litro	Liter
hl.	hectolitro	Hektoliter
gr.	gramo	Gramm
	medio kilo	Pfund (= 500g)
kg.	kilo	Kilo(gramm)
q.	quintal no métrico	ca. 46 kg
qm.	quintal métrico, el	Doppelzentner (= 100 kg)
t	tonelada	Tonne
	una docena	ein Dutzend
	un par	ein Paar

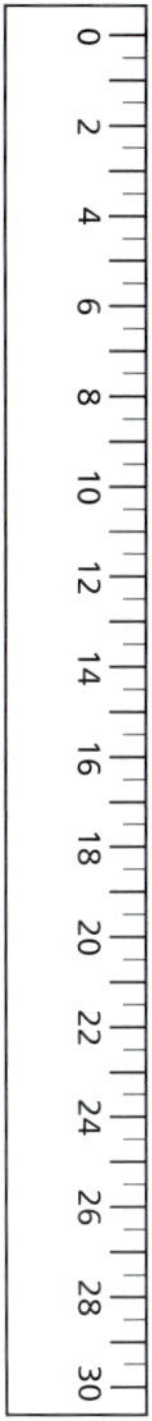

Apropos: Bei Mengenangaben wird *de* ergänzt: *un kilo de naranjas* (= ein Kilo Orangen).

▶ Kap. 5, Getränke, Mengen S. 116
▶ Kap. 6, Lebensmittel, Mengenangaben S. 156

1

Rund ums Geld

Seit 1991 sind neben den alten Geldscheinen (= *billetes*) und Münzen (= *monedas*) neue im Umlauf, die z. T. in Größe und Gestaltung erheblich voneinander abweichen. Es gibt 1-, 5-, 10-, 25-, 50-, 100-, 200- und 500-Peseten-Stücke, in Scheinen sind 1000, 2000, 5000 und 10 000 Peseten im Umlauf. Eine Besonderheit stellt die 5-Peseten-Münze dar, der *duro*. Es kommt noch immer vor, daß Preise auf dem Wochenmarkt nicht mit *cien pesetas* (= 100 Peseten), sondern mit *veinte duros* (= 20 Fünf-Peseten-Münzen) angegeben werden.

▶ Geldscheine, Abb. 3 im Anhang

Bezahlen

Euroschecks (= *eurocheques*) gelten in Spanien nicht als gängiges Zahlungsmittel. Sie können sie zwar in den meisten Banken einlösen, jedoch nur unter Vorlage eines Personalausweises und mit beträchtlichem bürokratischem Aufwand. ›Plastikgeld‹ hingegen ist in Spanien sehr beliebt und verbreitet: Die gängigen Kreditkarten (= *tarjetas*) wie American Express, VISA oder MasterCard/EuroCard werden vielerorts als Zahlungsmittel akzeptiert, sogar an Autobahnmautstellen.

(Wo) Kann ich zahlen?	¿(Dónde) Puedo pagar?
Wieviel kostet das?	¿Cuánto cuesta?
Wieviel bekommen Sie?	¿Cuánto le debo?
• Son cuatro mil ochocientas pesetas.	Das macht 4800 Peseten.
• ¿Lo tiene suelto?	Haben Sie es klein?

Ich habe leider kein Kleingeld.	Lo siento, no llevo dinero suelto.
• Tenga la vuelta.	Hier (ist) das Rückgeld.
• ¿Cómo va a pagar?	Wie möchten Sie zahlen?
Kann ich ... bezahlen? mit Kreditkarte bar mit Scheck	**¿Puedo pagar ...?** con tarjeta en efectivo con cheque
• ¿Con qué tarjeta quiere pagar?	Mit welcher Kreditkarte möchten Sie zahlen?
• Sólo aceptamos Master y American Express.	Wir akzeptieren nur EuroCard und American Express.
• Firme aquí, por favor.	Unterschreiben Sie bitte hier!
Den Kassenbon, bitte!	El resguardo de caja, por favor.
Eine Quittung / Rechnung, bitte!	Un recibo / Una factura, por favor.
Ich glaube, Sie haben sich verrechnet.	Creo que se ha equivocado.

▶ Kap. 8, Geldwechsel S. 213, Am Geldautomaten S. 214

Zeiten

Spanier gehen i. allg. etwas anders mit der Zeit um, vor allem wenn es um soziale Kontakte geht. Zwischenmenschliches hat einfach Vorrang, und so gehören Geduld (= *paciencia*) und Gelassenheit (= *calma*) zum spanischen Alltag. Einige Termine sind jedoch verbindlich: Stierkämpfe beginnen in Spanien immer pünktlich.

1

Uhrzeiten

In Spanien gilt das 12-Stunden-System: 17.00 Uhr ist *las cinco*. Zur Konkretisierung wird der Tagesabschnitt ergänzt: 8.00 Uhr entspricht *las ocho de la mañana*, 18.00 Uhr hingegen *las seis de la tarde*, 23.00 Uhr heißt *las once de la noche* (→ Tageszeiten, S. 25).

Entschuldigung, wie spät ist es?	Perdón, ¿qué hora es, por favor?

Es ist ... .

13:00	Es la una.
15:00	Son las tres.
15:10	Son las tres y diez.
15:15	Son las tres y cuarto.
15:30	Son las tres y media.
15:35	Son las cuatro menos veinticinco.
15:45	Son las cuatro menos cuarto.

um wieviel Uhr?	¿a qué hora?
um 10 Uhr	a las diez
um zehn vor drei	a las tres menos diez
um zehn nach drei	a las tres y diez
Punkt 6 Uhr	las seis en punto
gegen 9 Uhr	alrededor de las nueve
vor 17 Uhr	antes de las cinco
nach 17 Uhr	después de las cinco
zwischen 16 und 17 Uhr	entre las cuatro y las cinco
in einer halben Stunde	dentro de media hora

vor einer Stunde	hace una hora
Minute	minuto
Sekunde	segundo
Stunde	hora

In Spanien gilt die mitteleuropäische Zeit. Lediglich auf den Kanarischen Inseln geht die Uhr im Vergleich zum spanischen Festland eine Stunde nach.

Öffnungszeiten

Apotheken Die Öffnungszeiten variieren, die Kernzeiten sind: 9.00–14.00 Uhr und 16.30–20.00 Uhr. Eine Liste der Notdienstapotheken (= *farmacia de guardia*) finden Sie an jeder Apotheke sowie in der Presse.

Banken Mo–Fr vormittags von 9.00–14.00 Uhr, außerhalb der Sommermonate auch Sa bis 13.00 Uhr.

Botschaften und Konsulate Botschaften (= *embajadas*) und Konsulate (= *consulados*) sind normalerweise nur vormittags geöffnet, man kann aber jederzeit einen Termin mit der entsprechenden Stelle vereinbaren.

Geschäfte und Kaufhäuser In der Woche (Mo–Sa) sind die Läden normalerweise von 9.00–14.00 Uhr und von 17.00–20.00 Uhr geöffnet. Viele der kleineren Läden bleiben am Samstagnachmittag bzw. an einem anderen Wochentag geschlossen. Die großen Kaufhäuser (= *grandes almacenes*) sind durchgehend von 9.00–20.30 bzw. 21.00 Uhr geöffnet. In einigen Großstädten und Touristenzentren sind viele Läden auch sonntags geöffnet.

1

Museen Im allgemeinen Di–Sa von 9.00–14.00 Uhr und von 16.00–19.00 Uhr, an Sonn- und Feiertagen nur vormittags. Montags sind die Museen in der Regel geschlossen.

Postämter Insgesamt gelten kundenfreundliche Öffnungszeiten von 8.00–21.00 Uhr. Die Hauptpostämter von Madrid, Barcelona und Bilbao sowie Flughafenpostschalter sind sogar rund um die Uhr geöffnet. Nur bei den kleineren Poststellen muß man sich auf kürzere Öffnungszeiten einstellen.

Kirchen Die Hochamts- und Gottesdienstzeiten (= *misa mayor/culto*) variieren von Ort zu Ort. Sie sind aber am Eingangsportal jeder Kirche angeschlagen.

Reisebüros Die Öffnungszeiten entsprechen den üblichen Geschäftszeiten: 9.00 bzw. 9.30–14.00 Uhr und 16.30–20.00 Uhr.

Restaurants Normalerweise wird von 13.30–15.30 Uhr Mittagessen und von 20.30–23.30 Uhr Abendessen serviert, aber viele Restaurants sind durchgehend geöffnet.

Tankstellen Tagsüber sind die *gasolineras* durchgehend geöffnet. Nachts kann es, abgesehen von den Autobahnraststätten (= *áreas de servicio*), schwierig werden, eine offene Tankstelle zu finden.

Um wieviel Uhr öffnet / schließt ...?	**¿A qué hora abre / cierra ...?**
dieses Geschäft	esta tienda
die Bank	el banco
das Museum	el museo

● A las ocho y media de la tarde. — Um 20.30 Uhr.

abierto	geöffnet
cerrado	geschlossen
horario / horas de apertura	Öffnungszeit(en)
~ a partir del …	~ ab dem …
~ del … al …	~ vom … bis zum …
~ de verano / invierno	~ im Sommer / Winter
~ laborables / festivos	~ an Werktagen / Feiertagen

Tageszeiten

Im Spanischen folgt die Tagesaufteilung dem Stand der Sonne: Vor Sonnenaufgang spricht man von den frühen Morgenstunden als *la madrugada*, spätestens nach Sonnenaufgang beginnt *la mañana* und endet mittags um 12.00 Uhr. Der Nachmittag (= *la tarde*) wird vom Sonnenuntergang beendet. Dann beginnt nicht erst der Abend, sondern gleich die Nacht (= *la noche*).

día, el	Tag
madrugada	früher Morgen / Morgengrauen
por la ~	frühmorgens
mañana	Vormittag / Morgen
por la ~	vormittags / am Vormittag / morgens
mediodía	Mittag
a ~	mittags
tarde	Nachmittag
por la ~	nachmittags / am Nachmittag
noche	Abend / Nacht
por la ~	abends / am Abend / nachts
(a) medianoche	(um) Mitternacht

Wochentage

Montag	lunes, el
Dienstag	martes, el
Mittwoch	miércoles, el
Donnerstag	jueves, el
Freitag	viernes, el
Samstag	sábado
Sonntag	domingo
Werktag	laborable, el
Feiertag	festivo
Wochenende	fin de semana, el

Monate

Apropos: Der heiße Monat August ist der spanische Ferienmonat schlechthin: überfüllte Strände, Staus, menschenleere Städte, geschlossene Läden und Büros. Dienstreisen verlegt man besser auf einen anderen Monat. Gleiches gilt, wenn man Amtliches zu erledigen hat.

1 ENERO Januar	5 MAYO Mai	9 SEPTIEMBRE September
2 FEBRERO Februar	6 JUNIO Juni	10 OCTUBRE Oktober
3 MARZO März	7 JULIO Juli	11 NOVIEMBRE November
4 ABRIL April	8 AGOSTO August	12 DICIEMBRE Dezember

Relative & andere Zeitangaben

Wann?	**¿Cuando?**
vorgestern	anteayer
gestern	ayer
~ abend	~ noche
~ früh / morgen	~ por la mañana
heute	hoy
~ abend	esta noche
~ früh / morgen	esta mañana
morgen	mañana
~ abend	~ por la noche
~ früh	~ por la mañana
übermorgen	pasado mañana
in einer Woche	dentro de una semana
letzte Woche	la semana pasada
diesen Montag	este lunes
nächsten Monat	el mes que viene
übernächstes Jahr	dentro de dos años
am Montag	el lunes
am Abend	por la noche
am Wochenende	el fin de semana
im Jahre 2001	en el año dos mil uno
im Januar	en enero
in den 90er Jahren	en los años noventa
von Montag bis Freitag	de lunes a viernes
von 8.00 bis 10.00 Uhr	de 8 a 10
Anfang Januar	a principios de enero
Mitte Januar	a mediados de enero
Ende Januar	a fines de enero

1

kürzlich	hace poco
gleich	enseguida
bald	pronto
früh	temprano
spät	tarde
10 Minuten später	10 minutos más tarde
rechtzeitig	a tiempo
Ab wann?	**¿A partir de cuándo?**
ab ... Uhr	a partir de la(s) ...
ab Montag	a partir del lunes
Seit wann?	**¿Desde cuándo?**
seit einer Stunde	desde hace una hora
seit 11 Uhr	desde las once

Häufigkeit

Wie oft?	**¿Cuántas veces?**
(fast) immer	(casi) siempre
oft	a menudo
hin und wieder	de vez en cuando
manchmal	a veces
selten	raras veces
einmal	una vez
zweimal	dos veces
nie(mals)	nunca
jeden Tag	cada día
jeden zweiten Tag	cada dos días
täglich	todos los días / a diario

Datum & Feiertage

1

Datum

Das Datum (= *la fecha*) wird im Spanischen mit Hilfe der Kardinalzahlen angegeben: *el dos de mayo* (= 2.5.). Nur der Erste eines Monats kann auch als *primero de …* bezeichnet werden.

Der wievielte ist heute?	¿Qué día / fecha es hoy?
• (Hoy es) El cinco de diciembre.	(Heute ist) Der 5. Dezember.
• ¿Cuándo nació usted / naciste?	Wann sind Sie / bist du geboren?
Am 13. September 1962.	El trece de septiembre de mil novecientos sesenta y dos.

▶ Kap. 2, Angaben zur Person S. 42

Fest- & Feiertage

Spanien nutzt die zahlreichen Kirchenfeste ausgiebig zum Feiern. Offiziell sind es zwölf nationale Feiertage (in der nachfolgenden Liste hervorgehoben) und zwei regionale Festtage. Fällt jedoch einer der zwölf Feiertage auf einen Sonntag, wird ersatzweise ein anderer Festtag landesweit von der Arbeit »befreit«.

01.01.	**Año Nuevo**	Neujahr
06.01.	**Reyes / Epifanía**	Heilige Drei Könige (wichtiger Tag für alle spanischen Kinder, denn ihnen bringen heute die Heiligen Drei Könige Geschenke – statt des Christkinds)
	Carnaval	Karneval

1

19.03.	San José	St. Josef (feuriger Höhepunkt der »Fallas«-Feiern in Valencia)
	Semana Santa	Karwoche (Prozessionen überall im Land)
	Jueves Santo	Gründonnerstag
	Viernes Santo	Karfreitag
	Pascua	Ostern
	Feria de Abril	ausgelassenes Volksfest in Sevilla
01.05.	**Día del trabajo**	Tag der Arbeit
	Ascensión	Christi Himmelfahrt
15.05.	San Isidro	St. Isidor (mehrtägiges Fest in Madrid)
	Pentecostés	Pfingsten
	Corpus (Cristi)	Fronleichnam
24.06.	San Juan	St. Johannes
07.07.	San Fermín	St. Firmian (weltbekannte Fiesta Pamplonas)
25.07.	**Santiago Apóstol**	St. Jakob
15.08.	**Ascención (de la Virgen)**	Mariä Himmelfahrt
11.09.	Diada de Catalunya	Feiertag in Katalonien
12.10.	**Día de la Hispanidad**	Nationalfeiertag (anläßlich der Entdeckung Amerikas)
01.11.	**Todos los Santos**	Allerheiligen
02.11.	Día de los Difuntos	Allerseelen
06.12.	**Día de la Constitución**	Tag der Verfassung
08.12.	**Inmaculada Concepción**	Mariä Empfängnis
24.12.	Nochebuena	Heiligabend
25.12.	**Navidad**	Weihnachten
31.12.	Nochevieja	Silvesternacht

▶ Kap. 7, Volksfeste S. 205

Wetter & Jahreszeiten

Todo bajo el sol (= Alles unter der Sonne) heißt es in Spanien, doch tatsächlich herrschen große klimatische Gegensätze: Das Landesinnere zeichnet sich durch kalte, strenge Winter und heiße, trockene Sommer aus. Die nordöstlichen Mittelmeerküsten weisen milderes Klima (= *clima templado*) auf, heißer wird es im Süden. An der nördlichen Atlantikküste ermöglicht feuchtes, regenreiches Klima (= *clima húmedo*) eine üppig-grüne Vegetation.

Jahreszeiten

Frühling	primavera	frühlingshaft	de primavera / primaveral
Sommer	verano	sommerlich	de verano / veraniego
Herbst	otoño	herbstlich	de otoño / otoñal
Winter	invierno	winterlich	de invierno / invernal

Übers Wetter reden

Wie ist das Wetter heute?	¿Qué tiempo hace hoy?
Das Wetter ist schön.	Hace buen tiempo.
Heute ist es aber heiß / kalt!	¡Qué calor / frío hace hoy!
Die Sonne scheint.	Hace sol.
Es ist windig.	Hace viento.
Es ist frisch / schwül.	Hace fresco / bochorno.
Es ist neblig.	Hay niebla.
Es gewittert.	Hay tormenta.
Es regnet.	Llueve.

Das aktuelle Wetter bietet stets Anlaß zu Kommentaren: *¡Qué calor / frío tengo!* (= Mein Gott, ist mir heiß / kalt!) oder *¡Estoy sudando!* (= Ich schwitze!) bzw. *¡Estoy tiritando!* (= Ich bibbere!).

Wettervorhersage

Wie wird das Wetter morgen? ¿Qué tiempo hará mañana? Was sagt der Wetterbericht? ¿Qué dice el parte meteorológico?	Va a hacer *buen / mal* tiempo. Das Wetter wird *schön / schlecht.* Continuará el *buen / mal* tiempo. Es bleibt *schön / schlecht.* Va a hacer 38 grados. Es wird 38 Grad (heiß).

Glossar: Wetterbericht

temperaturas	Temperaturen
~ máximas	Höchst~
~ mínimas	Tiefst~

caluroso	heiß
calor, el	Hitze
despejado	heiter
seco	trocken
sol, el	Sonne
soleado	sonnig

precipitaciones, las	Niederschläge
lluvia	Regen
chubasco	Schauer
tormenta	Gewitter
rayo, relámpago	Blitz
trueno	Donner

cielo	Himmel
cubierto	bedeckt
nubes y claros	heiter bis wolkig
nube, la	Wolke
niebla	Nebel

viento(s)	Wind
~ flojo(s)	schwach windig
~ moderado(s)	mäßiger ~
~ fuerte(s)	starker ~
tempestad, la	Sturm

frío	kalt, Kälte
helada	Frost
granizo	Hagel
nieve, la	Schnee

marejada	hoher Seegang
marejadilla	leichter Seegang

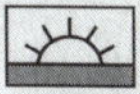

salida del sol	Sonnenaufgang
puesta del sol	Sonnenuntergang
luna llena	Vollmond
luna nueva	Neumond

1

Himmelsrichtungen

Norden	norte, el
Süden	sur, el
Westen	oeste, el
Osten	este, el

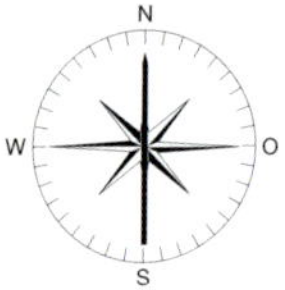

Farben

beige	beige
blau	azul
dunkel~	~ marino
braun	marrón
gelb	amarillo
golden	dorado
grau	gris
grün	verde
lila	lila
orange	naranja
rosa	rosa
rot	rojo
schwarz	negro
silbern	plateado
türkis	turquesa
violett	morado / violeta
weiß	blanco

▶ Wörterbuch

KONTAKTE: TÄGLICHES & NÜTZLICHES

2

Das Allernotwendigste

Viel Sympathie haben Sie schon gewonnen, wenn Sie Ihren Fragen und Wünschen ein freundliches *por favor* (= bitte) hinzufügen. Besonders höflich ist es, an das Wort *gracias* (= danke) die Anrede *señor* oder *señora* anzuhängen. Die Erwiderung ›bitte‹ im Sinne von ›keine Ursache‹ lautet im Spanischen *de nada*. Entschuldigen können Sie sich am einfachsten mit dem Wörtchen *perdón*.

Ja.	Sí.
Nein.	No.

Gesten

Wenn es mit der sprachlichen Verständigung noch nicht so gut klappt, hilft manchmal auch ein genaues Beobachten der Körpersprache, denn in Spanien wird expressives Sprechen meist von ausdrucksvoller Gestik begleitet. Oft sind es individuelle Gebärden, daneben gibt es aber auch einige allgemeingültige:

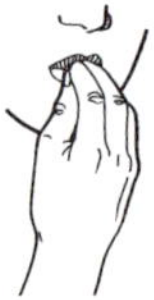

1. Die Hand nach oben halten und Fingerkuppen zusammenlegen, vorzugsweise dabei die Fingerspitzen küssen.
   → Sehr gut.
   (= *¡Así de bueno!*)

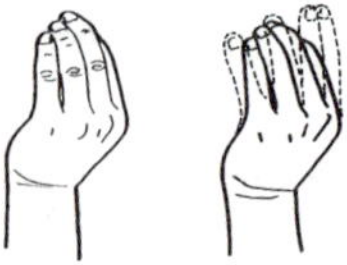

2. Gleiche Geste wie in 1 (ohne Kuß, nur die Fingerspitzen auf- und zugehen lassen).
   → Proppevoll!
   (= *¡Así de lleno!*)

3. Mit der flachen Handfläche mehrmals leicht auf die Wange schlagen.
   → So eine Unverschämtheit! (= *¡Qué cara!*)
4. Ausgestreckter Zeigefinger am unteren Augenlid.
   → Obacht! (= *¡Ojo!*)

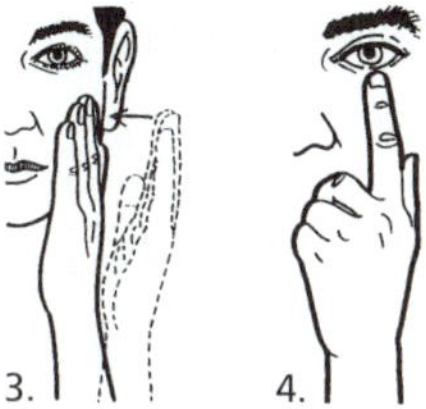

5. Winken mit nach unten weisender Hand durch Bewegen der Finger.
   → Komm! (= *¡Ven!*)

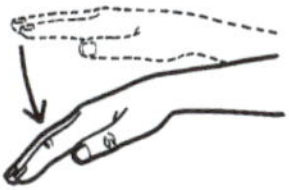

Bei Verständigungsschwierigkeiten

Wenn Sie nichts oder wenig verstehen …

Sprechen Sie / Sprichst du …? — **¿Habla usted / Hablas …?**
Deutsch — alemán
Englisch — inglés
Französisch — francés

Gibt es hier jemanden, der Deutsch spricht? — ¿Hay alguien aquí que sepa alemán?

Ich spreche leider nur wenig / kein Spanisch. — Lo siento, sólo hablo un poco de / no hablo español.

Ich verstehe leider nicht. — Lo siento, pero no entiendo.

Ich brauche (dringend) einen deutschen Übersetzer / Dolmetscher. — Necesito un traductor / intérprete alemán (urgentemente).

Wenn Sie das eine oder andere nicht verstanden haben …

Wie bitte?	¿Cómo dice?
Ich habe nicht verstanden.	No lo he entendido.
Etwas langsamer, bitte!	¡Más despacio, por favor!
Würden Sie / Würdest du das bitte wiederholen?	¡Repítalo / Repítelo, por favor!
Würden Sie / Würdest du es mir bitte aufschreiben?	¿Podría / Podrías escribírmelo, por favor?
Wie sagt man »Tisch« auf Spanisch?	¿Cómo se dice »Tisch« en español?
Was bedeutet das?	¿Qué quiere decir eso?
Wie spricht man dieses Wort aus?	¿Cómo se pronuncia esta palabra?

Die Aufmerksamkeit auf sich lenken

Hören Sie, bitte.	¡Oiga, por favor!
Entschuldigen Sie!	¡Perdone!
Mein Herr / Meine Dame!	¡Señor / Señora!

Duzen (= *tutear*) ist unter jungen Leuten, Gleichaltrigen und im privaten Bereich üblich. Älteren Menschen und Amtspersonen gegenüber ist das höfliche *usted* (= Sie) angebracht. Freunde und Bekannte sprechen sich mit dem Vornamen an. *Don* bzw. *Doña* in Verbindung mit dem Vornamen drückt Respekt und Distanz aus. Die neutrale Form der Anrede bieten *señor, señora, señorita* zusammen mit dem Nachnamen. Akademische Titel werden im Spanischen bei der Anrede nicht verwendet.

Begrüßung & Verabschiedung

Sich begrüßen

Begrüßungen fallen meist herzlich aus: mit Händeschütteln (= *dar la mano*) und Schulterschlag unter befreundeten Männern, mit beidseitigem Wangenkuß (= *besitos*) unter Frauen.

Guten Morgen.	Buenos días.
Guten Tag.	Buenas tardes.
Guten Abend.	Buenas noches.
Hallo.	Hola.
Viele Grüße von Ana.	Saludos de Ana.

Wie geht es Ihnen? ¿Cómo está usted? Wie geht es dir? ¿Qué tal (estás)?	Danke, und *Ihnen / dir*? Gracias, ¿y *usted / tú*? (Sehr) *Gut / Schlecht*. (Muy) *Bien / Mal*. Einigermaßen. Regular. Es geht. Tirando. So lala. Así así. Wie immer. Como siempre.

2

Wie war *die Reise / der Flug*? ¿Qué tal *el viaje / el vuelo*?	Sehr *schön / angenehm*. Muy *bien / agradable*. Es ging. Regular. Schrecklich. Fatal. Anstrengend. Agotador.

Sich vorstellen

Ich heiße Peter Voss.	Me llamo Peter Voss.
Darf ich Ihnen vorstellen? Das ist … .	**Le presento … .**
Herr / Frau Martín	al señor / a la señora Martín
meine Frau / mein Mann	a mi mujer / marido
Paul, ein Freund von mir	a Paul, un amigo mío
Andrea, eine Kollegin	a mi colega Andrea

Apropos: *Un amigo* ist irgendein Freund oder guter Bekannter, *el amigo* dagegen der feste Freund; genießt die Beziehung offiziellen Status, wird er als *novio* (= Bräutigam/Verlobter) vorgestellt. Das Gleiche gilt bei der Unterscheidung von *una amiga, la amiga* und *la novia*.

• Mucho gusto.	Sehr erfreut.
• Encantado/a.	Angenehm.
• ¡Bienvenido/a a España!	Willkommen in Spanien.

Encantada erwidern Frauen bei der Vorstellung, die Herren äußern ein *encantado*.

▶ Wörterbuch (Verwandtschaftbezeichnungen)

Sich verabschieden

Auf Wiedersehen!	¡Adiós!
Tschüs!	¡Hasta luego! / ¡Chau!
Es ist schon spät.	Ya es tarde.
Ich muß jetzt leider gehen.	Tengo que marcharme.
Es war wirklich ein schöner Abend.	Ha sido una velada muy agradable.
• Ha sido un placer haberte / haberle conocido.	Ich habe mich gefreut, dich / Sie kennenzulernen.
Ganz meinerseits.	Igualmente.
Grüßen Sie / Grüß bitte Fernando von mir!	Saludos a Fernando de mi parte.
Bis dann / nachher!	¡Hasta la vista / luego!
Bis morgen / zum nächsten Mal!	¡Hasta mañana / la próxima!
Alles Gute!	¡Que le [Sie] / te [du] vaya bien!
Gute Reise!	¡Buen viaje!
Gute Nacht!	¡Buenas noches!
Schönes Wochenende!	¡Buen fin de semana!
Viel Spaß!	¡Que se divierta [Sie] / te diviertas [du]!

Angaben zur Person

2

Jeder Spanier hat zwei Familiennamen (= *apellidos*). Die Ehepartner behalten ihre Familiennamen auch in der Ehe. Die Nachnamen der Kinder setzen sich dann jeweils aus dem 1. Nachnamen des Vaters plus dem 1. Nachnamen der Mutter zusammen. Üblicherweise wird aber nur der erste Familienname gebraucht.

Auskunft geben

• ¿Cómo se llama / te llamas?	Wie heißen Sie / heißt du?
Ich heiße … .	Me llamo … .
• ¿De dónde es usted / eres?	Woher kommen Sie / kommst du?
Ich komme aus / wohne in Berlin.	Soy de / Vivo en Berlín.
Ich bin … . Deutsche/r Schweizer/in Österreicher/in	**Soy … .** alemán/a suizo/a austríaco/a
• ¿Dónde vive / vives?	Wo wohnen Sie / wohnst du?
• ¿Cuántos años tiene / tienes?	Wie alt sind Sie / bist du?
Ich bin 32.	Tengo treinta y dos años.
• ¿Cuándo / Dónde ha nacido?	Wann / Wo sind Sie geboren?
Ich bin am 28. Juni 1970 in Berlin geboren.	He nacido el 28 de junio de 1970 en Berlín.

▶ Kap. 1, Datum S. 29

Glossar: Personalien

apellido	Nachname
nombre (de pila), el	Vorname
dirección, la	Adresse
calle, la	Straße
número de casa	Hausnummer
código postal	Postleitzahl
domicilio	Wohnort
provincia	Provinz
país, el	Land
número de teléfono	Telefonnummer
nacionalidad, la	Staatsangehörigkeit
edad, la	Alter
fecha de nacimiento	Geburtsdatum
lugar de nacimiento, el	Geburtsort
sexo	Geschlecht
varón / mujer	männlich / weiblich
estado civil	Familienstand
soltero	ledig
casado	verheiratet
separado	getrennt
divorciado	geschieden
viudo	verwitwet
profesión, la	Beruf
documentación, la	Ausweispapiere
pasaporte, el	Reisepaß
carné de identidad, el	Personalausweis
número de ...	...-Nummer
expedido el	ausgestellt am
válido hasta el	gültig bis

2

Berufstätigkeit

• ¿A qué se dedica usted / te dedicas?	Was machen Sie / machst du beruflich?
Ich bin	**Soy ... .**
Angestellte/r	empleado/a
Arbeiter/in	trabajador / trabajadora
Auszubildende/r	aprendiz / aprendiza
Beamter/Beamtin	funcionario/a
Handwerker/in	artesano/a
Hausfrau	ama de casa
Künstler/in	artista, el / la
Lehrer/in	profesor / profesora
Student/in	estudiante
Unternehmer/in	empresario/a
Ich bin Rentner / arbeitslos.	Estoy jubilado/a / parado/a.
Ich bin selbständig.	Trabajo por mi cuenta.
Ich arbeite	**Trabajo en ... .**
in einer Bank	un banco
in einem Büro	una oficina
in einer Fabrik	una fábrica
im Krankenhaus	un hospital
im Öffentlichen Dienst	el servicio público
bei der Post	correos
bei einer Versicherung	una compañía de seguros
Ich gehe noch zur Schule / aufs Gymnasium (Oberstufe).	Todavía voy al colegio / instituto.
Ich bin »beim Bund«.	Estoy haciendo la mili.

▶ Wörterbuch (Berufe, Branchen)
▶ Kap. 10, Glossar: Positionen und Hierarchien, S. 252

Studium

Ich habe 2 Jahre in Bonn studiert.	He estudiado dos años en Bonn.
Ich studiere … .	**Estudio …**
Architektur	arquitectura
Geographie	geografía
Kunstgeschichte	historia del arte
Medizin	medicina
Musik	música
Sprachen	lenguas
Wirtschaftswissenschaften	económicas

▶ Wörterbuch (Studienfächer)

Höflichkeitsformeln

Loben und Komplimente machen ist ein zentrales Element der spanischen Höflichkeit (= *cortesía*). Geizen Sie also nicht mit positiven Superlativen, und scheuen Sie sich nicht, die schicke Kleidung, die neue Brille, die elegante Frisur Ihres Gegenübers zu kommentieren: Das steht Ihnen/dir aber gut! (= *¡Le/Te queda muy bien!*)

Komplimente machen

Wie …!	**¡Qué …!**
freundlich / nett	amable
hübsch	guapo
interessant	interesante
Was für ein schönes Haus!	¡Qué casa más bonita!

gut	bueno
angenehm	agradable
eindrucksvoll	impresionante
originell	original
sympathisch	simpático
toll	guay
wunderschön	precioso

▶ Kap. 2, Empfang & Bewirtung S. 50, Gefallen äußern S. 53

Sich bedanken

Danke.
Gracias.

Vielen Dank.
Muchas gracias.

Das ist nett, danke.
Es muy amable, gracias.

A usted.
Ich danke Ihnen.

De nada.
Bitte sehr.

No hay de que.
Nichts zu danken.

Apropos: In Spanien bedankt sich im Laden nicht der Kunde für den Service, sondern der Verkäufer für den Einkauf.

Anfragen & etwas erbitten

Darf ich? / Gestatten Sie?	¿Se puede? / ¿Permite usted?
Darf ich Sie / dich um einen Gefallen bitten?	¿Podría pedirle / pedirte un favor?

Können Sie / Kannst du mir bitte helfen?	¿Podría / Podrías ayudarme, por favor?
Könnten Sie mich / uns bitte fotografieren?	¿Podría hacerme / hacernos una foto?
Haben Sie / Hast du Feuer?	¿Tiene / Tienes fuego?
• ¡Por supuesto, cómo no!	Aber natürlich.
• ¡Con mucho gusto!	Gern.

2

Sich entschuldigen

Entschuldigung. ¡Perdón!	No importa. Das macht nichts.
Es tut mir (wirklich) leid. Lo siento (de verdad).	Ha sido culpa mía. Es war meine Schuld.
Es war keine Absicht. Ha sido sin querer.	No ha pasado nada. Es ist nichts passiert.

Bedauern, Freude & Begeisterung ausdrücken

Es tut mir sehr leid!	Lo siento mucho.
Wie schade!	¡Qué pena! / ¡Qué lastima!
Da kann man nichts machen.	No se puede hacer nada.
Was für ein Pech / Glück!	¡Qué mala suerte / suerte!
Was für eine Freude!	¡Qué alegría!
Klasse!	¡Genial! / ¡De primera!

Glückwünsche

¡Salud! (= Gesundheit) wünscht man sich sowohl beim Anstoßen als auch beim Niesen. *Enhorabuena* sagen die Spanier, wenn jemand etwas »vollbracht« hat: zur Geburt eines Kindes etwa oder zur bestandenen Prüfung. Zum Geburtstag (= *el cumpleaños*) und auch zum Namenstag (= *santo*), der in Spanien eine große Rolle spielt, wünscht man sich *¡(Muchas) Felicidades en el día de su [Sie] / tu [du] cumpleaños / santo!*.

Glückwunsch!	¡Felicitación!
Herzlichen Glückwunsch!	¡Felicidades! / ¡Enhorabuena!
Schöne Feiertage!	¡Felices fiestas!
Frohes Neues Jahr!	¡Feliz año nuevo!
Frohe Weihnachten / Ostern!	¡Feliz Navidad! / ¡Felices Pascuas!
Viel Erfolg!	¡Mucho éxito!
Viel Glück!	¡Mucha suerte!
Gute Besserung!	¡Qué se mejore [Sie] / te mejores [du]!

Einladungen & Verabredungen

Die Spanier lieben es, sich in Kneipen, Bars und Cafés zu treffen. Kleinere Einladungen zu einem Getränk oder Snack sind an der Tagesordnung, wobei separates Bezahlen als kleinlich gilt. Werden Sie zum Essen ins Restaurant eingeladen, revanchieren Sie sich am besten mit einer anschließenden Einladung zu *café y copa* (= Kaffee und Digestif) in einer Bar.

Sich verabreden

• ¿Tiene usted / Tienes algún plan para mañana?	Haben Sie / Hast du morgen schon etwas vor?
• ¿Qué le / te parece si …?	Was halten Sie / hälst du davon, wenn …?
• ¿Nos vemos esta tarde?	Wollen wir uns heute abend treffen?
• Podríamos ir juntos al cine.	Wir könnten zusammen ins Kino gehen.
Einverstanden.	¡Vale!
Gern.	Con mucho gusto.
Es tut mir leid, aber … . es geht nicht ich habe schon etwas vor ich habe heute keine Zeit	**Lo siento, pero … .** no es posible ya tengo otro plan hoy no tengo tiempo
Vielleicht ein andermal.	Otra vez quizás.
• ¿A qué hora / Dónde nos encontramos?	Wann / Wo treffen wir uns?
• (Le / Te espero) A las siete de la tarde en el café Zurich, ¿vale?	(Ich erwarte Sie / dich) Um 19.00 Uhr im Café Zürich, einverstanden?
• **Le / Te voy a recoger … ¿vale?** a casa al hotel a las ocho	**Ich hole Sie / Dich … ab, einverstanden?** zu Hause im Hotel um acht Uhr
Gut, dann bis um 20.00 Uhr.	Muy bien, ¡hasta las ocho pues!

Einladungen

2

Die Einladung nach Hause ist stets ein Ausdruck besonderer Wertschätzung. Man darf jedoch eine einmal unverbindlich ausgesprochene Einladung keinesfalls allzu wörtlich nehmen. Erst eine wiederholte Aufforderung bzw. ein konkreter Terminvorschlag ist das Signal für einen Besuch.

• Quisiera invitarle/la/te a mi casa.	Ich würde Sie / dich gerne zu mir nach Hause einladen.
Danke für die Einladung. Sie sind / Du bist sehr freundlich.	Gracias por la invitación. Es usted / Eres muy amable.
Ich komme gern.	Voy encantado/a.
• **¡Quédese / Quédate ...!** a comer / cenar un poquito más	**Bleiben Sie / Bleib doch ...!** zum Essen / Abendessen noch ein bißchen
Gerne, wenn es nicht zu viele Umstände macht.	Gracias, me quedo con mucho gusto si no les molesto.

Spanier legen bei einer Einladung viel Wert auf gepflegte Erscheinung und Etikette. Als Mitbringsel bietet sich etwas Süßes zum Nachtisch aus der Konditorei (= *pastelería*) an. Blumen (= *flores*) schenkt man eher selten.

Empfang & Bewirtung

• ¡Pase / Pasa!	Kommen Sie / Komm herein!
• ¡Siéntese / Siéntate!	Nehmen Sie / Nimm Platz!
• ¿Qué quiere / quieres / queréis tomar? ¿Un café?	Was kann ich Ihnen / dir / euch anbieten? Einen Kaffee?

Nichts, vielen Dank, machen Sie sich / mach dir keine Umstände.	Nada, gracias, no se moleste / te molestes.
Ja, gern.	Sí, con mucho gusto.
Wie gut das riecht!	¡Qué bien huele!
• ¡Qué aproveche!	Guten Appetit!
Danke, gleichfalls.	Gracias, igualmente.
(Das Essen schmeckt) Ausgezeichnet / Köstlich!	¡(La comida está) Buenísima / Deliciosa!
• ¿Un poco más de ensalada?	Noch etwas Salat?
• ¡Sírvase / Sírvete, por favor!	Bitte (nehmen Sie / nimm doch noch etwas)!
Nein danke, wirklich nicht, ich kann nicht mehr.	No, gracias, de veras que no, no puedo más.

▶ Kap. 2, Sich verabschieden S. 41

Small talk

Im Bus, am Kiosk, in der Bar, – ein Anlaß zum Gespräch ist schnell gefunden: die Unbilden des Wetters, die Reden von Politikern, Erfolge von Sportlern, Klatsch über die Reichen und Schönen …

Meinungen äußern

Ja. / Nein.	Sí. / No.
Einverstanden.	Vale. / De acuerdo.

Selbstverständlich.	Desde luego. / Por supuesto.
Sie haben / Du hast recht.	Tiene usted / Tienes razón.
Das ist wahr.	Es verdad.
Wahrscheinlich.	Seguramente.
Ich weiß (noch) nicht.	No lo sé (todavía).
Vielleicht.	Quizás.
Ich glaube nicht.	No creo.
Ach wo!	¡Qué va!
Das bezweifle ich.	Lo dudo.
Sie irren sich.	Se equivoca.
Ich denke / glaube, daß	Pienso / Creo que ... .
Meiner Meinung nach	En mi opinión ... .
Ich habe den Eindruck, daß	Tengo la impresión de que ... .

Ausrufe

Neben dem südspanischen Klassiker *¡Olé!* und zahlreichen religiösen Aussprüchen wie *¡Dios mío!* oder *¡Virgen santa!* kennt das Spanische eine Vielzahl derb-vulgärer Kraftausdrücke wie *¡Mierda!*, *¡Me cago en ...!*, *¡Coño!* oder *¡Qué cojones!*, die ihren Tabucharakter verloren haben und ohne Rücksicht auf ihre ursprüngliche, konkrete Bedeutung eingesetzt werden. Harmloser sind:

•¡Increíble!	Unglaublich!
•¡Imagínate!	Stell dir vor!
•¡No me digas!	Was du nicht sagst! / Wirklich?

Gefallen äußern

Mit *gustar* steht Ihnen ein sehr vielseitiges Verb zur Verfügung. Es bedeutet sowohl »schmecken« als auch »gefallen« und ist als Frage und als Antwort immer eindeutig:

Gefällt Ihnen / dir …?	**¿Le / Te gusta …?**
das Auto	el coche
das Museum	el museo
die Stadt	la ciudad
• Sí, me gusta (mucho).	Ja, er/sie/es gefällt mir (sehr).
• No, no me gusta.	Nein, das gefällt mir nicht.
Wie gefällt Ihnen / dir das Bild?	¿Qué le / te parece el cuadro?
• Me parece muy interesante.	Ich finde es sehr interessant.
Ich mag / liebe … .	**Me encanta … .**
Spanien	España
Sevilla	Sevilla
das spanische Essen	la comida española
Er / Sie / Es ist … .	**Es … .**
wundervoll	maravilloso/a
interessant	interesante
eindrucksvoll	impresionante

▶ Kap. 2, Komplimente machen S. 45

Kontakte knüpfen

Spanier zeigen fast immer großes Interesse am Gegenüber. Was Mitteleuropäern bisweilen wie ein Verhör erscheint, finden Spanier ganz normal.

2

• ¿Qué hace usted / haces por aquí?	Was machen Sie / machst du hier?
Ich mache Urlaub.	Estoy de vacaciones.
Ich bin geschäftlich hier.	Estoy aquí por asuntos de negocios.
• ¿Cuánto tiempo lleva usted / se quedará por aquí?	Wie lange sind Sie schon / bleiben Sie noch hier?
• ¿Está usted / Estás solo/a aquí?	Sind Sie / Bist du alleine hier?
• ¿Está usted / Estás casado/a?	Sind Sie / Bist du verheiratet?
• ¿Tienes novio/a?	Hast du einen Freund / eine Freundin?
• Me gustaría volver a verle/te.	Ich würde Sie / dich gerne wiedersehn.

Annäherungen zurückweisen

In der spanischen Variante des Spiels der Geschlechter versucht der Mann, durch möglichst blumige Komplimente (= *piropos*) die Frau zu einer Reaktion zu bewegen. Hören Sie Zurufe wie *Bonita, Maja, Guapa* (= Schöne), freuen Sie sich darüber und gehen Sie am besten ungerührt weiter. Wenn Sie sich eines allzu hartnäckigen Verehrers (oder Verehrerin) kaum noch erwehren können, verleihen Sie Ihrem entschlossenen *¡No!* weiteren Nachdruck:

Ich will nicht.	No quiero.
Es reicht jetzt!	¡Ya está bien!
Das gibt's doch nicht!	¡Será posible!
Lassen Sie / Laß mich in Ruhe!	¡Déjeme / Déjame en paz!

UNTERWEGS: VON A NACH Z

3

Allgemein

Hinweisschilder (= *letreros / indicaciones*) sind in einigen Regionen Spaniens zweisprachig – in spanischer und in der jeweiligen Regionalsprache. In Katalonien sind alle Ortsnamen und Beschilderungen ausschließlich in Katalanisch.

3

(zu Fuß) gehen	ir a pie / andar
mit dem / der ... fahren	ir en ...
Auto	coche
Bus / Reisebus	autobús / autocar
Fahrrad / Motorrad	bicicleta / moto
Schiff	barco
U-Bahn / Zug	metro / tren
fliegen	ir en avión / volar
trampen	hacer autostop / dedo

Wegbeschreibungen

Wo ist / sind / gibt es ...?	¿Dónde está / están / hay ...?
Ich suche	Busco ... .
Wie komme ich am schnellsten ...?	**Cuál es el camino directo / más rápido ...?**
zur Autobahn	para la autopista
zum Bahnhof	para la estación
zum Flughafen	para el aeropuerto
zum Hafen	para el puerto
zum Krankenhaus	para el hospital
ins Zentrum	al centro

• Lo siento, pero no lo sé.	Ich weiß es leider nicht.
• **Siga / Vaya … .** siempre recto hasta el cruce	**Gehen / Fahren Sie … .** immer geradeaus bis zur Kreuzung
• **Gire a la izquierda / derecha … .** en el segundo semáforo en la próxima esquina en el tercer cruce	**Biegen Sie … links / rechts ab.** an der zweiten Ampel an der nächsten Ecke an der dritten Kreuzung
• **El museo está … .** allí al final de esta calle cerca de la estación enfrente de correos	**Das Museum ist … .** dort drüben am Ende dieser Straße in der Nähe des Bahnhofs gegenüber der Post
• Sígame, yo le llevaré.	Folgen Sie mir, ich führe Sie hin.
• Coja el autobús / el »16« hasta (la parada) »Florida«.	Nehmen Sie den Bus / die »16« bis (zur Haltestelle) »Florida«.
• Siga las indicaciones »centro ciudad« hasta la estación.	Folgen Sie der Beschilderung »Stadtmitte« bis zum Bahnhof.
Ist das hier der Weg nach / zu …?	¿Es éste el camino a …?
Bin ich hier richtig nach Granada?	A Granada, ¿voy bien por aquí?
• Se ha equivocado, tiene que dar la vuelta.	Sie sind hier falsch, Sie müssen umdrehen.
• Esta carretera lleva a Jaén.	Diese Straße führt nach Jaén.

▶ Kap. 4, Orientierung: Wo ist …? S. 100

3

atravesar	überqueren
cruzar	über-, durchqueren
girar / torcer	abbiegen
ir	gehen, fahren
seguir	weitergehen, folgen
coger	nehmen
subir	einsteigen, hochgehen
bajar	aussteigen, hinuntergehen
a la izquierda	(nach) links
a la derecha	(nach) rechts
todo seguido / recto / derecho	geradeaus
semáforo	Ampel
cruce, el	Kreuzung
tráfico circular	Kreisverkehr
travesía	Querstraße
plaza	Platz

3

Ortspräpositionen

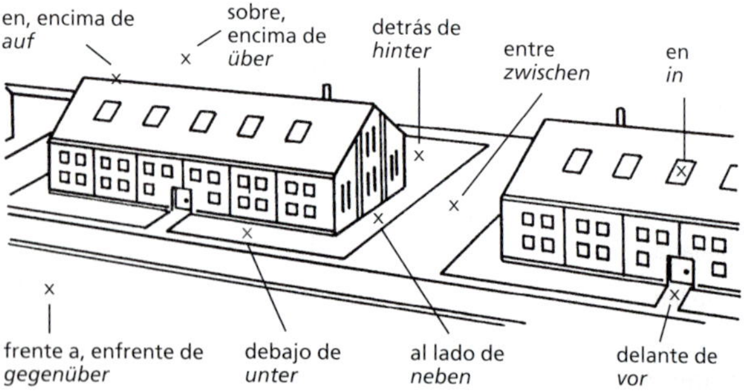

Entfernungen erfragen

Wie weit ist es (bis zum Hafen)?	¿A qué distancia está (el puerto)?
Wie lange braucht man von hier bis zum Flughafen?	¿Cuánto tiempo hay de aquí hasta el aeropuerto?
• Unos 15 minutos.	Etwa 15 Minuten.
Ist es noch weit bis zum Strand?	¿Falta mucho para llegar a la playa?
Ist er / sie / es hier in der Nähe?	¿Está cerca de aquí?
• (No) Está lejos.	Es ist (nicht) weit.
• Está a 10 kilómetros de aquí.	Von hier aus sind es 10 Kilometer.

3

Verkehrsverbindungen erfragen

Wann / Wo geht / fährt … nach Malaga (ab)?	**¿Cuándo / De dónde sale … para Málaga?**
der nächste Reisebus	el próximo autocar
der Bus	el autobús
die erste Fähre	el primer ferry / transbordador
der Flug	el avión
das letzte Schiff	el último barco
der Zug	el tren
Wann kommt er / sie / es in Malaga an?	¿Cuándo / A qué hora llega en Málaga?
Wie lange dauert die Fahrt?	¿Cuánto tiempo dura el viaje?
Wo kann ich die Karten / Tickets kaufen?	¿Dónde puedo sacar los billetes / pasajes?

An der Grenze

Zur Einreise (= *entrada*) nach Spanien ist für EU-Angehörige ein gültiger Paß (= *un pasaporte*) bzw. Personalausweis (= *un carné de identidad*) erforderlich. Wenn Sie länger als drei Monate bleiben wollen, beantragen Sie bei der örtlichen Verwaltungsstelle (= *comisaría*) eine Aufenthaltserlaubnis (= *permiso de permanencia*).

3

Personalausweis	carné de identidad, el
Kinderausweis	carné de identidad para menores de edad, el
Reisepaß	pasaporte, el
Visum	visado
(internationaler) Impfpaß	certificado (internacional) de vacunación
Zoll	aduana
zollfrei	exento de derechos de aduana
zollpflichtig	sujeto a derechos de aduana
Spirituosen	bebidas alcohólicas
Tabakwaren	tabaco

▶ Wörterbuch

Paßkontrolle

• Su documentación, por favor!	Ihre Papiere, bitte!
• Su pasaporte está caducado.	Ihr Paß ist abgelaufen.
• ¿Cuánto tiempo va a estar en España?	Wie lange bleiben Sie in Spanien?

Ich weiß es noch nicht. — Todavía no lo sé.

Ich bleibe zwei Wochen. — Me quedaré dos semanas.

• ¿Cuál es el motivo de su visita? — Was ist der Grund Ihrer Reise?

Ich bin hier … . — **Estoy aquí … .**
(nur) auf der Durchreise — (sólo) de paso
auf Geschäftsreise — por asunto de negocios
auf Urlaubsreise — de vacaciones

▶ Kap. 2, Angaben zur Person S. 42

Zollangelegenheiten

• ¿Lleva usted algo que declarar? — Haben Sie etwas zu verzollen?

Nein, nichts. — No, nada.

Ja, ich habe … dabei. — **Sí, llevo … .**
Zigaretten — cigarrillos
20 Flaschen / Liter … — 20 botellas / litros de …

• ¡Abra el maletero / esa maleta, por favor! — Öffnen Sie bitte den Kofferraum / diesen Koffer!

• Tendrá que pagar derechos de aduana por esto. — Sie müssen dafür Zoll bezahlen.

Unterwegs mit Tieren

• ¡El certificado veterinario oficial, por favor! — Das amtstierärztliche Gesundheitszeugnis, bitte!

• Necesito ver el certificado de vacunación contra la rabia. — Ich möchte gern die Tollwutimpfbescheinigung sehen.

Mit dem Auto oder Motorrad

Die Spanier lieben es motorisiert, und der fahrbare Untersatz genießt einen entsprechend hohen Stellenwert. Das Straßennetz ist in den Küstenregionen und rund um die Großstädte gut ausgebaut, in ländlichen Regionen ist es weniger dicht.

3

▶ Kap. 3, Wegbeschreibungen S. 56

Straßen

Autopista	Autobahn, normalerweise bis auf kurze Streckenabschnitte gebührenpflichtig (= *peaje*), blaue Beschilderung
Autovía	gute – oft vierspurig – ausgebaute Schnellstraße
Calle	Straße innerhalb der Stadt
Carretera Nacional	Bundesstraße, z. T. dreispurig mit Kriechspur (rote Beschilderung plus »N«)
Carretera Comarcal	kommunale Nebenstraße in ländlichen Regionen (grüne Beschilderung plus »C«)
Circunvalación	Umgehungsstraße

Fahrzeuge	**vehículos**
Auto	coche, el
PKW	turismo
Motorrad	moto, la
Wohnwagen	caravana
Anhänger	remolque, el
Kastenwagen	furgoneta
Lieferwagen	camioneta
LKW	camión, el

Auf der Autobahn

Auf spanischen Autobahnen gilt ein generelles Tempolimit von 120 km/h. Privates Abschleppen ist verboten; Pannenhilfe übernimmt der spanische Automobilclub *RACE* (Tel. 91/5933333).

Hinweise

Salida	Ausfahrt
Entrada	Einfahrt
Área de servicio	Raststätte
Velocidad máxima	Höchstgeschwindigkeit
Sección de peaje	gebührenpflichtige Strecke
Peaje	Straßenbenutzungsgebühr
Caja	Kasse
Poste de socorro	Notrufsäule
Servicio de asistencia	Pannendienst

Tankstelle: Tanken

Auch in Spanien wurde vor einigen Jahren der ehemals staatlich festgelegte Benzinpreis freigegeben, so daß sich ein Preisvergleich lohnt. Apropos: *Autoservicio* (= Selbstbedienung) ist an spanischen Tankstellen noch eher die Ausnahme.

Normalbenzin	gasolina normal
Super	súper
Diesel	gasoil / diesel
Gemisch	mezcla
bleifrei / verbleibt	sin / con plomo

Gibt es hier in der Nähe eine Tankstelle?	¿Hay por aquí cerca una gasolinera / estación de servicio?
Volltanken, bitte.	Lleno, por favor.
Für 2000 pts. Diesel.	Dos mil pesetas de gasoil.

3

Serviceleistungen

• **¿Quiere que mire ... ?**	**Soll ich nach ... schauen?**
el nivel del aceite	dem Ölstand
el agua del radiador	dem Kühlwasser
Danke, das ist nicht nötig.	No, gracias, no hace falta.
Könnten Sie ...?	**¿Podría usted ...?**
einen Ölwechsel machen	cambiar el aceite
den Reifen wechseln	cambiar la rueda
das Öl / Wasser kontrollieren	comprobar el aceite / agua
das reparieren	arreglarlo / repararlo

▶ Kap. 9, Autopanne S. 230

Autowäsche

lavado automático	**Waschanlage**
lavado completo / del fondo	Voll- / Unterbodenwäsche
bajar la antena	Antenne einziehen
cerrar las ventanas	Fenster schließen
parar / apagar el motor	Motor abstellen
poner en punto muerto	Leerlauf einlegen
quitar el freno (de mano)	(Hand-) Bremse lösen

Parken

In Städten kann Parken (= *aparcar*) zum Alptraum werden. Suchen Sie möglichst einen bewachten Parkplatz (= *parking vigilado*), oder erkundigen Sie sich nach der hoteleigenen Garage: *¿Tienen un garaje?* (= Haben Sie eine Garage?). Wenn Sie Ihren Wagen im Parkhaus unterstellen, beachten Sie den Hinweis *¡Pague en caja antes de retirar su coche!* (= Zahlen Sie an der Kasse, bevor Sie den Wagen abholen).

Ist hier in der Nähe ein (bewachter) Parkplatz?	¿Hay por aquí cerca un parking (vigilado)?
Wo kann ich meinen Wagen abstellen?	¿Dónde puedo dejar mi coche?
Wie hoch ist die Gebühr pro Stunde / Tag?	¿Cuánto cuesta por hora / día?
Ist das Parkhaus die ganze Nacht geöffnet?	¿Está abierto el parking toda la noche?
Wo bezahlt man?	¿Dónde se paga?

In engen Einbahnstraßen gelten oft zeitliche Parkregelungen: In einigen Fällen ist das Parken an Kalendertagen mit geraden Zahlen auf der linken Straßenseite und an ungeraden Kalendertagen auf der rechten Straßenseite verboten (zweifarbiges Verbotsschild mit den römischen Angaben I und II für ungerade bzw. gerade Tage). Sonst richtet man sich nach den Datumsangaben unter den Halteverbotszeichen; die Angabe 1–15 bedeutet, daß das Parken auf dieser Seite nur in der ersten Monatshälfte verboten ist.

▶ Verkehrsschilder, Abb. 4 im Anhang

3

aparcar / estacionar	parken
aparcamiento	Parkplatz
parking (subterráneo)	Parkhaus, -platz (unterirdisch)
disco de estacionamiento	Parkscheibe
parquímetro	Parkuhr
vigilante, el	Parkwächter
prohibido estacionar	Parken verboten
zona de estacionamiento limitado / azul	Kurzparkzone

Autovermietung

Agencias de alquiler de coches (= Autoverleiher) sind am einfachsten an Flughäfen und Bahnhöfen zu finden. Aber auch im Hotel wird man Ihnen sicherlich auf die Frage *¿Dónde se puede alquilar por aquí un coche?* (= Wo kann man hier ein Auto mieten?) weiterhelfen können.

Ich möchte ein/en ... (für eine Woche) mieten.	**Quisiera alquilar ... (por una semana).**
Auto / Wagen	un coche
~ für 6 Personen	~ de 6 plazas
~ mit Automatik	~ automático
~ mit Klimaanlage	~ con aire acondicionado
~ mit Fahrer	~ con chófer
~ mit Kindersitz	~ con asiento para niños
Geländewagen	un coche todo terreno / 4 por 4
Kabrio	un descapotable
Motorrad / Motorroller	una moto / un motoscooter
Wieviel kostet dieses Modell pro Tag / Woche?	¿Cuánto cuesta este tipo de coche por día / semana?

Gilt dieser Tarif inklusive ...?	**¿Contiene esta tarifa ...?**
unbegrenzter Kilometerzahl	kilometraje ilimitado
Personenhaftpflichtversicherung	un seguro de responsibilidad civil
Unfallversicherung	un seguro de accidente
Diebstahlversicherung	un seguro contra robo
Mehrwertsteuer	el IVA
¿Desea usted un seguro complementario?	Möchten Sie eine Zusatzversicherung?
Wo / Wann soll ich den Wagen abgeben?	¿Dónde / Cuándo tengo que entregar el coche?
¡Su permiso de conducir y un documento de identidad, por favor!	Ihren Führerschein und einen Ausweis, bitte!
¡Firme aquí!	Unterschreiben Sie hier!

Wichtige Verkehrshinweise

Signale

A paso	Schritt fahren
Alto / Stop	Halt
Atasco / Embotellamiento	Stau
Autoescuela	Fahrschule
Baches	Schlaglöcher
Calzada deteriorada	Straßenschäden
Calzada estrecha	Verengte Fahrbahn
Cambio de sentido	Möglichkeit zum Richtungswechsel
Carretera cortada	Straßensperre

3

Ceda el paso	Vorfahrt beachten
Cerrado al tráfico	Für den Verkehr gesperrt
Cruce	Kreuzung
Curva peligrosa	Gefährliche Kurve
Despacio	Langsam
Desviación	Umleitung
Dirección única	Einbahnstraße
Escuela	Schule
Estrechamiento	(Fahrbahn-) Verengung
Gravilla	Rollsplitt
Modere su velocidad	Mäßigen Sie Ihre Geschwindigkeit
Niños	(Schul-) Kinder
Obras	Straßenbauarbeiten
Paso a nivel (sin barreras)	(Unbeschrankter) Bahnübergang
Paso de peatones	Fußgängerüberweg
Paso de venado	Wildwechsel
Peatones	Fußgänger
Peligro	Gefahr
Prohibido adelantar	Überholen verboten
Prohibido el paso	Durchgang, -fahrt verboten
Salida	Ausfahrt
Tráfico denso	dichter Verkehr
Túnel	Tunnel
Viento lateral	Seitenwind
Zona de peatones	Fußgängerzone

Verkehrshinweise und Richtungsangaben finden Sie bisweilen auch in weißer Schrift direkt auf dem Asphalt.

▶ Verkehrsschilder, Abb. 4 im Anhang

Verkehrskontrolle

Geschwindigkeitsbegrenzungen (= *límites de velocidad*), Gurt- und Helmpflicht (= *uso de cinturón / casco obligatorio*), Alkohol am Steuer: die spanischen Regelungen entsprechen den gängigen europäischen Normen. Entgegen der Vorstellung von romanischer Lässigkeit ist die Verkehrspolizei (= *policía de tráfico*) vielerorts präsent und verhängt z. T. saftige Strafen (= *multas*), die von Ausländern an Ort und Stelle beglichen werden müssen.

Su documentación, por favor.	Ihre Papiere, bitte.
Usted no ha respetado … .	**Sie haben … nicht beachtet.**
la preferencia (de paso)	die Vorfahrt
la línea contínua	das Überholverbot
Usted … .	**Sie sind … gefahren.**
iba demasiado deprisa	zu schnell
ha pasado con el semáforo rojo	bei Rot über die Ampel
Usted ha aparcado su coche en zona de estacionamiento prohibido.	Sie haben im Halteverbot geparkt.

documentación del coche, la	Fahrzeugpapiere
carné, el / permiso de conducir	Führerschein
titular del coche, el	Fahrzeughalter
conductor, el	Fahrer
placa de nacionalidad	Nationalitätskennzeichen
matrícula (del coche)	Nummernschild
infracción, la	Verstoß
multa	Strafzettel

Mit dem Zug

Großstädte haben in der Regel mehrere Bahnhöfe (= *estaciones*): Informieren Sie sich genau, auf welchem Sie sich einfinden müssen, und planen Sie genügend Zeit ein, falls Sie beim Umsteigen evtl. auch den Bahnhof wechseln müssen.

3

Wo ist der Bahnhof ?	¿Dónde está la estación?

Züge

AVE	moderner Hochgeschwindigkeitszug
Talgo	schneller, komfortabler Reisezug, der u. a. Schlafwagen mit individuellen Duschen (= *cama-ducha*) anbietet
IC	Intercity
EC	Eurocity
Estrella	Nachtzug; entspricht dem *IC* in der Ausstattung
Rápido	Eilzug, z.T. noch als *expreso* bezeichnet – trotz des Namens relativ langsam
Regional	D-Zug im regionalen Bereich
Cercanías	Nahverkehrszug
Autoexpreso	Autoreisezug

Zugverbindungen erfragen

Wann fährt der nächste Zug nach Barcelona?	¿Cuándo sale el próximo tren para Barcelona?
Welchen Zug könnte ich morgen früh / abend nach Madrid nehmen?	¿Qué tren sale mañana por la mañana / noche para Madrid?

Ich möchte gegen 10.00 Uhr (morgens) in Bilbao sein.	Quisiera llegar a Bilbao sobre las diez (de la mañana).
Wann kommt der Zug in Saragossa an?	¿A qué hora llega ese tren a Zaragoza?
Gibt es nicht ...?	**¿No hay ...?**
einen früheren / späteren Zug	un tren más temprano / tarde
eine andere Möglichkeit	otra posibilidad / combinación
Hält dieser Zug in Malaga?	¿Para este tren en Málaga?
Fährt dieser Zug über San Sebastian?	¿Pasa este tren por San Sebastián?
Ist das ein direkter Zug?	¿Es un tren directo?
• Tiene que cambiar / hacer trasbordo en Zaragoza.	Sie müssen in Saragossa umsteigen.
Gibt es in Burgos Anschluß nach Oviedo?	¿Hay correspondencia / enlace en Burgos para Oviedo?
Was für ein Zug ist das?	¿Qué tipo de tren es?
Hat der Zug einen ...?	**¿Lleva ese tren un ...?**
Schlafwagen	coche-cama
Speisewagen	coche-restaurante
Kann man in diesem Zug auch ein Fahrrad mitnehmen?	¿Se puede llevar una bicicleta en ese tren?

Fahrkarten kaufen

Die staatliche spanische Eisenbahn *RENFE (Red Nacional de Ferrocarriles de Españoles)* bietet dank einer ganzen Reihe von Sondertarifen preiswerte Reisealternativen innerhalb des Landes.

días azules	im Fahrplan blau markierte Tage mit Fahrpreisermäßigungen bis zu 50 %
tarjeta joven	Spezialarrangement für Jugendliche im Alter zwischen 12 und 25 Jahren
tarjeta turista	ermöglicht die Nutzung sämtlicher Züge der *RENFE* ohne Kilometerbegrenzung für einen bestimmten Zeitraum
tarjeta familiar	Familienticket

3

Grundsätzlich bekommen Sie Fahrkarten in den *RENFE*-Vertretungen (= *oficinas de la RENFE*), in autorisierten Reisebüros (= *agencias de viaje*) und am Bahnhofsschalter (= *taquilla de la estación*). Platzreservierungen sind nur bis zum Vorreisetag möglich. Im Notfall können Fahrkarten und Zuschläge auch beim Schaffner (= *el revisor*) gelöst werden.

Eine Fahrkarte … nach Madrid, bitte.	**Un billete … para Madrid, por favor.**
1. / 2. Klasse	de primera / segunda clase
einfach	de ida
hin und zurück	de ida y vuelta
mit Zuschlag für …	con suplemento de …
Ich hätte gerne eine Platzkarte … .	**Quisiera una reserva de asiento … .**
für den Zug um zehn Uhr nach …	para el tren de las diez a …
für das (Nicht-) Raucherabteil	en el compartimento de (no) fumadores
für einen Fensterplatz	al lado de la ventanilla
Eine Liegewagenreservierung, bitte.	Una reserva de coche-litera, por favor.
Und einen Zuschlag für den Transport eines Fahrrads.	Y un suplemento para el transporte de una bicicleta.

Wochenkarte	billete semanal, el
Monatskarte	billete mensual, el
Kinderfahrkarte	billete de niño / medio, el
Gruppenfahrkarte	billete colectivo, el
Platzkarte	reserva de asiento
Reservierung	reserva
Liegewagen	coche-litera, el
oben	arriba / superior
in der Mitte	medio
unten	abajo / inferior
Schlafwagen	coche-cama, el
Zuschlag	suplemento

Am Bahnhof: Orientierung

Apropos: Wagenstandsanzeiger werden Sie in Spanien vergeblich suchen. Gleisangaben erfolgen in der Regel per Durchsage bzw. über Anzeigetafeln.

Wo ist / sind ...?	**¿Dónde está / están ...?**
die Gepäckaufbewahrung	la consigna
die Schließfächer	la consigna automática
der Wartesaal	la sala de espera
der Fahrkartenschalter	la taquilla de la RENFE
die Toiletten	los lavabos
Gleis 11	la vía 11
der Informationsschalter	la taquilla de información
Von welchem Bahnsteig fährt der Zug nach Sevilla ab?	¿De qué andén sale el tren para Sevilla?
Ist das der Zug nach Madrid?	¿Es éste el tren para Madrid?

Auf welchem Bahnsteig / Gleis kommt der Zug aus Bilbao an?	¿A qué andén / vía llega el tren (procedente) de Bilbao?
Hat der Zug nach / aus La Coruña Verspätung?	¿Trae retraso el tren para / de La Coruña?

Schilder & Durchsagen

3

LLEGADAS Ankunftszeiten	**SALIDAS** Abfahrtszeiten

• Próxima circulación por vía dos: Talgo procedente de Port-Bou con destino a Cartagena.	Nächster Zug auf Gleis 2: Talgo aus Port-Bou nach Cartagena.
• El Intercity con destino a Murcia llegará con 10 minutos de retraso.	Der Intercity nach Murcia hat voraussichtlich 10 Minuten Verspätung.
• ¡Viajeros al tren!	Reisende, bitte einsteigen!

Im Zug

Ist der Platz besetzt / frei?	¿Está ocupado / libre este asiento?
Entschuldigen Sie, das ist mein Platz, ich habe reserviert.	Perdone, este asiento es mío, tengo reserva.
Stört es Sie, wenn ich das Fenster öffne / schließe?	¿Le molesta si abro / cierro la ventana?
• Billetes, por favor.	Die Fahrkarten, bitte.

Wann kommen wir in Barcelona an?	¿Cuándo llegaremos a Barcelona?
Wieviel Minuten Verspätung hat der Zug?	¿Cuánto retraso trae el tren?
Bekomme ich noch den Anschluß an den Zug nach Malaga?	¿Llegaremos a tiempo para tomar el tren correspondiente para Málaga?

▶ Kap. 2, Small talk S. 51

Hinweise im Zug

agua (no) potable	(kein) Trinkwasser
empujar / tirar	drücken / ziehen
¡Es peligroso asomarse!	Nicht hinauslehnen!
freno de alarma	Notbremse
salida de emergencia	Notausstieg

Gepäck

Kofferwägelchen (= *carritos portaequipaje*) sind oftmals pfandpflichtig. Am besten halten Sie dafür Münzgeld bereit.

equipaje, el	Gepäck
consigna	Gepäckaufbewahrung
consigna automática	Schließfächer
despacho de equipajes	Gepäckabfertigung
entrega de equipaje	Gepäckausgabe
facturación de equipaje, la	Gepäckaufgabe

Kann ich mein Gepäck einen Moment / bis 12 Uhr hierlassen?	¿Puedo dejar mi equipaje aquí un momento / hasta las doce?
Ich möchte … aufgeben / abholen.	**Quisiera facturar / recoger … .**
ein Fahrrad	una bicicleta
einen Koffer	una maleta
einen Rucksack	una mochila
Gepäckträger!	¡Mozo!

▶ Kap. 9, Diebstahl & Verlust S. 233

Mit dem Bus

Eine kostengünstige Reisealternative bieten die meist komfortabel ausgestatteten und klimatisierten Überlandbusse (= *autocares*), die zwischen den großen Städten pendeln und auch solche Strecken erschließen, die per Bahn nicht oder nur schlecht zu erreichen sind. Fahrkarten gibt es im Reisebüro und am Schalter der Busgesellschaft (= *compañía de autocares*). Dort muß man sie auch vor Reiseantritt bestätigen lassen.

Welche Busgesellschaft fährt nach Deutschland?	¿Qué compañía de autocares va a Alemania?
Wo ist der Schalter der Busgesellschaft »Juliá«?	¿Dónde está la taquilla de »Juliá«?
Wo kann ich mein Ticket bestätigen lassen?	¿Dónde puedo confirmar mi billete?
Ich möchte mein Ticket nach Valencia bestätigen.	Quisiera confirmar mi billete para Valencia.

Gibt es noch freie Plätze im nächsten Bus nach Oviedo?	¿Quedan todavía plazas libres en el próximo autocar para Oviedo?
• Lo siento, está completo.	Er ist leider voll besetzt.
Von welchem Bussteig / Von wo fährt der Bus nach Hamburg ab?	¿De qué andén / De dónde sale el autocar para Hamburgo?
Wie lange halten wir hier?	¿Cuánto tiempo paramos aquí?

▶ Kap. 3, Fahrkarten kaufen S. 71, 85

Mit dem Flugzeug

Entschuldigung, wie komme ich zum Flughafen?	Perdón, ¿para ir al aeropuerto?
Gibt es einen Bus zum Flughafen?	¿Hay un autobús al aeropuerto?

Bordkarte	tarjeta de embarque
Flug	vuelo
Fluggesellschaft	línea / compañía aérea
Flughafen	aeropuerto
Flugnummer	número de vuelo
Flugplatz	campo de aviación, aeródromo
Flugticket	billete de avión, el
Flugzeug	avión, el
Passagier	pasajero
Pilot	piloto
Stewardeß	azafata

Orientierung

Wo ist der Schalter der »Aviaco«-Fluggesellschaft?	¿Dónde está el mostrador de »Aviaco«?
Hat die Maschine aus / nach Frankfurt Verspätung?	¿Tiene retraso el avión de / para Francfort?
Ist die Maschine aus München schon gelandet?	¿Ya ha aterrizado el avión de Munich?

VUELOS NACIONALES
Inlandsflüge

VUELOS INTERNACIONALES
Internationale Flüge

aduana	Zoll
alquiler de coches	Mietwagenverleih
clase económica	Economy-Class
clase preferente	Business-Class
control de pasaportes, el	Paßkontrolle
control de seguridad, el	Sicherheitskontrolle
embarque, el	Flugsteig
facturación, la	Check-in
llegada	Ankunft
procedencia	aus
recogida de equipaje	Gepäckausgabe
retraso	Verspätung
salida	Abflug

▶ Kap. 9, Diebstahl & Verlust S. 233

Buchungen & Stornierungen

Wann geht der nächste Flug nach …?	¿Cuándo sale el próximo avión para …?
Ist das ein Charter- / Direktflug?	¿Es un vuelo chárter / directo?
Ich möchte einen Hin- und Rück- / einfachen Flug nach Madrid buchen.	Quisiera reservar un vuelo de ida y vuelta / de ida a Madrid.
Ich möchte diesen Flug … .	**Quisiera … este vuelo.**
stornieren	cancelar
umbuchen	cambiar
bestätigen	confirmar
Um wieviel Uhr startet die Maschine?	¿A qué hora sale el avión?
Wann muß ich am Flughafen sein?	¿Cuándo tengo que estar en el aeropuerto?

Einchecken

● Su billete / pasaje, por favor.	Ihr Flugticket, bitte.
● ¿Cuántos bultos va a facturar?	Wie viele Gepäckstücke möchten Sie aufgeben?
Kann ich das als Handgepäck mitnehmen?	¿Puedo llevar esto como equipaje de mano?
● ¿Fumador o no fumador?	Raucher oder Nichtraucher?
Ich möchte gern am Fenster / Gang sitzen.	Quisiera un asiento al lado de la ventanilla / del pasillo.
● Tenga su tarjeta de embarque.	Bitte sehr, Ihre Bordkarte.

Lautsprecherdurchsagen

• Embarque por puerta 8 a las 17.45.	Einstieg am Flugsteig 8 um 17.45 Uhr.
• Última llamada.	Letzter Aufruf.
• Rogamos a los señores pasajeros del vuelo LH 1244 con destino a Berlín, por favor, diríjanse a la puerta de embarque 4.	Die Passagiere des Flugs LH 1244 nach Berlin werden gebeten, sich zum Flugsteig 4 zu begeben.

3

An Bord

• **Por favor, … .**	**Bitte, … .**
abróchense los cinturones	schnallen Sie sich an
absténganse de fumar	stellen Sie das Rauchen ein
pongan el respaldo de su asiento en posición vertical	bringen Sie Ihre Rückenlehne in senkrechte Position

Auf Inlandsflügen (= *vuelos nacionales*) der spanischen Fluglinien von maximal einer Stunde Flugdauer gilt generelles Rauchverbot an Bord (= *prohibido fumar*).

▶ Kap. 5, Bestellen S. 140

Mit Schiff & Fähre

Die staatliche Reederei (= *Trasmediterránea*) fährt die Balearen (= *Islas Baleares*) und Nordafrika täglich an, die Kanarischen Inseln (= *Islas Canarias*) wöchentlich. Viele private Reedereien bieten auch kleinere Bootsausflüge (= *excursiones en barco*) an.

Entschuldigung, wie komme ich am schnellsten zum Hafen?	Perdón, ¿cuál es el camino más rápido para ir al puerto?

Hafen	puerto
anlaufen	hacer escala (en)
auslaufen / in See stechen	zarpar
Schiff	barco / buque, el
Boot	barca / lancha / bote, el
Luftkissen~	aerodeslizador, el
Motor~	lancha de motor
Fähre	transbordador, el / ferry, el
Deck	cubierta
Kreuzfahrt	crucero
Rettungsboot	bote salvavidas, el
Rettungsring	salvavidas, el

Information erfragen

Wann / Wo fährt das nächste Schiff / die nächste Fähre nach ... ab?	¿Cuándo / De dónde sale el próximo barco / ferry para ...?
Welche Häfen werden angelaufen?	¿En qué puertos hacemos escala?
Wie lange dauert die Überfahrt?	¿Cuánto tiempo dura la travesía?

3

Schiffskarten

Schiffskarten (= *los pasajes*) kann man entweder im Reisebüro oder direkt im Büro der jeweiligen Reederei (= *despacho de la compañía naviera*) lösen.

Eine Überfahrt für zwei Personen und ein Auto, bitte.	Un pasaje para dos personas y un coche, por favor.
Ich hätte gern eine	**Quisiera un ... .**
Einzel-/Zweipersonenkabine	camarote individual / doble
Kabine erster Klasse	camarote de primera clase
Kabine zweiter Klasse	camarote de clase turista
Außen-/Innenkabine	camarote exterior / interior

Mit dem Fahrrad

Spanier sind begeisterte Radsportfans (= *aficionados al ciclismo*). In den Städten aber zählt Radfahren zu den exotischsten – und gefährlichsten – Aktivitäten überhaupt, Radwege (= *carriles para las bicicletas*) sind so gut wie nicht vorhanden.

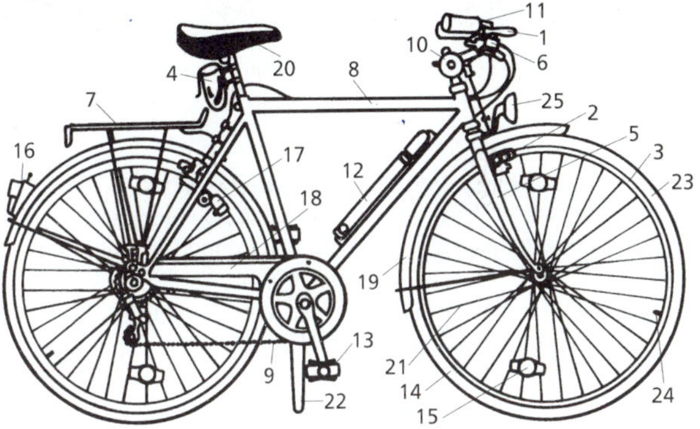

1	Bremse	freno
2	Dynamo	dínamo, la
3	Felge	llanta
4	Flickzeug	parches y pegamento
5	Gabel	horquilla
6	Gangschaltung	(cambio de) velocidades
7	Gepäckträger	portaequipajes, el
8	Gestell / Rahmen	cuadro
9	Kette	cadena
10	Klingel	campanilla
11	Lenkstange	tubo de manillar
12	Luftpumpe	bomba de aire
13	Pedal	pedal, el
14	Rad	rueda
15	Reflektor	reflector, el
16	Rücklicht	luz trasera, la
17	Schloß	candado
18	Schutzblech (Kettenabdeckung)	cubrecadena, el
19	Schutzblech	guardabarros, el
20	Sattel	sillín, el
21	Speiche	rayo
22	Ständer	soporte para bicicletas, el
23	Reifen (Mantel / Schlauch)	neumático (cubierta / cámara)
24	Ventil	válvula
25	Vorderlicht	luz delantera, la

(Fahr-) Rad	bici (-cleta), la
Rennrad	bicicleta de carreras
Mountainbike	bicicleta todo terreno

3

Gibt es hier eine/n ...?	**¿Hay por aquí ...?**
Fahrradladen	una tienda de bicicletas
Fahrradwerkstatt	un taller donde se reparan bicicletas
Fahrradverleih	una tienda de alquiler de bicicletas
Ich möchte für eine Woche ein Fahrrad leihen.	Quisiera alquilar una bicicleta por una semana.
An meinem Fahrrad ist ... kaputt.	Se me ha roto ... de mi bicicleta.

Öffentliche Verkehrsmittel vor Ort

Bus	autobús, el
U-Bahn	metro
Taxi	taxi, el
Straßenbahn	tranvía, el

PARA ABRIR, ACCIONAR PALANCA

Zum Öffnen Hebel betätigen

SOLICITE PARADA

Haltewunsch

Informationen erfragen

Entschuldigung, wo ist die nächste Bushaltestelle / Metrostation?	Perdón, ¿dónde está la próxima parada de autobús / estación de metro?
Wie komme ich zur Gran Vía?	¿Cómo se va a la Gran Vía?
Welche Linie fährt zum Flughafen?	¿Qué línea hay que tomar para ir al aeropuerto?
Ist das der Bus nach Toledo?	¿Es éste el autobús para Toledo?
Wo muß ich aussteigen / umsteigen?	¿Dónde tengo que bajar / cambiar?
Können Sie mir Bescheid geben, wann ich aussteigen muß?	¿Puede avisarme cuando tenga que bajar?

Apropos: Zeigen Sie an der Haltestelle per Handzeichen dem nahenden Busfahrer an, daß Sie einsteigen möchten. Sonst hält er womöglich nicht.

3

Fahrkarten kaufen

Einzelfahrkarten für Stadtbusse können Sie beim Fahrer (= *el conductor*) kaufen, Mehrfahrtenkarten gibt es u. a. im staatlichen Tabakladen (= *estanco*) oder am Kiosk (= *quiosco*). Fahrausweise für U-Bahnen kauft man per Automat (= *máquina*) bzw. am Schalter (= *taquilla*) direkt im U-Bahn-Bereich.

Wo kann man Busfahrkarten kaufen?	¿Dónde se venden billetes de autobús?
Eine Fahrkarte nach …, bitte.	Un billete a …, por favor.

Fahrkarte	billete, el
Wochenkarte	billete semanal, el
Monatskarte	billete mensual, el
Mehrfahrtenkarte	bono-bus / abono de billetes

3

In allen großen Städten gibt es auch Kombitickets für die verschiedenen öffentlichen Transportmittel. Informieren Sie sich am besten vor Ort im lokalen Fremdenverkehrsbüro (= *oficina de turismo*).

Taxis

Bei längeren Fahrten sind viele Taxifahrer (= *taxista, el*) bereit, einen Festpreis auszuhandeln. Informieren Sie sich vorab: Wieviel würde mich die Fahrt zum Flughafen kosten? (= *¿Cuánto me costaría ir al aeropuerto?*) Apropos: Ein grünes Licht am Taxi signalisiert »frei« (= *libre*).

Können Sie mir ein (Funk-) Taxi bestellen?	¿Me puede llamar un (radio- / tele-) taxi?
Zum Bahnhof / Ins Stadtzentrum, bitte.	A la estación / Al centro, por favor.
Ich habe es sehr eilig.	Tengo mucha prisa.
Halten Sie hier, bitte!	¡Pare aquí, por favor!
Warten Sie hier, ich bin gleich zurück.	Espere aquí, vuelvo enseguida.
Was macht das?	¿Cuánto le debo?
Eine Quittung, bitte.	Un recibo, por favor.

UNTERKUNFT 4

Allgemein

Die Qualität der Unterkünfte wird jedes Jahr staatlich geprüft und nach Komfort kategorisiert: 1 Stern für eine einfache Ausstattung, 5 Sterne für die Luxusklasse. Die Einteilung berücksichtigt nur formale, keine ästhetischen Gesichtspunkte! Das staatliche spanische Fremdenverkehrsamt *Turespaña* hält einen offiziellen Hotelführer (= *Guía Oficial de Hoteles*) bereit.

4

HABITACIONES	**COMPLETO**
Zimmer	Ausgebucht

Apropos: Eine frühzeitige Buchung empfiehlt sich in den Haupttouristengebieten für die Zeit der Oster- und Sommerferien.

Unterkunftsmöglichkeiten erfragen

Die staatlich kategorisierten Unterkünfte erkennt man an einem blauen Schild, auf dem in weißer Schrift zum Beispiel ein »P« für *Pensión* und die Sterne der entsprechenden Kategorie abgebildet sind. Der Hinweis *residencia* bzw. *residencial* zeigt an, daß es sich um eine Unterkunft ohne Restaurant-Service handelt.

Unterkünfte

Albergue Juvenil, el	Jugendherberge
Albergue, el	Gasthof
Apartamento	Apartment
Camas	Schlafgelegenheiten
Camping, el	Campingplatz

Casa / Chalé, el	Haus
Casa de Huéspedes (CH)	Gästehaus
Casa de labranza	Bauerngehöft
Ciudad de vacaciones	Feriendorf
Fonda (F)	Lokal mit einfachen Zimmern
Hostal, el ($\overset{S}{H}$)	kleineres Hotel, Gasthof
Hotel, el (H)	Hotel
Hotel Apartamentos, el (HA)	Apartmenthotel
Motel, el	Motel
Parador (Nacional), el	staatlich geleitetes Hotel der gehobenen Klasse, z. T. in historischen Bauten untergebracht
Pensión, la (P)	Pension
Refugio	Berghütte

Könnten Sie mir ein/e … empfehlen?	**¿Podrían recomendarme …?**
preiswerte Pension	una pensión que no sea muy cara
ruhige Pension	una pensión tranquila
Hotel der Mittelklasse	un hotel de clase media
Hotel im Zentrum	un hotel en el centro
Wie komme ich dorthin?	¿Cómo lo / la encuentro?
Gibt es hier (in der Nähe) …?	**¿Hay por aquí (cerca) …?**
eine Jugendherberge	un albergue juvenil
einen Campingplatz	un camping
Wo ist …?	**¿Dónde está …?**
das Hotel »Bella Vista«	el Hotel »Bella Vista«
der nächste Campingplatz	el camping más cercano
Haben Sie noch …?	**¿Tienen todavía …?**
Zimmer frei	habitaciones libres
freie Stellplätze	parcelas libres

Wir suchen ein Zimmer … .	**Buscamos una habitación … .**
für eine Nacht	para una noche
mit Dusche und WC	con ducha y wáter
für vier Personen	para cuatro personas
• **Lo siento, … .**	**Tut mir leid, … .**
está todo completo	wir sind ausgebucht
no queda nada libre	wir haben nichts mehr frei
está todo alquilado	es ist alles vermietet

4

Fragen zum Preis

Was kostet ein …?	**¿Cuánto cuesta …?**
Doppelzimmer mit Bad und WC	una habitación doble con baño completo
Ferienhaus in der Hauptsaison	un chalé de vacaciones en temporada alta
Das ist der Preis für …, nicht wahr?	**Ése es el precio para …, ¿verdad?**
zwei Personen	dos personas
eine Übernachtung	una noche
Was ist im Preis inbegriffen?	¿Qué incluye el precio?
Ist der Preis inklusive …?	**¿Este precio incluye …?**
Frühstück	el desayuno
Halbpension	media pensión
Vollpension	pensión completa
Ist / Sind … im Preis inbegriffen?	**¿Está incluida / Están incluidos en el precio …?**
ein Zusatzbett	una cama supletoria
die Endreinigung	la limpieza final
die Nebenkosten	los gastos accesorios

Gibt es Preisreduktionen ...?	**¿Ofrecen un descuento ...?**
außerhalb der Saison	en temporada baja
wenn wir länger bleiben	si nos quedamos más tiempo
für Kinder	para niños
Gibt es Preisaufschläge ...?	**¿Hay que pagar un sobre-cargo ...?**
am Wochenende	por los fines de semana
zu Weihnachten / Silvester / Ostern	por navidad / año nuevo / pascua
in der Hauptsaison	en temporada alta
• ¿Hasta cuánto puede ascender el precio de la habitación?	Wie teuer darf das Zimmer sein?
Bis zu 5000 Peseten.	Hasta 5000 pesetas.

temporada alta	Hochsaison
temporada media	Nachsaison
temporada baja	außerhalb der Saison
pago a cuenta	Anzahlung
pago anticipado	Bezahlung im voraus
precio por persona	Preis pro Person
descuento	Ermäßigung
sobrecargo por ...	Zuschlag für ...

▶ Kap. 1, Rund ums Geld S. 20

Aufenthaltsdauer festlegen

Ich möchte ein Zimmer vom 10. bis zum 24. August reservieren / mieten.	Quisiera reservar / alquilar una habitación del diez al veinticuatro de agosto .

¿(Para) Cuándo? (Für) Wann?	Für morgen und übermorgen. Para mañana y pasado mañana. *Für den / Ab dem* 2. August. *Para el / A partir del* dos de agosto. Vom 2. bis (zum) 4. Mai. Del dos hasta el cuatro de mayo.

4

¿Cuánto tiempo *va [Sg] / van [Pl]* a quedarse? Wie lange bleiben Sie? ¿Para cuánto tiempo? Wie lange?	Nur *eine / diese* Nacht. Sólo *una / esta* noche. Zwei *Tage / Wochen*. Dos *días / semanas*. Ich weiß es noch nicht. Todavía no lo sé. Es kommt darauf an. Depende.

- ¿Cuándo llegarán [Pl]? — Wann kommen Sie an?

Wir kommen ... an. — **Llegaremos ... .**
am 12. Mai — el doce de mayo
gegen 17.00 Uhr — a eso de las cinco

- ¿Cuándo se marchará [Sg]? — Wann fahren Sie ab?

Ist es möglich, den Aufenthalt zu verlängern? — ¿Se puede prolongar la estancia?

día de llegada, el	Anreisetag
día de salida, el	Abreisetag
estancia	Aufenthalt
del …	vom …
hasta el …	(bis) zum …

▶ Kap. 1, Zeiten S. 21, Datum S. 29

Art der Unterkunft

Ist das Hotel …?	**¿Es un hotel …?**
preiswert	económico
teuer	caro
modern	moderno
neu	nuevo
komfortabel	confortable
Ich möchte ein Zimmer mit Blick … .	**Quisiera una habitación con vista … .**
aufs Meer / auf den See	al mar / lago
auf die Berge	a la montaña
Liegt / Ist die Unterkunft …?	**El alojamiento, ¿está …?**
in Strandnähe	cerca de la playa
in den Bergen	en la montaña
im Zentrum	en el centro
an einer befahrenen Straße	en una carretera / calle con mucho tráfico
in der Nähe des Bahnhofs	cerca de la estación
hier in der Nähe	cerca de aquí
ruhig	en una zona tranquila
zentral	en una zona céntrica

Haben Sie / Gibt es (ein/e/n) ...?	**¿Tienen ustedes / Hay allí ...?**
Lift	ascensor
Garage	un garaje
Diskothek	una discoteca
Fitnessraum	un gimnasio
Swimmingpool	una piscina
Tennisplatz	una pista de tenis
Liegewiese	un césped para tomar el sol
(Privat-) Strand	una playa (privada)
Terrasse	una terraza
Transferservice (vom Hotel zum Flughafen)	un servicio de transporte (del hotel al aeropuerto)
...-Verleih	un servicio de alquiler de ...
(spezielle) Aktivitäten	(un programa de) animación
~ für Erwachsene / Kinder	~ para adultos / niños
Einrichtungen für Behinderte	instalaciones para minusválidos

▶ Wörterbuch

Beanstandungen

Übertriebene Forderungen finanzieller oder anderer Art erwidern Sie am besten mit einem augenzwinkernden *¿¡Lo dice en broma o en serio?!* (= Scherzen Sie, oder ist das Ihr Ernst?). Ein entrüstetes *¡Que poca vergüenza!* (= Was für eine Unverschämtheit!) trifft so tief wie ein Eintrag ins Beschwerdebuch (= *hoja de reclamaciones*). Kleinere Beanstandungen leiten Sie am besten mit einem freundlichen *¡Perdón!* (= Entschuldigung!) ein!

Ich hatte ... reserviert.	**Yo había reservado ... .**
ein Zimmer mit Meerblick	una habitación con vista al mar
ein ruhiges Zimmer	una habitación tranquila

... funktioniert nicht! Die Dusche Der Durchlauferhitzer Der Fernseher	**¡ ... no funciona!** La ducha El calentador del agua La tele(visión)
Der Schlüssel paßt nicht.	La llave no entra.
Die Tür / Das Fenster läßt sich nicht öffnen / schließen.	La puerta / La ventana no se abre / cierra.
Das Licht brennt nicht.	No hay luz.
Der Wasserhahn tropft.	El grifo está goteando.
Der Abfluß ist verstopft.	El desagüe está obstruido.
Die Matratze ist (zu) weich / hart.	El colchón es (demasiado) blando / duro.
Der / Die / Das ... ist ... . dreckig kaputt	**El / La ... está ... .** sucio/a roto/a
Es ist unerträglich kalt / heiß hier.	Hace un frío / calor insoportable.
Das Zimmer ist zu laut.	La habitación es demasiado ruidosa.
Es fehlen Handtücher.	Faltan toallas.
• Disculpe. Lo arreglaremos enseguida.	Entschuldigen Sie bitte. Wir lassen es sofort reparieren.

▶ Wörterbuch

Sollten Sie einmal unberechtigterweise beschuldigt werden, etwas kaputtgemacht zu haben, können Sie dies mit folgender Antwort zurückweisen: *No lo hemos hecho.* (= Wir haben das nicht gemacht.)

4

Hotels & Pensionen

Apropos: Die aktuelle Preisliste (= *el listín de precios*) muß an der Rezeption bzw. im Zimmer aushängen!

Einrichtung & Ausstattung

Hat das Zimmer (ein/e/n)…?	**¿Tiene la habitación …?**
Bad und WC	baño completo (baño y wáter)
Dusche und WC	ducha y wáter
Balkon	un balcón
Minibar	minibar
Telefon	teléfono
Radio	una radio
(Farb-) Fernseher	un televisor (de color)
Klimaanlage	aire acondicionado
Heizung	calefacción
Safe	una caja fuerte

▶ Wörterbuch

Glossar: Zimmer & Betten

Doppelzimmer	habitación doble, la
Dreibettzimmer	habitación de tres camas
Einzelzimmer	habitación individual / sencilla
Zimmer für Rollstuhlfahrer	habitación especial para minusválidos en silla de ruedas
Zimmer für Nichtraucher	habitación para no fumadores

Die Speisekarte: Ein Überblick

Zum kompletten Menü gehören eine Vorspeise, ein Fleisch- oder Fischgericht, zu dem die Beilage extra bestellt wird, und eine Nachspeise. *¡Que aproveche!* (= Guten Appetit!)

Menú	**Speisekarte**
Entremeses	Vorspeisen
Sopas	Suppen
Ensaladas	Salate
Pasta	Nudelgerichte
Pescado y marisco	Fisch und Meeresfrüchte
Carne y aves	Fleisch und Geflügel
Guarniciones	Beilagen
Verduras	Gemüse
Postres	Nachspeisen
Bebidas	Getränke

Hinweise auf der Speisekarte

casero	hausgemacht
con guarnición	mit Beilage
especialidades de la casa	Spezialitäten des Hauses
para dos personas	für zwei Personen
plato del día	Tagesgericht
platos fríos	kalte Gerichte
menú turístico	Touristenmenü zu festen, behördlich geprüften Preisen
servicio no incluido	Bedienung nicht inbegriffen (15%)
sin IVA	ohne Mehrwertsteuer
sólo por encargo	nur auf Vorbestellung

5

Zubereitungsarten

a la brasa	vom Rost
a la parrilla	gegrillt
a la plancha	auf einer Metallplatte gebraten
a la romana	in einer Backteighülle frittiert
adobado	eingelegt, gepökelt
ahumado	geräuchert
al ajillo	mit Knoblauch gebraten
al horno	im Ofen gebraten
al natural	natur
al vapor	im Wasserdampf gegart
asado	gebraten
cocido	gekocht
crudo	roh
en aceite / vinagre	in Öl / Essig eingelegt
en costra de sal	in einer Salzkruste zubereitet
en escabeche	in pikanter, leicht säuerlicher Soße
en su jugo / tinta	im eigenen Saft / in der eigenen Tinte
empanado	paniert, in einer Teighülle
escalfado	poschiert
estofado	geschmort
flameado	flambiert
frito	(in Öl) gebraten, frittiert
gratinado	gratiniert, überbacken
guisado	gekocht, geschmort
macerado	(in Alkohol) mariniert
picado	gehackt
rebozado	paniert (Mehl-Ei-Hülle)
relleno	gefüllt
salteado	leicht angebraten
tostado	geröstet
vivo	lebend

Zutaten der spanischen Küche

aceite, el	Öl
~ de oliva	Oliven~
ajo	Knoblauch
albahaca	Basilikum
alcaparras	Kapern
anís, el	Anis
azafrán, el	Safran
cebolla	Zwiebel
comino	Kümmel
condimentos	Gewürze
especias	(pflanzliche) Gewürze
guindilla	scharfe Pfefferschote
hierbas finas	Kräuter
laurel, el	Lorbeer
limón, el	Zitrone
menta	Pfefferminze
mostaza	Senf
nuez moscada, la	Muskatnuß
perejil, el	Petersilie
pimienta	Pfeffer
pimentón, el	Paprikapulver
piñones, los	Pinienkerne
romero	Rosmarin
sal, la	Salz
salvia	Salbei
tomillo	Thymian

Spanier trinken normalerweise Wein (und Wasser) zum Essen. Jedes Lokal führt wenigstens einen preiswerten Hauswein (= *vino de la casa*). Haben Sie spezielle Wünsche, bestellen Sie die Weinkarte (= *carta de vinos*).

Vorspeisen, Suppen & Salate

Wenn Sie nach einem spanischen Nationalgericht suchen, behalten Sie die *tortilla*, das spanische Omelett, im Auge. Kalt oder warm, ganz oder in mundgerechte Würfelchen geschnitten findet man sie auf der Speisekarte eines Restaurants ebenso wie unter den *tapas* einer Bar.

5

Tortilla	**Omelett**
~ de champiñones	~ mit Champignons
~ de espárragos	~ mit Spargel
~ de espinacas	~ mit Spinat
~ de jamón	~ mit Schinken
~ de marisco	~ mit Meeresfrüchten
~ de patatas	~ mit Kartoffeln
~ de queso	~ mit Käse
~ española	~ mit Kartoffeln und Zwiebeln
~ francesa	~ natur
~ granadina	~ mit Hirn (und Hoden)

Vorspeisen	
aguacate	Avocado
arroz a la cubana	gekochter Reis mit Spiegelei, Tomatensoße und gebratenen Bananen
canelones	Cannelloni (gefüllte Nudelrollen)
entremeses variados	gemischte Vorspeisen
espaguetis	Spaghetti
fiambres	Aufschnitt
huevos al plato	Setzeier

gambas a la plancha	gebratene Krabben
gambas al ajillo	Krabben in Knoblauch-Petersilie
jamón y melón	roher Schinken mit Melone
macarrones	Makkaroni
ostras	Austern
salpicón de marisco	Meeresfrüchtegericht

Suppen

caldo	Brühe
caldo gallego	deftiges Eintopfgericht mit Brechbohnen, Fleisch und verschiedenen Gemüsesorten
cocido	Eintopf mit Fleisch, Speck, Kichererbsen und Gemüse
consomé (al jerez)	Kraftbrühe (mit Sherry)
crema de (espárragos)	(Spargel-) Cremesuppe
fabada asturiana	asturischer (weißer) Bohneneintopf
gazpacho	kalte, andalusische Gemüsesuppe (Tomate, Paprika, Knoblauch, Zwiebel, etc.)
sopa	Suppe
~ de ajo	Knoblauch~
~ de arroz	~ mit Reiseinlage
~ de cangrejos	Krebsfleisch~
~ de cocido	Fleischbrühe
~ de cebolla	Zwiebel~
~ de fideos	Nudel~
~ de pescado	Fisch~
~ de verduras	Gemüse~

5

Salate

ensalada	Salat
~ catalana	gemischter Wurst~
~ de lechuga	grüner ~
~ de pepino	Gurken~
~ de tomate	Tomaten~
~ del tiempo	Saison~
~ mixta	gemischter ~
escarola	Endiviensalat
esqueixada	Tomaten-Paprikasalat mit Stockfisch (Katalonien)

5

Apropos: Salat wird in Spanien normalerweise nicht als Beilage, sondern als eigenständiger Gang betrachtet. Das Dressing (= *aliño*) besteht meistens aus Essig (= *vinagre, el*) und Öl (= *aceite, el*).

▶ Kap. 5, Tapas S. 125

Fisch & Meeresfrüchte

almejas	Venusmuscheln
anguila	Aal
angulas	Glasaale
arenque, el	Hering
atún	Thunfisch
bacalao (a la vizcaína)	Kabeljau / Stockfisch (mit Tomaten und Paprika)
besugo	Meerbrasse
bogavante, el	Hummer

boquerones, los	Sardellen
bonito	Thunfischart
caballa	Makrele
calamares, los	Kalamares
cangrejos	Krebse
chipirones, los	kleine Tintenfische
centollo	Seespinne
cigala	Kaisergranat
dorada	Goldbarsch
gambas	Garnelen
langosta	Languste
langostino	Riesengarnele
lenguado	Seezunge
lubina	See- / Wolfsbarsch
marmitako	Art Fischeintopf (baskische Spezialität)
mejillones, los	Miesmuscheln
merluza	Seehecht
parrillada de pescado	Fisch-Grillplatte
pescadilla	Wittling / junger Seehecht
pez espada, el	Schwertfisch
pulpo	Tintenfisch / Krake
rape, el	Seeteufel
rodaballo	Steinbutt
salmón, el	Lachs
salmonete, el	Meerbarbe
sepia	Tintenfischart
trucha	Forelle
vieira	Jakobsmuschel
zarzuela	Fisch- und Meeresfrüchte in einer pikanten Soße geschmort (katalanische Spezialtität)

Paella, die berühmte spanische Reispfanne, gibt es in unzähligen Variationen: mit Meerefrüchten, Fisch oder Fleisch und diversen Gemüsesorten. Apropos: Spanier essen die schwer verdauliche *paella* nur mittags. Bedenken Sie vor der Bestellung die Zubereitungszeit für eine frische *paella* (ca. 30 Minuten).

▶ Kap. 5, Tapas S. 125 ▶ Kap. 6, Fisch & Meeresfrüchte S. 160
▶ Spanische Speisefische, Abb. 1 im Anhang

Fleisch & Geflügel

5

bistec, el	Steak
cabrito	Zicklein
caza	Wild
cerdo	Schwein
chuleta	Kotelett, Rippchen
cochinillo	Spanferkel
codorniz, la	Wachtel
conejo	Kaninchen
cordero	Lamm
criadillas	(Stier-) Hoden
escalope, el	Schnitzel
faisán, el	Fasan
filete, el	dünn geschnittene Fleischscheibe
hígado	Leber
jabalí, el	Wildschwein
lechal, el	Milchlamm
lechón, el	Spanferkel
liebre, la	Hase
morcilla	Blutwurst
paloma	Taube

parrillada de carne	Grillplatte
pato	Ente
pavo	Truthahn
perdiz, la	Rebhuhn
pichón, el	Taube
pollo	Hähnchen
muslo de ~	~schenkel
pechuga de ~	~brust
rabo de buey	Ochsenschwanz
riñones (al jerez)	Nierchen (in Sherrysoße)
sesos	Hirn
solomillo	Lende, Filet
ternera	Kalb
vaca	Rind

▶ Kap. 5, Tapas S. 125 ▶ Kap. 6, Glossar: Fleisch S. 159

5

Beilagen

arroz, el	Reis
tallarines	Bandnudeln
croquetas	Kroketten
patatas	Kartoffeln
~ asadas	~ im Ofen gebacken
~ fritas	Pommes frites
puré de ~	Kartoffelpüree

Apropos: Die wichtigste Beilage (= *guarnición*) ist in Spanien das Weißbrot (= *pan, el*).

Verdura	**Gemüse**
acelgas	Mangold
alcachofa	Artischocke
apio	Sellerie
berenjena	Aubergine
berza	Kohl
brécoles, los	Broccoli
calabacín, el	Zucchini
calabaza	Kürbis
cardo	bittere Distelart
cebolla	Zwiebel
col de Bruselas, la	Rosenkohl
coliflor, la	Blumenkohl
espárragos (trigueros)	Spargel (grüner ~)
espinacas	Spinat
garbanzos	Kichererbsen
guisantes, los	Erbsen
habas	dicke Bohnen
hinojo	Fenchel
judías blancas	weiße Bohnen
judías verdes	grüne Bohnen
lechuga	Kopfsalat
lentejas	Linsen
pimientos	Paprikaschoten
pisto	geschmorte Paprika, Tomaten und Zwiebeln
puerro	Lauch
setas	Pilze
tomate, el	Tomate
zanahoria	Karotte

► Kap. 6, Glossar: Gemüse S. 162

Nachspeisen

arroz con leche, el	Milchreis
bizcocho borracho	in Rum getränkter Biskuit
budín / pudín, el	Pudding
compota	Kompott
crema catalana	Creme aus Milch, Eiern, Zucker und Zimt
flan, el	Karamelpudding
fresas con nata	Erdbeeren mit Sahne
fruta del tiempo	Saisonobst
helado	Eis
leche frita, la	gebratene Milchcremespeise
macedonia de fruta	Obstsalat
melocotón en almíbar	Pfirsich in Sirup
melón	Melone
mousse de chocolate	Schokoladen-Mousse
músico	Mischung verschiedener Nüsse und Trockenfrüchte
natillas	Cremespeise
pijama	gemischtes Eis mit Sahne und Obst
piña	Ananas (frisch oder eingelegt)
sandía	Wassermelone
sorbete, el	Sorbet
surtido de quesos	Käseplatte
tarta	Torte
tocinos de cielo	süße Eierspeise (»himmlischer Speck«)

▶ Kap. 5, Süße Leckereien S. 143
▶ Kap. 6, Glossar: Obst S. 163, Glossar: Milchprodukte S. 158

Bestellen

Handgeschriebene Speisekarten, Phantasienamen, regionale Bezeichnungen und Gerichte, die in keinem Wörterbuch (oder Kochbuch) stehen, erschweren häufig das Verständnis. Spanier folgen gern den Empfehlungen des Wirts: Was empfehlen Sie mir? (= ¿Qué me recomienda?). Möchten Sie wissen, was am Nebentisch serviert wird, fragen Sie dezent: *¿Qué es lo que comen los señores?* (= Was essen die Herrschaften?)

• ¡Tenga la carta! Hoy tenemos además … .	Bitte sehr, die Speisekarte! Heute haben wir außerdem … .
• ¿Qué va / van a tomar?	Was möchten Sie trinken?
• ¿De beber?	Zu trinken?
• ¿Quieren tomar un aperitivo?	Möchten Sie einen Aperitif?
• ¿Ya han elegido?	Haben Sie bereits gewählt?
Nein, noch nicht.	No, todavía no.
• **¿Qué van a tomar de …?** primero segundo postre	**Was nehmen Sie als …?** ersten Gang zweiten Gang Nachtisch
Ich nehme / Wir nehmen … .	Tomo / Tomamos … .
Die Dame / Der Herr nimmt … .	La señora / El señor toma … .
Für mich … .	Para mí … .
• ¿Cómo quiere el bistec?	Wie möchten Sie das Steak?
Englisch. Medium. Gut durchgebraten.	Poco hecho. / A la inglesa. A punto. Muy hecho. / Bien asado.

Wie ist es zubereitet?	¿Cómo está preparado/a?
Ich darf / kann kein … essen.	No debo / puedo comer … .
Haben Sie etwas …? Leichtes Vegetarisches für Diabetiker Kalorienarmes	**¿Tienen algún plato …?** ligero vegetariano para diabéticos de régimen
Haben Sie einen Kinderteller?	¿Tienen un plato especial para niños?
• ¿Desean alguna cosa más?	Wünschen Sie noch etwas?

▶ Kap. 5, Die Speisekarte S. 129, Getränke S. 116

5

Bitten & Beanstandungen

Haben Sie meine Tortilla vergessen?	¿Se ha olvidado de mi tortilla?
Das habe ich nicht bestellt.	Esto no lo he pedido yo.
Das Essen / Fleisch ist etwas / zu … . fett hart / zäh kalt salzig scharf	**La comida / carne está un poco / demasiado … .** grasa dura fría salada picante
Das Brot ist nicht frisch.	El pan no es fresco.
Hier fehlt noch ein Messer.	Aquí todavía falta un cuchillo.
Könnten wir noch ein/e/n … haben?	¿Podría traernos otro/a …?

1	Tisch	mesa	8	Messer	cuchillo
2	Stuhl	silla	9	Gabel	tenedor, el
3	Kindersitz	asiento para niños	10	Löffel	cuchara
4	Tischtuch	mantel, el	11	Pfeffermühle	molinillo de pimienta, pimentero
5	Serviette	servilleta	12	Salzstreuer	salero
6	Teller	plato	13	Zahnstocher	palillo de dientes
7	Glas	vaso	14	Aschenbecher	cenicero

▶ Wörterbuch

Bezahlen

Apropos: Bezahlt wird am Ende zusammen (= *todo junto*). Es ist unüblich, vom Kellner getrennte Rechnungen (= *cuentas separadas*) zu fordern. Obwohl Bedienung in der Regel im Preis mitinbegriffen ist, gibt man i. allg. ein Trinkgeld (= *propina*) von 5–10%.

Die Rechnung, bitte.	La cuenta, por favor.
• ¿Les ha gustado la comida?	Hat es Ihnen geschmeckt?
Ja, es war sehr gut(, aber zuviel).	Sí, ha estado muy bueno/a (, pero era demasiado).
Hier scheint ein Fehler vorzuliegen.	Aquí parece haber un error.
Ich habe nicht …, sondern … gehabt.	A mí no me ha servido ..., sino … .

▶ Kap. 1, Bezahlen S. 20

Süße Leckereien

5

In der Pastelería

In der Konditorei (= *pastelería / confitería*) gibt es eine erstaunliche Vielfalt süßer Leckereien. Zur *merienda* (= Nachmittagsimbiß) nascht man gerne *magdalenas* (= Ei-Biskuit-Gebäck), *churros* (= fritierte Gebäckkringel) und *pastas* bzw. *pastelitos* (= kleine Kuchen) mit diversen Füllungen. Beliebte Mitbringsel zu Essenseinladungen sind zum Beispiel kleine gefüllte Windbeutel (= *profiteroles / buñuelos*), die zu *café* oder *cava* (= spanischem Sekt) gereicht werden. Das traditionelle Weihnachtgebäck ist *turrón*, eine süße Mandel-Nougat-Spezialtät in diversen Geschmacksrichtungen.

Zehn von diesen Pralinen, bitte.	Diez de esos bombones, por favor.
Ich hätte gern zwei Stücke Torte.	Quisiera dos trozos de tarta, por favor.

Kuchen und Gebäck

almendrados [Pl]	Mandelgebäck
barquillo	Waffel
bombón, el	Praline
brazo de gitano	mit Sahne / Creme gefüllte Biskuitrolle
caramelo	Bonbon
ensaimada	spiralförmig gerolltes Blätterteiggebäck (mallorquinische Spezialität)
galleta	Keks
mantecado	Schmalzgebäck
merengue, el	Baiser
pasta	Gebäck
pastas secas [Pl]	Teegebäck
pastel, el	Kuchen
polvorón, el	»staubiges« (= brösliges) Schmalzgebäck
roscón, el	Kranzkuchen
rosquillas [Pl]	Kringel, kleines Gebäck
tarta (un trozo de ~)	Torte / Kuchen (ein Stück ~)
~ de coco	Kokosnuß-Torte
~ de manzana	Apfelkuchen
~ sara	Mandelkuchen
tartaleta	kleines Törtchen

5

Ist das gefüllt?	¿Está relleno/a?
Ist das Teilchen mit ...?	**¿Lleva ... este pastel?**
Mandeln	almendras
Schokolade	chocolate
(Butter-) Creme	crema (pastelera)
Marzipan	mazapán
Sahne	nata
Rosinen	pasas

In der Eisdiele

Ich möchte ein/en	**Quisiera ... .**
kleines / großes Eis	un helado pequeño / grande
gemischtes Eis	un helado variado
Hörnchen (mit 3 Kugeln)	un cono / cucurucho (de 3 bolas)
Becher (zu ... Peseten)	una copa (de ... pesetas)
Eiskaffee	un café helado
• ¿Qué helado quiere / quieres?	Welche Sorten möchten Sie / möchtest du?

Eissorten

albaricoque	Aprikose
arándanos	Heidelbeer
avellana	Haselnuß
chocolate (blanco)	(weiße) Schokolade
frambuesa	Himbeer
fresa	Erdbeer
limón	Zitrone
melocotón	Pfirsich
nata	Rahm
nuez	Walnuß
pasa málaga	Malaga (mit Rosinen)
pistacho	Pistazie
trufa	Trüffel
turrón	Nougat
vainilla	Vanille

▶ Kap. 6, Glossar: Obst S. 163

Apropos: Besonders beliebt sind bei Spaniern die *mantecados* (= Sahneeisschnitten).

5

La bodega: Weine genießen

In fast allen Regionen Spaniens wird Wein angebaut. Die berühmtesten Rotweine stammen aus der nördlichen Region *La Rioja*, die übrigens auch ganz ausgezeichnete Weißweine offeriert. Aber auch andere Regionen wie *Valdepeñas* oder *el Penedés* produzieren Qualitätsweine. In Galizien findet man einen leichten Wein, den *Ribeiro*, der aus Porzellanschalen getrunken wird.

▶ Weingegenden Spaniens, Abb. 2 im Anhang

5

Ich möchte ... Rotwein.	**Quisiera ... de vino tinto.**
eine Flasche	una botella
ein Glas	una copa
ein Gläschen	un chato
Ich hätte gerne einen ... Wein.	**Quisiera un vino ... .**
Weiß-	blanco
Rot-	tinto
Rosé-	rosado
trockenen	seco
halbtrockenen	semi seco
lieblichen	suave
süßen	dulce
jungen	joven
kräftig-vollmundigen	de cuerpo
leichten	ligero
Haus-	de la casa
Tafel-	de mesa
Land-	de la tierra
Rioja-	de La Rioja
Dessert-	de postre

Rund um den Wein

añada	Jahrgang
bota	lederner Weinbeutel / Weinfaß
cooperativa vinícola	Winzergenossenschaft
cosecha	Ernte, Lese (mit Jahreszahl: Jahrgang)
crianza	Wein mit mindestens 6 Monaten Faßreife, bei Rioja-Weinen 12 Monate
C.V.C.	Conjunto de Varias Cosechas (Verschnitt mehrerer Ernten)
degustación	Weinprobe
D.O.	Denominación de Origen (geschützte Herkunftsbezeichnung)
D.O.C.	Denominación de Origen Calificada (geschützte Herkunftsbezeichnung nur für Rioja-Weine)
embotellado por …	abgefüllt von …
Garantía de Origen	Herkunftsbezeichnung für Rioja-Weine, die nicht im Faß gereift sind
Gran Reserva	Qualitätswein (Mindestreifezeit 5 Jahre – davon 2 Jahre in Eichenfässern)
producido por …	hergestellt von …
Reserva	Qualitätswein (Mindestreifezeit 3 Jahre)
uva	Traube
vendimia	Weinlese / Jahrgang
vino	Wein
~ blanco	Weißwein
~ clarete	heller Rotwein
~ rosado	Roséwein
~ tinto	Rotwein
vid	Rebe
viña	Weingarten

5

Sherry & Co.

Dieser andalusische Weißwein aus der Gegend um Jerez de la Frontera ist sicherlich weltweit der berühmteste Wein Spaniens. Er wird nach dem traditionellen Solera-Verfahren hergestellt: Ältere Fässer werden mit jüngeren Weinen ähnlicher Charakteristika aufgefüllt, so daß ein ständiger Verschnitt bei gleichbleibendem Geschmack erreicht wird. Die Grundtypen des *Jerez* sind *Fino*, *Manzanilla* (aus Sanlúcar de Barrameda), *Amontillado, Oloroso und Cream*. Die drei erstgenannten sind trocken und werden gern als Aperitif getrunken (man bestellt in der Bar einfach *¡Un fino, por favor!*). Der *Oloroso* und *Cream* eignen sich besonders als Dessertweine. Andere bekannte Dessertweine sind *Málaga* und *Moscatel.*

Sekt & Schaumwein

Die nördliche Provinz Katalonien produziert ca. 98% des spanischen Sekts (= *cava*), der nach der tradtionellen Champagner-Methode in Flaschen gärt. Als Gütezeichen tragen die Korken den Schriftzug *CAVA* sowie einen vierstrahligen Stern. Schaumweine, die den strengen Auflagen des *cava* nicht entsprechen, tragen die Bezeichnung *vino espumoso (de calidad).*

Sekteinteilungen (Restzuckerangaben)

Extra Brut / Brut Nature	< 6 g/l.
Brut	< 15 g/l.
Extra-seco	12–20 g/l.
Seco	17–35 g/l.
Semi-seco	33–50 g/l.
Dulce	< 50 g/l.

EINKAUFEN 6

Orientierung

Wochen- und Straßenmärkte bieten morgens ihre Ware feil, der Einzelhandel öffnet nach einer langen Mittagspause erst wieder gegen 17.00 Uhr, große Kaufhäuser (= *grandes almacenes*) und Einkaufszentren (= *centros comerciales*) sind oftmals durchgehend und z. T. auch sonntags geöffnet. Lohnenswert ist der Besuch der Flohmärkte (= *rastros*), der auch für viele Spanier zum Sonntagmorgen-Vergnügen gehört.

▶ Kap. 1, Öffnungszeiten S. 23

Ist hier in der Nähe ein Supermarkt?	¿Hay por aquí cerca un supermercado?
Wo kann man hier (günstig) Schuhe kaufen?	¿Dónde se pueden comprar zapatos (a buen precio)?
Wo finde ich ein Geschäft für …?	¿Dónde puedo encontrar una tienda de …?

Einkaufsartikel		**Geschäfte**
Antiquitäten	antigüedades	anticuario, tienda de antigüedades
Bekleidung	ropa	boutique
Blumen	flores	floristería
Briefmarken	sellos	estanco, correos
Bücher	libros	librería
Eisenwaren	artículos de ferretería	ferretería
Elektroartikel	electrodomésticos	tienda de electrodomésticos
Fahrkarten	pasajes / billetes	agencia de viajes

Fahrräder	bicicletas	tienda de bicicletas
Fotoartikel	artículos fotográficos	tienda de artículos fotográficos
Geschenkartikel	regalos	tienda de regalos
Glas und Porzellan	cristalería y porcelana	tienda de cristalería y porcelana
Haushaltswaren	artículos domésticos	tienda de artículos domésticos
Kosmetik	cosmética	perfumería
Kunst	objetos de arte	galería de arte
Kunstgewerbe	artículos artesanales	tienda de artículos artesanales
Kurzwaren	artículos de mercería	mercería
Lebensmittel	alimentos / comestibles	alimentación
Brot	pan	panadería
Fisch	pescado	pescadería
Fleisch	carne	carnicería
Geflügel	pollo, aves	pollería
Gemüse und Obst	verdura y fruta	verdulería
Kräuter und Tee	hierbas y té	herboristería
Kuchen, Süßigkeiten	pasteles, dulces	pastelería / confitería
Meeresfrüchte	mariscos	marisquería
Milch	leche	lechería
Wein	vino	bodega
Wurst und Käse	embutido y queso	charcutería
Lederwaren	artículos de piel / cuero	peletería / marroquinería
Möbel	muebles	casa de muebles
Modeschmuck	bisutería	tienda de bisutería
Kassetten und CDs	casetes y compactos	tienda de discos

Optikgeräte	artículos ópticos	óptica
Schmuck	joyas	joyería
Schreibwaren	artículos de papelería	papelería
Schuhe	zapatos, calzado	zapatería
Spielzeug	juguetes	juguetería
Sportartikel	artículos de deporte	tienda de artículos de deporte
Tabakwaren	tabacos	estanco
Uhren	relojes	relojería
Wäsche	artículos de lencería	lencería
Zeitungen	periódicos / diarios	quiosco

Verkaufsgespräche

6

Allgemein

• ¿Puedo ayudarle?	Kann ich Ihnen helfen?
• ¿Qué desea?	Was wünschen Sie?
• ¿Ya le atienden?	Werden Sie schon bedient?
• ¿Quién es el / la siguiente?	Wer ist der / die Nächste?
Ich bin dran.	Me toca a mí.
Geben Sie mir … .	Déme / Póngame … .
Ich suche / brauche / möchte … .	Busco / Necesito / Quisiera … .
Wo finde ich …?	¿Dónde encuentro …?
Ich habe … im Schaufenster gesehen.	He visto … en el escaparate.

Ich sehe mich nur etwas um.	Sólo estoy echando un vistazo.
Haben / Führen Sie auch …?	¿Tienen / Venden también …?
Sí, en la primera planta.	Ja, im ersten Stock.
No me queda(n)… .	Ich habe kein(e) … mehr.
Lo siento, eso no lo tenemos.	Das führen wir leider nicht.
Aquí tiene, ¿algo más?	Bitte sehr, sonst noch etwas?
Ja, ich hätte gerne noch … .	Sí, quisiera además … .
Danke, das wär's.	Eso es todo.
(Geben Sie mir) Eine Tüte, bitte!	¡(Déme) Una bolsa, por favor!
Packen Sie es bitte (als Geschenk) ein!	¡Envuélvamelo (de regalo), por favor!

Apropos: Für den Einkauf bedankt sich in Spanien der Verkäufer, nicht der Kunde.

Die Ware beschreiben

Ich suche ein Geschenk / einen Pullover **für … .**	**Busco** un regalo / un jersey **para … .**
eine Frau / einen Mann	una mujer / un hombre
ein dreijähriges Mädchen	una niña de tres años
Es sollte … sein.	**Algo … .**
nicht zu teuer	no muy caro
einfach	sencillo
ausgefallen	vistoso
elegant	elegante
praktisch	práctico
typisch spanisch	típico español

Woraus ist das? — ¿De qué está hecho/a?

- Está hecho/a de … . — Das ist aus … .

Materialien	
Glas	cristal, el / vidrio
Holz	madera
Leder	cuero
Metall	metal, el
Papier	papel, el
Pappe	cartón, el
Plastik	plástico
Porzellan	porcelana
Stein	piedra
Stoff	tela
Formen	
rund	redondo/a
oval	ovalado/a
viereckig	cuadrado/a
rechteckig	rectangular

▶ Wörterbuch ▶ Kap. 1, Farben S. 34
▶ Kap. 6, Stoffe, Muster & Schnitte S. 166

6

Bewerten & sich entscheiden

Das nehme ich. — Me lo llevo.

Das gefällt mir (nicht so sehr)! — ¡Éso (no) me gusta (tanto)!

Diese Farbe / Die Form gefällt mir (nicht)! — ¡Este color / El diseño (no) me gusta!

Ich muß es mir nochmals überlegen.	Tengo que pensármelo.
Haben Sie das auch noch ...? in einer anderen Größe in einer anderen Farbe	**¿Lo tienen también ...?** en otra talla / otro número en otro color
• Lo siento.	Leider nicht.
• Tal vez lo tenemos en la otra tienda.	Vielleicht haben wir es noch im anderen Laden.
• Si puede esperar un momento, preguntaré.	Wenn Sie einen Moment Zeit haben, frage ich nach.
Können Sie es mir zurücklegen / bestellen?	¿Puede apartármelo / encargármelo?

Fragen zum Preis

OFERTA Angebot	**REBAJAS** Sonderangebote

Apropos: Oft werden prozentuelle Rabatte lediglich durch ein Hinweisschild angezeigt, während die Preisschilder noch den alten Preis ausweisen. Der neue Betrag wird erst an der Kasse errechnet.

Wie teuer ist das?	¿Cuánto cuesta?
• ¿Cuánto quería gastarse?	Wieviel möchten Sie ausgeben?
Etwa ... Peseten.	Unas ... pesetas.

▶ Kap. 1, Bezahlen S. 20

6

Umtausch & Reklamation

Kann ich das umtauschen / zurückgeben? — ¿Puedo cambiar / devolver esto?

Sehen Sie, das ist ... . — **Mire, está ... .**
kaputt — roto/a
schmutzig — sucio/a

Hier ist die Quittung. — Tenga aquí el recibo.

Ich möchte lieber das Geld zurück. — Prefiero que me devuelvan el dinero.

▶ Kap. 4, Beanstandungen S. 94

Lebensmittel

6

In Lebensmittelgeschäften und auf dem Markt herrscht oft reges Treiben. Erkundigen Sie sich am besten *¿Quién es el último / la última?* (= Wer ist der / die Letzte?). In vielen Supermärkten zieht man an den Theken bereits Nummern, die dann aufgerufen werden.

Mengenangaben

• ¿Cuánto quiere? — Wieviel möchten Sie?

Ich möchte gern ... . — **Quisiera ... .**
100 g Hackfleisch — cien gramos de carne picada
200 g Käse — doscientos gramos de queso
1 kg Kalbfleisch — un kilo de carne de ternera
1 Pfund Apfelsinen — medio kilo de naranjas
1 l Milch — un litro de leche

¿Puedo ponerle un poquito más?	Darf es auch etwas mehr sein?
Geben Sie mir bitte … .	**Déme …, por favor.**
etwas mehr / weniger	un poco más / menos
die Hälfte	la mitad
Ich brauche (ein/e) … .	**Póngame … .**
Stück Käse	un trozo de queso
4 Scheiben Schinken	cuatro lonchas de jamón
3 Scheiben Thunfisch	tres rodajas de atún
Bund Petersilie	un manojo de perejil
Dose Tomaten	una lata de tomates
Flasche Rotwein	una botella de vino tinto
Packung Plätzchen	un paquete de galletas
Das ist genug / zu viel.	Es suficiente / demasiado.

▶ Kap. 1, Maß- und Mengeneinheiten S. 18

6

Glossar: Getreideprodukte

Mehl	harina
Brot (ein Laib ~)	pan, el (una barra de ~)
Vollkorn~	~ integral
Knäcke~	~ sueco
Landbrot	~ casero
Brötchen	panecillo
Nudeln	pasta
dünne Fadennudeln	fideos
Haferflocken	copos de avena
Grieß	sémola
Reis	arroz, el

Glossar: Milchprodukte

leche, la	Milch
~ cuajada	eine Art Dick~
~ condensada	Kondens~
~ de vaca	Kuh~
~ entera	Voll~
~ semidescremada	halbfette ~
~ en polvo	~pulver
mantequilla	Butter
nata	Sahne
~ montada	Schlag~
queso	Käse
~ de cabra	Ziegen~
~ de oveja	Schafs~
~ fresco	milder, halbfester Frischkäse
~ manchego	~ aus La Mancha (Hartkäse aus Schafsmilch)
requesón, el	Quark
yogur, el	Yoghurt

6

Glossar: Wurstwaren

embutidos	**Wurstwaren**
beicon, el	Frühstücksspeck
caña de lomo	ganzer Lendenschinken
chorizo	rote Paprikawurst mit Knoblauch
fuet, el	dünne, salamiähnliche Hartwurst (Katalonien)

jamón, el / pernil, el	Schinken
~ (de) York	gekochter ~
~ serrano	luftgetrockneter ~
~ (de) Jabugo	luftgetrockneter ~ aus Jabugo, durch Eichelmast besondere Qualität
~ pata negra	Jabugo~, höchste Qualität
lomo embuchado	Lendenschinken (Schwein)
morcilla	Blutwurst
paté, el	Pastete
salchichón, el	luftgetrocknete Salami
sobrasada	Paprikastreichwurst (Balearen)
tocino	Speck

▶ Kap. 5, Brötchen & Sandwiches S. 124

Glossar: Fleisch

carne, la	**Fleisch**
~ de ternera	Kalb~
~ de cordero	Lamm~
~ de vaca / buey / toro	Rind~ (Kuh / Ochse / Stier)
~ de cerdo	Schweine~
chuleta	Kotelett
solomillo	Filetsteak
lomo	Lende
escalope, el	Schnitzel
costill(it)a	Rippchen
codillo	Haxe
salchicha	Würstchen

aves, las	**Geflügel**
pollo	Hähnchen
pechuga de ~	~brust
muslo de ~	~keule / ~schenkel
pavo	Pute
pato	Ente
ganso	Gans

▶ Kap. 5, Fleisch & Geflügel S. 136 ▶ Wörterbuch

Fisch & Meeresfrüchte

Atlantik und Mittelmeer warten mit einer Vielzahl von Fischen und Meerestieren auf. Erkundigen Sie sich im Zweifelsfall *¿Qué pescado es ése?* (= Was ist das für ein Fisch?)

Haben Sie frischen Seefisch / Süßwasserfisch? — ¿Tienen pescado fresco de mar / de agua dulce?

Hat dieser Fisch viele Gräten? — ¿Tiene muchas espinas este pescado?

pescado	**Fisch**
abadejo	Dorsch
anchoa / boquerón, el	Sardelle
angulas	Glasaale
arenque, el	Hering
atún, el	Thunfisch
bacalao (~ seco)	Kabeljau (Stockfisch)
caballa	Makrele

cazón, el	Hausen
dorada	Goldbarsch
gallo	Petersfisch / Rotzunge
lenguado	Seezunge
lubina	Wolfs- / Seebarsch
merluza	Seehecht
pez espada, el	Schwertfisch
rape, el	Seeteufel
salmón, el	Lachs
salmonete, el	Rotbarbe
sardina	Sardine
trucha	Forelle
marisco	**Meeresfrüchte**
almejas	Venusmuscheln
berberechos	Herzmuscheln
bogavante, el	Hummer
calamar, el	Tintenfischart
camarón, el	kleine Garnelenart
cangrejo	Krebs
cigala	Kaisergranat
gamba	Krabbe
langosta	Languste
langostino	Garnelenart
mejillón, el	Miesmuschel
ostra	Auster
percebe, el	Entenmuschel
pulpo	Krake
sepia	Sepia (Tintenfischart)

▶ Kap. 5, Fisch & Meeresfrüchte S. 134
▶ Wörterbuch
▶ Spanische Speisefische, Abb. 1 im Anhang

6

Glossar: Gemüse

aguacate, el	Avocado
ajo	Knoblauch
alcachofa	Artischocke
berenjena	Aubergine
calabacín, el	Zucchini
calabaza	Kürbis
cebolla	Zwiebel
champiñones, los	Champignons
coliflor, la	Blumenkohl
escarola	Endivie
espárragos [Pl]	Spargel
espinacas [Pl]	Spinat
lechuga	grüner Salat
maíz, el	Mais
patata	Kartoffel
pepino	Gurke
pimiento	Paprika
puerro	Lauch
setas	Pilze
tomate, el	Tomate
zanahoria	Möhre
legumbres, las	**Hülsenfrüchte**
garbanzos	Kichererbsen
guisantes, los	Erbsen
habas	dicke Bohnen
judías	Bohnen
~ verdes / blancas	grüne / weiße ~
lentejas	Linsen

▶ Wörterbuch

Glossar: Obst

fruta	**Obst**
albaricoque, el	Aprikose
cereza	Kirsche
ciruela	Pflaume
frambuesa	Himbeere
fresa	Erdbeere
higo	Feige
limón, el	Zitrone
manzana	Apfel
melocotón, el	Pfirsich
melón, el	Honigmelone
naranja	Orange
pera	Birne
piña	Ananas
plátano	Banane
pomelo	Grapefruit
sandía	Wassermelone
uva	Traube

▶ Wörterbuch

Kleidung & Textilien

Größen

Falls Sie sich unverhofft bei einer »Riesengröße« wiederfinden, erschrecken Sie nicht: Die spanischen Konfektionsgrößen (= *tallas*) liegen ein paar Nummern unter den deutschen.

6

• ¿Qué talla tiene / necesita usted?	Welche Größe tragen / benötigen Sie?
Ich trage (in Deutschland) … .	**(En Alemania) Tengo … .**
Größe 42	la 42
S(mall)	la »ese« / talla pequeña
M(edium)	la »eme« / talla media
L(arge)	la »ele« / talla grande
XL (Extralarge)	la »equis ele« / talla extragrande

FRAUEN		**MÄNNER** Anzüge / Blazer		Hemden	
D	E	D	E	D	E
34	38	44	46	37	2
36	40	46	48	38	3
38	42	48	50	39	4
40	44	50	52	40	5
42	46	52	54	41	6
44	48	54	56	42	7
46	50	56	58	43	8

6

Anprobe

Wo kann ich das anprobieren?	¿Dónde puedo probármelo?
• Le queda muy bien.	Das steht Ihnen sehr gut.
Das paßt mir nicht.	No me queda bien. / No me viene.
• Se le puede retocar / arreglar.	Wir können es für Sie ändern.

Das ist zu ...!	**¡Es demasiado ...!**
eng	justo/a
weit	ancho/a
kurz	corto/a
lang	largo/a
Läuft das noch ein?	¿Encogerá?

▶ Kap. 6, Verkaufsgespräche S. 152

Glossar: Kleidungsstücke

Mantel	abrigo
Regen~	impermeable, el
Hut	sombrero
Mütze	gorro
Handschuhe	guantes, los
Schal	bufanda
Jacke	chaqueta
Blazer	americana
Weste	chaleco
Hemd	camisa
Pullover	suéter, el / jersey, el
Sweatshirt	sudadera
T-Shirt	camiseta
Hose	pantalón, el
Jeans	tejanos / vaqueros
Shorts	pantalón corto, el
Socken	calcetines, los
Jogginganzug	chándal, el
Morgenmantel	albornoz, el
Pyjama	pijama, el

Damenbekleidung	**ropa de señoras**
Kleid	vestido
Kostüm	traje chaqueta, el
Rock	falda
Leggings	mallas
Bluse	blusa
BH	sujetador, el
Slip	bragas [Pl]
Strümpfe	medias
Feinstrumpfhose	pantis, las (Marke) / medias
Nachthemd	camisón, el
Herrenbekleidung	**ropa de caballeros**
Anzug	traje, el
Jackett	(chaqueta) americana
Ein- / Zweireiher	~ sencilla / cruzada
Fliege	pajarita
Krawatte	corbata
Hosenträger	tirantes, los
Unterhemd	camiseta
Unterhose	calzoncillos [Pl]

▶ Kap. 7, Badesachen S. 184 ▶ Wörterbuch

6

Stoffe, Muster & Schnitte

Was ist das für ein Stoff? — ¿Qué tejido / tela es?

• **Es (de) … .**	**Das ist (aus) … .**
algodón	Baumwolle
lana	Wolle
lino	Leinen
seda	Seide

Muster	
einfarbig	unicolor
gemustert / bedruckt	estampado
gestreift	a rayas
kariert	de cuadros
Schnitte	
Ärmel	manga
mit kurzen / langen ~n	de ~ corta / larga
ohne ~	sin ~s
Ausschnitt	escote, el
Kragen	cuello
Futter (gefüttert)	forro (forrado/a)
Kapuze	capucha
Knopf	botón, el
Reißverschluß	cremallera
Tasche	bolsillo

▶ Wörterbuch ▶ Kap. 1, Farben S. 34

6

Schuhe & Lederwaren

Schuhkauf

Apropos: Die spanischen Schuhgrößen (= *números*) fallen etwa eine Nummer größer aus als die deutschen.

Ich suche ein Paar ... Schuhe.	**Busco un par de zapatos ... .**
Damen-	de señora
Herren-	de caballero
Kinder-	de niño

Ich habe ein Paar Schuhe im Schaufenster gesehen.	He visto unos zapatos en el escaparate.
• ¿Cuáles?	Welche?
• Lo mejor será que me los muestre.	Am besten zeigen Sie sie mir.
• ¿Qué número calza?	Welche Schuhgröße tragen Sie?
Größe 37 ½.	El treinta y siete y medio.
Haben Sie die auch in Schwarz?	¿Los tienen también en negro?
• ¿Qué tal le quedan?	Wie passen sie Ihnen?
Diese sind … . (un-) bequem zu groß zu eng	**Éstos son … .** (in-) cómodos demasiado grandes demasiado estrechos
Sie drücken (hier).	Me aprietan (aquí).

6

▶ Kap. 1, Farben S. 34

Schuhe	**zapatos**
~ mit niedrigem / hohem Absatz	~ con poco / mucho tacón
Slipper	mocasines, los
Sandalen	sandalias
Espadrilles	alpargatas
Badeschuhe	zapatillas de playa
Tennis- / Sportschuhe	zapatillas de tenis / de deporte
Hausschuhe	pantuflas, zapatillas
Stiefel	botas
Wanderschuhe	botas de montaña

Glossar: Lederwaren

Leder	**piel, la / cuero**
echt ~	cuero legítimo
Nappaleder	napa
Pelz	piel, la
Wildleder	ante, el
Lederwaren	**cueros**
Koffer	maleta
Reisetasche	bolso de viaje
Rucksack	mochila
Aktenkoffer	maletín, el
Handtasche	bolso
Brieftasche	cartera
Portemonnaie	monedero
Schlüsselanhänger	llavero
Gürtel	cinturón, el
Handschuhe	guantes, los

Glossar: Körperpflegeartikel & Kosmetika

Seife	jabón, el
Duschgel	gel de ducha, el
Shampoo (für trockenes / fettiges Haar)	champú (para cabellos secos / grasos), el
Haarspülung	bálsamo / acondicionador, el
Bürste	cepillo

Kamm	peine, el
Nagelfeile / -schere	lima para / tijeras de uñas
Deo	desodorante, el
Body Lotion	loción corporal, la
Creme	crema
Sonnencreme	crema antisolar / bronceador, el
Zahnbürste	cepillo de dientes
hart / mittel / weich	duro / medio / blando
Zahnpasta	pasta dentífrica / de dientes
Reinigungstabletten (für Zahnprothese)	pastillas para la dentadura
Spezial: Männer	
Rasierapparat (naß / elektrisch)	maquinilla / máquina de afeitar
Rasierklinge / -pinsel	cuchilla / brocha de afeitar
Rasierschaum / -seife	espuma / jabón de afeitar, el
Aftershave	masaje, el / loción de afeitar, la
Spezial: Frauen	
Make-up	maquillaje, el
Lippenstift	lápiz labial, el
Eyeliner	lápiz de ojos, el
Lidschatten	sombra de ojos
Wimperntusche	rímel, el
Rouge	colorete, el
Nagellack	esmalte para las uñas, el
Nagellackentferner	quitaesmalte, el
Parfum	perfume, el
Tampons	tampones, los
Binden	compresas
Slipeinlage	protege slip, el

▶ Wörterbuch ▶ Kap. 9, In der Apotheke S. 236

Glossar: Babyartikel

Babynahrung	alimento(s) para bebés
Plätzchen [Pl]	galletas
Milchpulver	leche en polvos, la
Brei	papillas [Pl]
Kräuter- / Fencheltee	infusión de hierbas / hinojo, la
Fläschchen	biberón, el
Fläschchenwärmer	calentador para biberones, el
Schnuller	chupete, el
Windeln	pañales, los
Babycreme	crema de bebé
Kinderbekleidung	ropa infantil
Strampelanzug	pelele, el
Lätzchen	babero
Kindersitz	asiento de seguridad para niños
Spielzeug	juguetes, los [Pl]

▶ Wörterbuch ▶ Kap. 9, In der Apotheke S. 236

Foto & Film

Ich möchte einen 12/24/36er … .	**Quisiera … de 12/24/36 fotografías.**
Farbfilm	un carrete de color
Schwarzweißfilm	un carrete en blanco y negro
Diafilm	un carrete para diapositivas

Haben Sie Batterien / Blitzlichter?	¿Tienen pilas / flashes?
Können Sie mir ...? den Film entwickeln den Film einlegen die Batterie auswechseln	**¿Pueden ...?** revelarme este carrete colocarme el carrete cambiarme la pila
Ich möchte Paßbilder machen lassen.	Quisiera hacerme unas fotas de carné.
• ¿Qué tamaño desea?	Welches Format bitte?
• ¿Brillante o mate?	Hochglanz oder matt?
Wann sind die Bilder fertig?	¿Cuándo estarán listas las fotos?

▶ Wörterbuch

6

Tabakwaren

Die staatlichen Tabakläden (= *estancos*) sind kleine ›Servicestationen‹, die außer »blauem Dunst« auch Briefmarken, Schreibwaren, Lotteriescheine und oft sogar Drogerieartikel verkaufen.

Feuerzeug	encendedor, el / mechero
Streichhölzer	cerillas
Zigarette (mit / ohne Filter)	cigarrillo (con / sin filtro)
Pfeife	pipa
~ntabak	tabaco para ~
Zigarre	puro

Ich möchte bitte … .	Quisiera …, por favor.
eine Schachtel …	un paquete de …
eine Stange …	un cartón de …
eine Schachtel Streichhölzer	una caja de cerillas

6

Apropos: Zigaretten zu drehen (= *liar cigarrillos*) ist in Spanien unüblich, daher gibt es kaum losen Tabak und Papierblättchen.

Zeitungen, Bücher & Schreibwaren

Da die Zeitung in Spanien meist nicht zugestellt wird, ist der Gang zum Kiosk (= *quiosco*) unvermeidlich. Ausländische Zeitungen und Zeitschriften (= *prensa internacional*) finden Sie insbesondere an Bahnhöfen und Flughäfen, allerdings in der Regel mit eintägiger Verspätung.

Haben Sie deutschsprachige …?	**¿Tienen … en alemán?**
Zeitungen	periódicos
Zeitschriften	revistas
Bücher	libros
• No han llegado (todavía).	Sie sind (noch) nicht angekommen.
• No me quedan.	Sie sind ausverkauft.
Haben Sie …?	**¿Tienen …?**
Postkarten	postales
Landkarten	mapas
Stadtpläne	planos de la ciudad
Wörterbucher	diccionarios
Reiseführer	guías turísticas
Bücher über / von …	libros de …

6

Schreibwaren	**artículos de papelería**
Papier	papel, el
Geschenk~	~ de regalo
Brief~	~ de cartas
Briefumschlag	sobre, el
Heft	cuaderno
Block	bloc, el
Malbuch	libro para colorear
Kugelschreiber	bolígrafo / boli, el
(Blei-)Stift	lápiz, el
Filzstift	rotulador, el
Füller	pluma
Radiergummi	goma de borrar

▶ Wörterbuch ▶ Kap. 10, Bürobedarf & Ausstattung S. 259

Musik

Ich suche eine / die neueste ... von Paco de Lucía.	**Busco un / el último ... de Paco de Lucía.**
CD	compacto / compact disc
Kassette	casete
Langspielplatte / LP	elepe
Welche würden Sie mir empfehlen?	¿Cuál me recomendaría?
Was ist zur Zeit aktuell?	¿Qué es lo que está de moda de momento?
Gibt es auch Sampler (verschiedener Interpreten)?	¿Hay recopilaciones (de varios artistas)?

Walkman	walkman, el
Radiorekorder	radiocasete, el
Batterie	pila
Kopfhörer	auriculares, los [Pl]

▶ Wörterbuch ▶ Kap. 7, Musikrichtungen S. 202

Souvenirs & Geschenke

Ob kunstvolle Lederarbeiten oder bemalte Fächer, kulinarische Genüsse, Korbwaren oder Toreropuppen in allen Größen, Kacheln mit traditionellen Motiven, Musik, religiöse Andenken oder bunt bedruckte T-Shirts – für jeden Geschmack findet sich ein typisch spanisches Mitbringsel.

Ist das handgemacht?	¿Está hecho a mano? / ¿Es artesanal?
Was gibt es Typisches aus dieser Region?	¿Qué hay típico en esta región?

Fächer	abanico
Flamencokleid	traje / vestido de flamenca, el
Gitarre	guitarra
Holzschnitzerei	talla en madera
Kacheln	azulejos
Kastagnetten	castañuelas
Kunsthandwerk	artesanía popular
Lederwaren	marroquinería
Mantilla (Spitzen~)	mantilla (~ de encaje)
Schultertuch	mantón, el
Teppich	alfombra
Töpferware	cerámica
Weinbeutel aus Leder	bota (de vino)
Wolldecke	manta

▶ Wörterbuch ▶ Kap. 6, Lebensmittel S. 156

6

Antiquitäten, Kunst & Kunsthandwerk

Woher kommt das?	¿De dónde viene?
Aus welcher … stammt das?	**¿De qué … es?**
Epoche	época
Gegend	región
Schule	escuela

• Es del siglo dieciséis / diecisiete / dieciocho.	Das ist aus dem 16. / 17. / 18. Jahrhundert.
Aus welchem Material ist das?	¿De qué está hecho/a?
Ist das echt?	¿Es auténtico/a?

▶ Wörterbuch
▶ Kap. 6, Die Ware beschreiben S. 153, Schmuck & Uhren S. 177

Schmuck & Uhren

Apropos: Bei vielen Juwelieren (= *joyerías*) und Uhrenfachgeschäften (= *relojerías*) wird als Schutzmaßnahme dem Kunden erst auf Klingelzeichen hin geöffnet.

Könnten Sie ...?	**¿Podría ...?**
diese Uhr reparieren	arreglarme este reloj
die Batterie austauschen	cambiarme la pila

Anhänger	colgante, el
Armband	pulsera
Armreif	brazalete, el
Brosche	broche, el
Kette	collar, el / cadena
Gold~	cadena de oro
Perlen~	collar de perlas
Ohrklips	clips, los
Ohrringe	pendientes, los
Ring	anillo / sortija
Armbanduhr	reloj de pulsera, el

6

Brillant	brillante, el
Diamant	diamante, el
Gold (vergoldet)	oro (chapado / baño de oro)
Silber (versilbert)	plata (plateado)
echt Gold / Silber	oro / plata de ley

▶ Wörterbuch

Brillen & mehr

Das Gestell / Das Glas ist kaputtgegangen.	Se me ha roto la montura / el cristal.
Können Sie die Brille reparieren?	¿Pueden arreglarme las gafas?
Ich benötige Gläser mit 3 Dioptrien.	Necesito cristales de tres dioptrías.
Ich bin kurzsichtig / weitsichtig.	Soy miope / hipermétrope.

Brille	gafas [Pl]
Sonnen~	~ de sol
Gläser	cristales, los
getönte ~	~ ahumados
Kontaktlinsen	lentillas/lentes de contacto, las
harte / weiche ~	~ duras / blandas
Aufbewahrungslösung / Reinigungslösung für ~	líquido para (conservar) / detergente para ~, el
Fernglas	prismáticos [Pl]

ENTSPANNUNG, SPORT & KULTUR

7

Badeurlaub

Vamos a la playa – der alte Freizeithit hat für die meisten Spanier nichts an Aktualität eingebüßt. Komplette Großfamilien rücken im Sommer mit halbem Hausstand und unerschöpflichen Kühlboxen an, um einen langen Tag am Meer zu verbringen.

Gibt es hier in der Nähe ein/e/n ...?	**¿Hay por aquí ...?**
schönen (Sand-) Strand	una playa bonita (de arena)
See	un lago
Schwimmbad	una piscina
Bademöglichkeit	una posibilidad de bañarse
Wie kommt man zum Strand?	¿Para ir a la playa?

Am Strand

7

Strand ist nicht gleich Strand: Die 1987 ins Leben gerufene Aktion *bandera azul* (= blaue Fahne) weist Küstenstrände mit verbindlichen Wasserqualitätswerten und Sicherheitseinrichtungen aus. An bewachten Strandabschnitten signalisiert die rote Fahne (= *bandera roja*) absolutes Badeverbot.

PROHIBIDO BAÑARSE Baden verboten	**PLAYA NUDISTA** FKK-Strand

Ist der Strand (hier) ...?	**Esta playa, ¿es ...?**
sandig	de arena / arenosa
steinig / felsig	pedregosa / de rocas

Ist das Wasser ...?	**El agua, ¿está ...?**
kalt / warm	fría / caliente
schmutzig / sauber	sucia / limpia
Wie tief ist das Wasser?	¿Qué profundidad tiene el agua?
Ist es gefährlich für Kinder?	¿Es peligroso para niños?
Gibt es ...?	**¿Hay ...?**
starke Strömungen	corrientes fuertes
Seeigel	erizos de mar
Quallen	medusas
viele Algen	muchas algas
Wann ist Ebbe / Flut?	¿A qué hora es la marea baja / alta?
Ist es erlaubt zu ...?	**¿Se puede ...?**
schwimmen	nadar
surfen	hacer windsurf
angeln	pescar con caña
Wo sind die ...?	**¿Dónde están ...?**
Duschen	las duchas
Umkleidekabinen	los vestuarios
Wo kann man ... leihen / mieten?	**¿Dónde se puede alquilar ...?**
einen Liegestuhl	una tumbona
einen Sonnenschirm	una sombrilla
Ich möchte gern ... mieten.	**Quisiera alquilar ... .**
ein Tretboot	un patín (acuático)
ein Surfbrett	una tabla de surf
ein Segelboot	un barco de vela
Was kostet die Miete für eine Stunde / einen Tag?	¿Cuánto cuesta el alquiler por una hora / un día?

Ich gehe ins Wasser / baden.	Me voy al agua / a bañar.
Kommst du mit?	¿Me acompañas?
Können Sie / Kannst du auf meine Sachen aufpassen?	¿Puede usted / Puedes cuidar de mis cosas?
Kannst du mir etwas von deiner Sonnencreme abgeben?	¿Puedes darme un poco de tu bronceador?
Könntest du die Musik bitte etwas leiser stellen?	¿Podrías bajar un poco el volumen de la música, por favor?

Apropos: Oftmals betreuen die Strandlokale auch die Toiletten. Den Schlüssel können Sie sich ggf. an der Theke geben lassen: *¡La llave del servicio, por favor!* (= Den Schlüssel für die Toilette, bitte!)

▶ Kap. 7, Orientierung & Anmeldung S. 185, Glossar: Badeurlaub S. 183
▶ Kap. 7, Glossar: Sportarten S. 186, Glossar: Sportgeräte & Ausrüstung S. 188

7

Im Schwimmbad

Freibad	piscina al aire libre
Hallenbad	piscina cubierta
Thermalbad	piscina termal
beheiztes Schwimmbad	piscina climatizada
Sauna	sauna
Solarium	solario
Bademeister	bañero
Sprungbrett	trampolín, el

Wo sind die ...?	**¿Dónde están ...?**
Umkleidekabinen	los vestuarios
Schließfächer	los armarios
Haartrockner	los secadores
Gibt es hier ...?	**¿Hay aquí ...?**
eine Sauna	una sauna
ein Solarium	un solario
Kann man hier ... leihen?	**¿Se alquilan ...?**
Badeanzüge	trajes de baño
Badekappen	gorros de baño
Schwimmflügel	flotadores / alitas

PROHIBIDO SALTAR AL AGUA

Hineinspringen verboten

Glossar: Badeurlaub

Am Strand

Strand	playa
Liegestuhl	tumbona
Hängematte	hamaca
Strandmatte	esterilla
Sonnenschirm	sombrilla
Sonnenbrille	gafas de sol [Pl]
Sonnencreme	crema bronceadora
Imbiß / Kiosk	chiringuito
Strandkabine	cabina / vestuario de playa
Dusche	ducha

Badesachen	
Badeanzug	traje de baño, el
Bikini	biquini, el
Badehose	bañador, el
Badekappe	gorro de baño
Bademantel	albornoz, el
Badetuch	toalla
Schwimmflügel	flotadores, los / alitas
Sport und Spiel	
Boot	barca
Ruder~	barco de remos
Tret~	patín (acuático), el
Surfbrett	tabla de surf
Wasserskier	esquís acuáticos, los
Luftmatratze	colchón neumático, el
Schwimmflossen	aletas
Schwimmring	flotador, el
Ball	pelota / balón, el
Aktivitäten	
schwimmen	nadar
sich sonnen	tomar el sol / broncearse
spielen	jugar

▶ Kap. 7, Sport S. 184 ▶ Wörterbuch

Sport

Surfen, Skilaufen, Golf spielen, Reiten oder Wandern – Aktivurlauber kommen dank günstiger klimatischer und geographischer Verhältnisse das ganze Jahr über auf ihre Kosten.

Orientierung & Anmeldung

Wo kann man hier ...?	**¿Dónde se puede ...?**
tauchen	bucear
Golf spielen	jugar al golf
Wo ist der nächste ...?	**¿Dónde está ... más cercano/a?**
Tennisplatz	la pista de tenis
Fußballplatz	el campo de fútbol
Ich würde gerne	**Me gustaría ... .**
Boccia spielen	jugar a la petanca
skifahren	esquiar
(mit euch / Ihnen) mitspielen	jugar con vosotros / ustedes
Kann man hier ... leihen?	**¿Se puede alquilar ... aquí?**
ein Surfbrett	una tabla de surf
ein Fahrrad	una bici(cleta)
Ich würde gerne einen Segelkurs (für Anfänger / Fortgeschrittene) machen.	Me gustaría hacer un cursillo de vela (para principiantes / avanzados).
Ich möchte mich / meine Tochter für einen Tenniskurs anmelden.	Quisiera inscribirme / a mi hija en un cursillo de tenis.
Gibt es hier ...?	**¿Hay por aquí ...?**
(markierte) Wanderwege	senderos (marcados)
Touren mit Führer	excursiones con guía
Wie lange dauert ...?	**¿Cuánto tiempo tarda ...?**
die Tour	la excursión
der Aufstieg	la subida
Ist die Route gefährlich / schwierig?	¿Es peligrosa / difícil la ruta?

Glossar: Sportarten

	Sportart	sportliche Aktivität
Wassersport		
Fischen	pesca	pescar
Hochsee~	pesca de altura	
Rudern	remo	remar
Schwimmen	natación, la	nadar
Segeln	vela	hacer vela
Surfen	(wind)surf, el	hacer surf
Tauchen	buceo	bucear
Wasserball	waterpolo	jugar al waterpolo
Ballspiele		
Basketball	baloncesto	jugar al baloncesto
Fußball	fútbol, el	jugar al fútbol
Golf	golf, el	jugar al golf
Handball	balonmano	jugar al balonmano
Hockey	hockey, el	jugar al hockey
Squash	squash, el	jugar al squash
Tennis	tenis, el	jugar al tenis
Tischtennis	ping-pong, el	jugar al ping-pong
Volleyball	balonvolea, el	jugar al balonvolea
weitere Sportarten		
Bergsteigen	alpinismo	escalar
Bodybuilding	culturismo	hacer culturismo
Drachenfliegen	vuelo en ala-delta	practicar vuelo en ala-delta
Radfahren	ciclismo	ir en bicicleta
Gymnastik	gimnasia	hacer gimnasia
Jagd	caza	cazar
Joggen	footing, el	hacer footing / correr

7

Judo	yudo	hacer yudo
Karate	karate, el	hacer karate
Paragliding	parapente, el	practicar parapente
Reiten	equitación, la	montar a caballo
Schießen	tiro	tirar
Skifahren / -laufen	esquí, el	esquiar
Wandern	senderismo	caminar

▶ Wörterbuch (Wintersport)

Das baskische Ballspiel *Pelota* ähnelt in seiner druckvollen Schnelligkeit dem Squash: Gespielt wird es zu zweit oder in Mannschaften mit bis zu vier Spielern, die abwechselnd einen kleinen, harten Ball (= *pelota*) mit der Hand bzw. einem korbschaufelförmigen Schläger (= *chistera*) gegen die Wand schlagen.

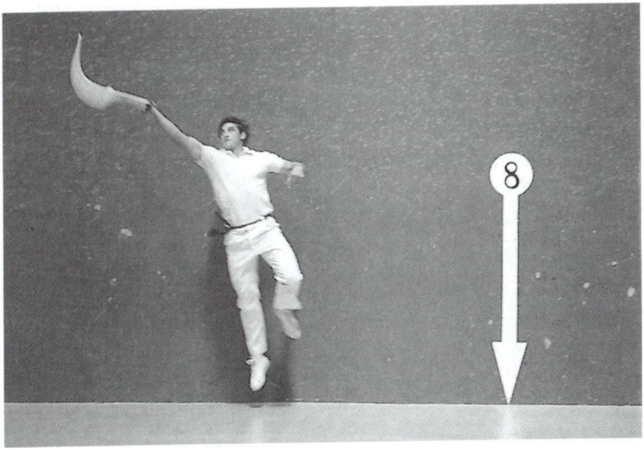

Glossar: Sportstätten & Einrichtungen

gimnasio	Fitneßcenter
campo de aviación	Flugplatz
campo de fútbol	Fußballplatz
campo de golf	Golfplatz
frontón, el	Pelotaspielfeld
camino de herradura	Reitweg
piscina	Schwimmbad
club de vela / náutico	Segelclub
puerto deportivo	Sporthafen
estadio	Stadion
pista de tenis	Tennisplatz

▶ Wörterbuch (Wintersport)

Glossar: Sportgeräte & Ausrüstung

Wassersport	
Angel und Netz	caña de pescar y red, la
Boot	barca / bote, el / lancha
Ruder~	barca de remos
Segel~	barco de vela
Tret~	patín (acuático), el / bote a pedales, el
Motor~	lancha de motor
Kanu	canoa, la
Wasserskier	esquís acuáticos, los
Surfbrett	tabla / plancha de surf

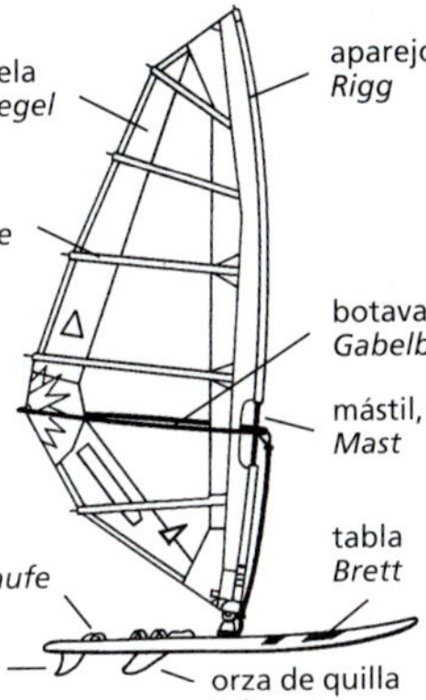

Tauchen	
Neoprenanzug	traje isotérmico, el
Sauerstofflasche	tubo de oxígeno
Taucherbrille	gafas de buceo [Pl]
Flossen	aletas
Harpune	arpón, el
Ballsport	
Ball	pelota, la / balón, el
Schläger	raqueta
Golf~ (aus Holz / Eisen)	palo (de madera / hierro)
Squash~	raqueta de squash
Tennis~	raqueta de tenis
Tischtennis~	paleta de ping-pong
Tischtennisplatte	mesa de ping-pong
Tennisschuhe	zapatos de tenis

7

weitere Ausrüstungsgegenstände	
Fahrrad	bicicleta
Mountainbike	~ de montaña / ~ todoterreno
Fallschirm	paracaídas, el
Flugdrachen	ala-delta, el
Gleitschirm	parapente, el
Pfeil und Bogen	flecha y arco
Rollschuhe	patines (de ruedas), los
Skateboard	monopatín, el
Pferd	caballo
Sattel	silla de montar

▶ Wörterbuch (Wintersport)

Apropos: Zum Fischen (= *pescar*) und Jagen (= *cazar*) benötigen Sie einen Berechtigungsschein (= *licencia*). Diesen Schein und Informationen zu den aktuellen Bestimmungen erhält man bei den Autonomieregierungen sowie bei der staatlichen Behörde *ICONA*.

Sportveranstaltungen

Findet dieses Wochenende ein/e ... statt?	**¿Hay este fin de semana ...?**
Sportveranstaltung	un acontecimiento deportivo
Autorennen	una carrera automovilística
Radrennen	una carrera ciclísta
Boxkampf	un combate de boxeo
Fußballspiel	un partido de fútbol
Pferderennen	una carrera hípica
Wer spielt?	¿Quiénes juegan?

Wo kann man die Eintrittskarten (für ...) kaufen?	¿Dónde se pueden conseguir entradas / localidades (para ...)?
Bitte zwei Karten für das Spiel Atlético Madrid gegen Werder Bremen.	Dos entradas para el partido del Atlético de Madrid contra el Werder Bremen, por favor.
Wer gewinnt / verliert?	¿Quién está ganando / perdiendo?
Wie steht das Spiel?	¿Cómo anda el partido?
• Uno a cero a favor del Atlético.	Eins zu null für Madrid.
Wer hat das Tor geschossen?	¿Quién ha marcado el gol?

▶ Kap. 7, Kartenverkauf & Einlaß S. 200

Glossar: Fußball

Nationalsport Nummer 1 ist immer noch der Fußball: Wichtige Spiele (= *partidos*) fegen Städte und Straßen leer und sorgen für atemlose Hochspannung bei den Fans (= *aficionados*).

Fußball	**fútbol**
Mannschaft	equipo
Spieler	jugador, el
Stürmer	delantero
Abwehrspieler	defensa, el
Torwart	portero
Trainer	entrenador, el
Schiedsrichter	árbitro
Zuschauer	espectador, el
Stadion	estadio

Spielfeld	campo
Tor	portería
Ball	balón, el
Spiel	**partido / match, el**
(geschossenes) Tor	gol, el
Elfmeter	penalti, el
Abseits	fuera de juego, el
Foulspiel	falta
gelbe / rote Karte	tarjeta amarilla / roja
Eckstoß	córner, el
erste Halbzeit	primer tiempo, el
Verlängerung	prolongación, la
Ergebnis	resultado
unentschieden	empatado
Meisterschaft	campeonato
Cup	copa
Endspiel / Finale	final, la

7

Kirchen, Museen, Exkursionen

Orientierung

Wo ist ...?	**¿Dónde está ...?**
das Fremdenverkehrsamt	la oficina de turismo
die Kathedrale	la catedral
Haben Sie einen ...?	**¿Tienen ...?**
Stadtplan	un mapa
Prospekt von ...	un folleto de ...

Welche sind die Hauptsehenswürdigkeiten?	¿Cuáles son los monumentos más importantes?
Können Sie mir eine interessante Route empfehlen?	¿Puede recomendarme un itinerario interesante?
Wann kann man ... besichtigen / besuchen?	**¿Cuándo se puede visitar ...?**
die Picasso-Ausstellung	la exposición de Picasso
die Kapelle	la capilla
Wo / In welchem Museum wird ... ausgestellt?	¿Dónde / En qué museo se expone ...?

▶ Kap. 7, Organisierte Fahrten S. 198, Glossar: Kunst & Natur S. 195

An der Kasse

ENTRADA LIBRE Eintritt frei	**PROHIBIDO TOMAR FOTOGRAFÍAS** Fotografieren verboten

Was kostet der Eintritt?	¿Cuánto cuesta la entrada?
Gibt es Ermäßigung für ...?	**¿Hacen descuento para ...?**
Behinderte	minusválidos
Gruppen	grupos
Kinder	niños
Senioren	la tercera edad
Studenten	estudiantes
• ¿Cuántas entradas?	Wieviele Eintrittskarten?

Wie sind die Öffnungszeiten?	¿Cuál es el horario de apertura?
Gibt es eine (deutschsprachige) Führung?	¿Hay una visita guiada (en alemán)?
Wieviel kostet die Führung?	¿Cuánto cuesta la visita guiada?
Wann beginnt sie?	¿A qué hora empieza?
Gibt es ein/en … zu dieser Ausstellung?	**¿Hay un … de esta exposición?**
Katalog	catálogo
Faltblatt	folleto
Poster	póster

Apropos: Bedenken Sie bei Kirchenbesichtigungen, daß dort auf angemessene Kleidung Wert gelegt wird.

▶ Kap. 1, Öffnungszeiten S. 23

7

Fragen zu Namen, Daten & Fakten

Wie heißt diese/r …?	**¿Cómo se llama …?**
Fluß	ese río
Kirche	esa iglesia
Was ist das für ein …?	**¿Qué … es ése?**
Gebäude	edificio
Denkmal	monumento
Ist das / Wo befindet sich …?	**¿Es ésto/a / Dónde está …?**
das Geburtshaus von …	la casa en que nació …
das Grab von …	la tumba de …
der botanische Garten	el jardín botánico

Von wem ist diese/s ...?	**¿De quién es ese / esa ...?**
Gemälde	cuadro
Skulptur	escultura
Wer war der / die ...?	**¿Quién fue el / la ...?**
Bildhauer/in	escultor/a
Künstler/in	artista
Maler/in	pintor/a
Wer hat das ...?	**¿Quién lo ...?**
gemalt	pintó
gebaut	construyó
Aus welcher Epoche stammt diese/s/r ...?	¿De qué época data este / esta ...?
Del / De la	**Aus dem / der ... .**
edad de piedra [la]	Steinzeit
antigüedad [la]	Antike
edad media [la]	Mittelalter
románico	Romanik
gótico	Gotik
renacimiento	Renaissance
barroco / siglo de oro	Barockzeit / Goldenen Zeitalter
modernismo	Jugendstil
siglo dieciocho	18. Jahrhundert

7

Glossar: Kunst & Natur

Kunst

Museum	museo
Ausstellung	exposición, la
Galerie	galería

Gemälde	cuadro / pintura
Zeichnung	dibujo
Porträt	retrato
Skulptur	escultura
Denkmal	monumento
Architektur	
Schloß	palacio / castillo
Burg	castillo
Festung	fortaleza / alcázar, el
Turm	torre, la
Altstadt	casco antiguo
Stadtmauer	muralla
(Markt-) Platz	plaza (del mercado / mayor)
Aquädukt	acueducto
Ruine	ruina
Natur	
Landschaft	paisaje, el
Aussichtspunkt	mirador, el
Gebirge	cordillera / montaña / sierra
Hochebene	meseta
Vulkan	volcán, el
Berg	monte, el
Tal	valle, el
Höhle	cueva
Schlucht	barranco / desfiladero
Paß	puerto (de montaña) / paso
Garten (botanischer ~)	jardín (~ botánico), el
Wald	bosque, el / selva
Park	parque, el
Zoo	parque zoológico, el
Vogelschutzgebiet	reserva ornitológica

Wasser	
Meer	mar, el
See	lago
Fluß	río
Wasserfall	catarata / cascada
Klippe	escollo
Riff	arrecife, el

▶ Wörterbuch

Naturfreunde sollten einen Besuch in einem der spanischen National- (= *Parque Nacional*) oder Naturparks (= *Parque Natural*) nicht versäumen.

Kirchen & Gottesdienste

Kirche	**iglesia**
Kathedrale / Dom	catedral, la
Kapelle	capilla
Kloster	monasterio / convento
Moschee	mezquita
Portal	portal, el
Kreuzgang	claustro
Altar	altar, el
Kreuz	cruz, la

Im traditionell katholischen Spanien herrscht heute Glaubensfreiheit, doch noch immer ist die überwältigende Mehrheit der Spanier katholischer Konfession.

Ist hier in der Nähe eine ...?	**¿Hay una ... por aquí cerca?**
katholische / evangelische Kirche	iglesia católica / protestante
Moschee	mezquita
Synagoge	sinagoga
Gibt es hier eine deutsche Messe?	¿Hay una misa en alemán?
Um wieviel Uhr beginnt der Gottesdienst?	¿A qué hora es la misa?

Papst	papa, el
Heilige/r	santa/o
Madonna	Virgen, la
Pilger/in	peregrino/a
Wallfahrt	peregrinación, la
Wunder	milagro
Kerze	vela
beten	rezar
beichten	confesar

Organisierte Fahrten

Organisieren Sie ...?	**¿Organizan ...?**
Stadtrundfahrten	visitas guiadas de la ciudad
Ausflüge nach ...	excursiones a ...
In welcher Sprache ist die Führung?	¿En qué lengua habla el guía?
Wann / Wo fährt der Bus ab?	¿Cuándo / De dónde sale el autocar?

Besichtigen wir auch ...? ¿Visitamos también ...?

Wann kommen wir zurück? ¿Cuándo volvemos?

Apropos: *El guía* ist der Fremdenführer, das informative Buch heißt *la guía*.

Kulturveranstaltungen

Orientierung

Haben Sie ...? **¿Tienen ...?**
einen Veranstaltungskalender una cartelera de espectáculos
ein Programm un programa

Können Sie mir etwas ... für heute abend empfehlen? **¿Podría recomendarme algo ... para esta noche?**
Unterhaltsames entretenido
Interessantes interesante

Wo ist ...? **¿Dónde está ...?**
das Theater el teatro
das Kino el cine
die Oper el teatro de la ópera
der Konzertsaal la sala de conciertos
die Flamencobühne el tablao flamenco

Wann beginnt ...? **¿Cuándo empieza ...?**
das Konzert el concierto
die Vorstellung la función
der Vorverkauf la venta anticipada

Sollte man Karten vorbestellen? ¿Es necesario reservar entradas?

7

Apropos: In allen größeren Städten bekommt man am Kiosk die *Guía del Ocio*, einen aktuellen Freizeitführer mit Veranstaltungstips und vielen nützlichen Informationen.

Kartenverkauf & Einlaß

VENTA ANTICIPADA Vorverkauf	**LOCALIDADES AGOTADAS** Ausverkauft

Wo ist die Abendkasse? ¿Dónde está la taquilla?

Wo bekommt man Karten? ¿Dónde está la venta de localidades?

Gibt es noch Karten für ...? **¿Quedan localidades para ...?**
heute abend – esta noche
die Premiere – el estreno

7

Was kostet der Eintritt? ¿Cuánto cuesta la entrada?

Gibt es Ermäßigungen? ¿Hacen descuentos?

Zwei Karten für die dritte Reihe im ersten Rang, bitte! Dos entradas en la tercera fila del primer piso, por favor.

Ich möchte einen Platz ... . **Quisiera una localidad ... .**
im Parkett – de platea
in der ersten Reihe – en la primera fila
im ersten Rang – de primer piso
auf dem Balkon – de galería
in der Mitte – en el medio

Könnten Sie mir bitte vier Karten für die morgige Vorstellung reservieren?	¿Me reservaría cuatro localidades para la función de mañana, por favor?
Verkaufen Sie zufällig eine Karte?	¿Vende usted una entrada por casualidad?
Könnte ich bitte ein Programmheft haben?	¿Me da un programa, por favor?
Wo ist die …?	**¿Dónde está …?**
Garderobe	el guardarropa
Damen- / Herrentoilette	el aseo de señoras / caballeros
Gibt es eine Pause?	¿Hay un descanso?
Wann ist die Vorstellung zu Ende?	¿Cuándo termina la función?
¿Puedo ver su entrada, por favor?	Könnte ich bitte Ihre Eintrittskarte sehen?

Musik: Konzerte, Opern, Ballett

Die spanische Musikszene ist eine lebendige Vielfalt aus Pop und Rock, Klassik und natürlich der traditionellen Volksmusik wie die *Jota* aus Aragonien, die andalusischen *Sevillanas* und der *Flamenco*. Die *Zarzuela* ist übrigens die spanische Variante der Operette.

Können Sie mir ein/e … empfehlen?	**¿Puede recomendarme …?**
Ballet	un ballet
Konzert	un concierto
Musical	un musical
Oper	una ópera
Operette	una opereta / zarzuela

7

Ich würde gern ein ... Konzert besuchen.	**Me gustaría escuchar un concierto ... .**
Jazz-	de jazz
Rock-	de música rock
Sinfonie-	sinfónico
Was gibt es in dieser Saison in der Oper?	¿Qué dan en la ópera en esta temporada?
Was wird (heute abend) gespielt?	¿Qué tocan / dan (esta noche)?
Wer ...?	**¿Quién(es) ...?**
spielt	toca(n)
singt	canta(n)
tanzt	baila(n)
dirigiert	dirige la orquesta
• La orquesta sinfónica de Radio España.	Das Symphonieorchester von Radio España.
Was für eine Musik ist das?	¿Qué tipo de música es?

▶ Kap. 7, Kartenverkauf & Einlaß S. 200

7

Musikrichtungen

Alte Musik	música antigua
Klassische Musik	música clásica
Neue Musik	música nueva
Volksmusik	música popular
Flamenco	flamenco
Jazz	jazz, el
Popmusik	música pop
Rockmusik	música rock
Techno	techno / máquina

Künstler	
Orchester	orquesta
Solist	solista, el / la
Dirigent/in	director/a
Chor	coro
Band	banda
Liedermacher/in	cantautor/a
Sänger/in	cantante, el / la
Tänzer/in	bailador/a

▶ Wörterbuch

Apropos: Um eine Zugabe bittet man im Spanischen mit *¡Otra!*

Theater

Welches Stück wird morgen gespielt?	¿Qué obra darán mañana?
Was ist das für ein Stück?	¿Qué clase de pieza es?
Es una … .	**Es ist … .**
comedia popular	ein Volksstück
tragedia clásica	eine klassische Tragödie
función extraordinaria de la compañía …	ein Gastspiel der …-Bühne
obra moderna	ein modernes Stück
Von wem?	¿De quién?
Wer spielt die Hauptrolle?	¿Quién es el / la protagonista?

▶ Kap. 7, Kartenverkauf & Einlaß S. 200

7

Kino

Kinobesuche gehören in Spanien zu den beliebtesten Freizeitaktivitäten. Was das Ambiente betrifft, kann man oftmals wählen zwischen stilvollem Jahrhundertwendetheater, modernem Kinocenter oder Open-air-Vorführungen. Man geht übrigens gern nach dem Abendessen ins Kino: Die Spätvorstellung (= *sesión de noche, la*) beginnt zwischen 22.30 und 23.30 Uhr.

V.O.S.	**DÍA DEL ESPECTADOR**
OmU	»Kinotag« mit reduzierten Preisen

Was läuft heute abend im Kino? — ¿Qué ponen esta noche en el cine?

- **Ponen una película ... .** — **Es läuft ein/e ... .**

de amor	Liebesfilm
de acción	Actionfilm
de ciencia-ficción	Science-fiction-Film
de terror	Horrorfilm
documental	Dokumentarfilm
erótica	Erotikfilm
musical	Musikfilm
de risa	Komödie
de suspense	Thriller
policíaca	Krimi
del oeste	Western

Wovon handelt der Film? — ¿De qué se trata la película?

Zwei Karten für »Ay, Carmela«, bitte. — Por favor, dos entradas para »Ay, Carmela«.

7

• Sólo me quedan localidades para la sesión de noche.	Es gibt nur noch Karten für die Spätvorstellung.
Ich hätte gerne … .	**Quisiera … .**
Popkorn	palomitas de maíz [Pl]
Sonnenblumenkerne	pipas
Schokolade	chocolate
ein Eis	un helado

Apropos: Der Hinweis *sesión continua* zeigt an, daß die Filme ohne feste Anfangszeiten nonstop gezeigt werden. Ein »X« oder »S« in der Anzeige signalisiert, daß es sich um einen Sexfilm bzw. ein Sexkino handelt.

▶ Wörterbuch

Volksfeste

Eine lokale *Fiesta* kommt einem mehrtägigen Ausnahmezustand mit veränderten Ladenöffnungszeiten und chaotischer Verkehrsführung gleich. Man feiert mit der Familie, mit Freunden und Nachbarn bis spät in die Nacht auf der Straße. Zu den Höhepunkten solcher Festlichkeiten gehören Umzüge (= *desfiles*) und Feuerwerke (= *fuegos artificiales*). Fühlen Sie sich eingeladen, und tanzen, essen, trinken Sie einfach mit.

Was / Wo / Wann wird gefeiert?	¿Qué / Dónde / Cuándo se celebra?
Kommt hier der Umzug vorbei?	¿Pasa por aquí el desfile?
Wann beginnt …?	**¿Cuándo empieza(n) …?**
das Feuerwerk	los fuegos artificiales
das Open-air-Konzert	el concierto al aire libre
der Tanz	el baile

So vielfältig wie die Regionen sind auch die Festbräuche: Die Bandbreite reicht von der alljährlichen Marienwallfahrt zur *Virgen del Rocio* im Süden zur ausgelassenen sommerlichen Tomatenschlacht (= *tomatada*) in der fruchtbaren Levante, von den skurrilen Wettbewerben der Basken zu den Menschentürmen der Katalanen (= *castellers*).

Carnaval	Bekannt sind in ganz Spanien die Feiern in Cádiz und Teneriffa, deren Kostüme und Umzüge an Rio de Janeiro erinnern; Höhepunkt der Karnevalsfeiern ist der Dienstag.
Fallas	Sechstägiges Fest (14.3.–19.3.) in Valencia, bei dem zu Ehren des Heiligen Josef, des Schutzpatrons der Stadt, an öffentlichen Plätzen Pappmachéfiguren aufgebaut werden, die am letzten Abend mit viel Getöse und einem riesigen Feuerwerk verbrannt werden.

7

Semana Santa	Die Karwoche wird von feierlichen Prozessionen der Bruderschaften (= *cofradías*) begleitet, bei denen reich geschmückte Heiligenfiguren (= *pasos*) mitgeführt werden.
Moros y cristianos	Buntes Spektakel mit Schaukämpfen in historischen Kostümen zur Erinnerung an die Kämpfe zwischen Mauren (= *moros*) und Christen (= *cristianos*).
San Fermines	Die einwöchigen Feiern (7.7.–13.7.) in Pamplona gehören dank Hemingway zu den international bekanntesten Festen Spaniens. Wichtiges Element sind die täglichen *encierros*, bei denen junge Burschen vor den Stieren durch die Straßen des Ortes laufen, um Geschicklichkeit, Mut und Schnelligkeit zu demonstrieren.

▶ Kap. 1, Fest- & Feiertage S. 29

Stierkampf

Für die einen der Inbegriff des Spanischen, für die anderen reine Barbarei: *El toro* (= der Stier) ist fester Bestandteil der spanischen Fiesta. Stierkämpfe gibt es als große *corrida* mit mehreren Kampfstieren, als Kampf zu Pferd (= *rejoneo*) oder auch als *novillada* mit Jungstieren. Aber auch außerhalb der Arena (= *plaza de toros*) existieren vielerorts »Stierfeste« wie die *encierros*, ähnlich denen in Pamplona, oder auch der *toro embolado*, mit einem »entschärften« Stier, dem die Hörner verbunden sind.

Wann findet der nächste Stierkampf statt?	¿Cuándo se celebrará la próxima corrida?
Zwei Karten im Schatten / in der Sonne, bitte.	Dos entradas de sombra / sol, por favor.

7

Nachtleben

Nachtschwärmer kommen in spanischen Großstädten ganz auf ihre Kosten, denn hier geht das Nachtleben oft erst nach Mitternacht richtig los.

Wohin am Abend?

Wir möchten heute abend gern	**Queremos ... esta noche.**
ausgehen	salir
tanzen gehen	ir a bailar
in eine Disco gehen	ir a una discoteca
ins Spielcasino gehen	ir al casino
Welche Veranstaltungen können Sie / kannst du uns empfehlen?	¿Qué espectáculos puede / puedes recomendarnos?
Gibt es hier in der Nähe eine nette Kneipe?	¿Hay por aquí cerca un bar agradable?
Wo kann man tanzen gehen?	¿Dónde se puede ir a bailar?
Trifft man dort jüngeres oder älteres Publikum?	¿Va allí un público joven o mayor?
Wie ist das Ambiente?	¿Cómo está el ambiente?
Ist Abendgarderobe notwendig?	¿Hay que ir de etiqueta?

Apropos: Die Begegnung mit Drogen (= *drogas*) gehört in spanischen Großstädten zum Alltag. Falls Ihnen jemand *chocolate* anbietet, ist damit keine Süßigkeit, sondern Haschisch gemeint.

Vida nocturna	**Nachtleben**
Bar	Kneipe
Bodega	Weinkeller
Café	Kaffeehaus
Casino	Spielcasino
Club (nocturno)	(Nacht-) Club
Discoteca	Discothek
Espectáculo	Show / Nachtclub / Varieté
Music Hall	Musiklokal
Pub	Abendlokal, oftmals mit Musik
Sala de fiesta	Tanzlokal
Teatro de variedades	Varietétheater
Terraza	Café / Kneipe unter freiem Himmel mit Ausblick auf die Schönen der Nacht
Varieté	Varieté

▶ Kap. 5, Getränke S. 116, El bar S. 120
▶ Kap. 5, El restaurante S. 128, La bodega S. 146

7

Beim Einlaß

SÓLO SOCIOS

Nur für Mitglieder

Ganz gleich, welches Ambiente Sie bevorzugen: ausgefallen (= *extravagante*), gemütlich (= *acogedor*), rustikal (= *rústico*) oder gestylt (= *de diseñador*), – alles ist möglich, wenn man am Türsteher (= *portero*) vorbeikommt.

Wieviel kostet der Eintritt?	¿Cuánto cuesta la entrada?
• **Lo siento, pero … no** la / le / te **puedo dejar entrar.**	**Bedaure, aber … kann ich** Sie / dich **nicht reinlassen.**
así	so
con esos zapatos	mit diesen Schuhen
sin corbata	ohne Krawatte
sin invitación	ohne Einladung

Glücksspiele

Spanier sind leidenschaftliche Spieler: Mit Lotterielosen (= *billetes de lotería*), die man an fast jeder Straßenecke kaufen kann, Wetten (= *apuestas*), beim Bingo (= *bingo*) oder im Spielcasino (= *casino*) versucht man sein Glück und hofft auf Fortunas Gunst.

Spielcasino	casino
Spielhalle	sala de juegos
Glücksspiel	juego de azar
Black Jack	black jack, el
Roulette	ruleta
Einarmiger Bandit	máquina tragaperras
Croupier	croupier, el
Jeton	ficha
Karten	cartas / naipes, los
Würfel	dado
setzen (auf)	apostar (por)

DIENSTLEISTUNGEN: BANKEN, POST, ... 8

Allgemein

Telekommunikation, Geldautomaten, Faxgeräte und Telefonkarten haben den Schalter weitgehend abgelöst – nur bei der Post, bei handvermittelten Gesprächen und bei individuellen Banktransaktionen steht man noch Schlange.

Gibt es hier (in der Nähe) ein/e/n ...?	**¿Hay por aquí (cerca) ...?**
Bank	un banco
Post	una oficina de correos
Briefkasten	un buzón
Geldautomaten	un cajero automático
Telefon	un teléfono
Wo ist ...?	**¿Dónde está ...?**
die Hauptpost	la central de correos
das Fernmeldeamt	la telefónica
Wo kann man hier ...?	**¿Dónde se puede ...?**
Geld wechseln	cambiar dinero
Briefmarken kaufen	comprar sellos
telefonieren	telefonear

Banken & Geldverkehr

Die Zahl der verschiedenen Kreditinstitute ist ansehnlich, für internationale Transaktionen sollte man jedoch eine Korrespondenzbank mit Auslandskontakten wählen.

▶ Kap. 1, Rund ums Geld S. 20
▶ Kap. 9, Bei Geld- und Kartenverlust S. 235

Reisezahlungsmittel

Barumtausch	cambio
Kreditkarte (Geldautomat)	tarjeta de crédito (cajero automático)
EC-Karte (Geldautomat)	tarjeta de eurocheque (cajero automático)
Euroscheck	eurocheque, el
Reisescheck	cheque de viaje, el
Reisesparbuch (Post)	libreta de ahorros (correos)

Geldwechsel

Banken sind in der Regel montags bis freitags von 8.30 bis 14.00 Uhr geöffnet, aber Sie können auch außerhalb der Banköffnungszeiten Geld in Wechselstuben, an Flughäfen, Bahnhöfen, Grenzübergängen, in vielen Hotels und natürlich an Bargeldautomaten erhalten.

CAMBIO Wechsel	**COMPRA/VENTA** Ankauf/Verkauf

Ich möchte … in Peseten wechseln.	**Quisiera cambiar … en pesetas.**
D-Mark	marcos
Schweizer Franken	francos suizos
Österreichische Schillinge	chelines austríacos
Ich möchte einen … einlösen.	**Quisiera hacer efectivo … .**
Euroscheck	un eurocheque
Reisescheck	un cheque de viaje
Wie lautet der Höchstbetrag?	¿Cuál es el importe máximo?

8

Wie ist der Wechselkurs? — ¿A cuánto está el cambio?

Wie hoch sind die Gebühren? — ¿Qué comisión cobran?

• Déjeme su pasaporte / tarjeta de eurocheque. — Ich brauche Ihren Paß / Ihre Euroscheckkarte.

• ¡Firme aquí, por favor! — Unterschreiben Sie bitte hier!

• **Pase a la ... .** — **Bitte gehen Sie ... .**
ventanilla número 5 — zum Schalter 5
caja — an die Kasse

Geben Sie mir bitte ...! — **¡Por favor, déme ...!**
Kleingeld — (dinero) suelto
kleine Scheine — billetes pequeños

Am Geldautomaten

Mit einer der gängigen Kreditkarten ist es problemlos, in Spanien den passenden Geldautomaten zu finden. Etwas schwieriger wird es, wenn Sie nur eine EC-Karte besitzen. Aber Vorsicht: Dreimal daneben getippt, und schon wird Ihre Karte unweigerlich an Ihr heimisches Geldinstitut zurückgeschickt.

Meine Karte ist steckengeblieben. — El cajero automático no me ha devuelto mi tarjeta.

8

Am Geldautomaten

¡Bienvenido! — Willkommen!

Para operar introduzca la tarjeta con la banda hacia abajo. — Karte mit dem Magnetstreifen nach unten einführen.

Por favor seleccione idioma. — Bitte die Sprache auswählen!

Anote su número personal. — Geben Sie Ihre Geheimzahl ein!

Pulse la tecla verde.	Drücken Sie die grüne Taste!
Si se equivoca pulse la tecla amarilla.	Wenn Sie sich vertippen, drücken Sie die gelbe Taste!
Indique la cantidad a retirar.	Geben Sie den Betrag an!
Su operación se está procesando, espere un momento.	Ihr Vorgang wird bearbeitet, warten Sie einen Moment.
Retire su tarjeta.	Entnehmen Sie Ihre Karte!
Retire dinero y comprobante.	Entnehmen Sie Geld und Beleg!
Gracias por su visita.	Danke für Ihren Besuch.

Geldverkehr

Ich möchte … .	**Quisiera … .**
Geld abheben / einzahlen	retirar / ingresar dinero
Geld überweisen	girar / transferir dinero
einen Scheck einlösen	cobrar / saldar un cheque
ein Konto sperren / eröffnen	bloquear / abrir una cuenta

Apropos: *Crédito* kann, je nach Standpunkt, Guthaben oder Kredit heißen! Sind Sie in den Miesen, haben Sie jedoch ein *debe*!

Bank	banco
Sparkasse	caja de ahorros
Bankleitzahl	clave bancaria, la
Girokonto	cuenta corriente (c/c)
Kontonummer	número de la cuenta
Kontoauszug / -stand	extracto de cuenta / saldo
Scheck (Verrechnungs~)	cheque, el (~ barrado)

8

Postdienste

Buzón
Briefkasten

España y extranjero
In- und Ausland

horas recogida
Leerungszeiten

laborables
Werktage

festivos
Sonn- und Feiertage

sin servicio
keine Leerung

Wenn Sie ein Postamt suchen, halten Sie nach einem dieser Hinweise Ausschau: *Correos* (= Post), *Correos y Telégrafos* (= Post- und Telegrafenamt), *Servicio Postal* (= Postdienst). Die Schalter sind montags bis freitags von 8.00–21.00 Uhr und samstags vormittags geöffnet, Hauptpostämter auch nachmittags. Briefmarken gibt's übrigens auch in Tabakläden (= *estanco*).

Orientierung in der Post

Admisión productos postales	Annahme von Postsendungen
Apartados	Postfächer
Burofax	Telefax-Service
Caja Postal de Ahorros	Postbank
Cambio	Geldwechsel
Certificados	Einschreiben

EMS / Postal Expres	Kurierdienst
Giro Internacional	Postanweisungen Ausland
Giro Nacional	Postanweisungen Inland
Lista de Correos	Postlagernd
Paquetes	Pakete
Sellos	Briefmarken
Telegramas	Telegramme
Telex	Telexdienst
Filatelia	Sondermarkenverkauf

Sendungen verschicken & entgegennehmen

Wieviel kostet ... nach Deutschland?	**¿Cuánto cuesta enviar ... a Alemania?**
ein Brief	una carta
eine Postkarte	una postal
Ich möchte fünf Briefmarken zu 45 Peseten.	Quisiera cinco sellos de cuarenta y cinco pesetas.
Ich möchte ... aufgeben.	**Quisiera enviar ... .**
einen Eilbrief (Expreß)	una carta urgente
ein Einschreiben (mit Rückschein)	una carta certificada (con aviso de recibo)
einen Wertbrief	una carta asegurada
ein Päckchen / Paket	un pequeño paquete / paquete
Wie lange braucht es?	¿Cuánto tardará en llegar?
Wo kann man hier ein ... verschicken?	**¿Dónde se puede enviar un ...?**
Fax	fax
Telegramm	telegrama
Ich möchte ein Paket / Päckchen abholen.	Vengo a recoger un paquete / pequeño paquete.

8

Telefonieren

Die spanische Telefongesellschaft heißt *Telefónica.* Sie bietet in allen größeren Städten und in Touristenorten öffentliche Telefonanlagen (= *locutorios públicos*), die eine bequeme Alternative zu Münz- bzw. Kartentelefonen darstellen. Das Gespräch zahlt man erst nachher an der Kasse. Der Billigtarif für Auslandsgespräche gilt übrigens nur nachts von 22.00–8.00 Uhr!

Telefonzelle	cabina telefónica
Münzen / Telefonkarte	monedas / tarjeta telefónica
Mobiltelefon	teléfono móvil
Telefonbuch	guía telefónica
Gelbe Seiten	páginas amarillas
Telefongespräch	llamada telefónica
Ortsgespräch	llamada urbana
Ferngespräch (Inland)	llamada interurbana
Ferngespräch (Ausland)	llamada al extranjero
R-Gespräch	conferencia a cobro revertido
Durchwahl	número directo
Vorwahl	prefijo / indicativo

Nützliche Telefonnummern

Achten Sie in öffentlichen Telefonzellen auf den Hinweis *Teléfonos de interés* (= wichtige Telefonnummern). Bei einem Auslandsgespräch von Spanien aus entfällt die erste 0 des Ortsnetzes. Wenn Sie vom Ausland mit Spanien telefonieren, entfällt die erste 9 der spanischen Ortsnetzkennzahl (= *código territorial*).

Nationale Vorwahlen

07 - 49	von Spanien nach Deutschland
07 - 41	von Spanien in die Schweiz
07 - 43	von Spanien nach Österreich
00 - 34	von Deutschland nach Spanien

Telefonauskunft

003	Inland (= *Información nacional*)
025	Ausland (= *Información internacional*)

Vermittlung durch Operator

008	Europa, Algerien, Libyen, Marokko, Tunesien, Türkei
005	Rest der Welt
900 99 0049	Deutschland Direkt, zentrale Vermittlung von R-Gesprächen (= *Servicio Directo País*)

▶ Kap. 9, Wichtige Telefonnummern S. 228

In der Telefónica

Ich möchte (nach Deutschland) telefonieren.	Quisiera hacer una llamada (a Alemania).
• ¡Vaya a la cabina 8!	Gehen Sie in Kabine 8!
Es ist besetzt.	Está ocupado.
Es meldet sich niemand.	No contestan.
Die Leitung ist unterbrochen.	La línea se ha cortado.
Das Telefon funktioniert nicht.	El teléfono no funciona.

▶ Kap. 1, Bezahlen S. 20

In der Telefonzelle

Die neuen blau-grünen Telefonzellen funktionieren mit 5-, 10-, 25-, 50-, 100-, 200-, 500-Peseten-Münzen (= *monedas*) und Telefonkarten (= *tarjetas telefónicas*), oftmals auch mit Kreditkarten. Telefonkarten gibt es in Postämtern, Tabakläden, an Kiosken und in autorisierten Läden. In Ihrem eigenen Interesse sollten Sie nur eingeschweißte Telefonkarten (= *tarjetas precintadas*) kaufen. Hinweise zur Telefonbenutzung finden Sie übrigens meist in mehreren Sprachen übersetzt im Innern der Kabinen.

Eine Telefonkarte zu 1000 Peseten, bitte. — Una tarjeta telefónica de mil pesetas, por favor.

Könnten Sie mir Geld zum Telefonieren wechseln? — ¿Podría cambiarme dinero para telefonear?

Telefonbenutzung

Descuelge el microteléfono. — Hörer abheben.

Pulse »L« para seleccionar idioma. — »L« drücken, um Sprache zu wählen (mehrfach drücken).

Monedas:
Introduzca valor recomendado según destino de la llamada. — **Münzen:**
Betrag entsprechend Anrufziel einwerfen.

Tarjeta prepago:
Inserte la tarjeta prepago cuando lo indique la pantalla.

Telefonkarte:
Führen Sie die Telefonkarte ein, sobald Aufforderung im Display erscheint.

Tarjeta de crédito:
Inserte la trajeta de crédito autorizada, cuando lo indique la pantalla.

Kreditkarte:
Führen Sie die autorisierte Kreditkarte ein, sobald Aufforderung im Display erscheint.

Siga las instrucciones de la pantalla.

Weitere Displayanweisungen befolgen.

Llamadas al extranjero:
Marque 07.
Espere tono más agudo.

Auslandsgespräche:
Wählen Sie 07.
Warten Sie auf einen höheren Dauerton.

Marque indicativo del país + indicativo de población + número del abonado.

Wählen Sie die nationale Vorwahl + Ortsnetzkennzahl + Rufnummer des Teilnehmers.

▶ Kap. 8, Nützliche Telefonnummern S. 218

Am Telefon

Spanische Telefongespräche beginnen mit *¡Diga!* (= Sprechen Sie! / Hallo!). Es ist nicht üblich, sich mit Namen zu melden. Auch der Anrufer bringt seinen Wunsch oft direkt vor, ohne sich selbst vorzustellen. Eine kurze Rückfrage – *¿Quién habla?* (= Mit wem spreche ich?) – löst eventuelle Unklarheiten.

8

¡Diga! — Hallo!

Wer spricht? — ¿Quién habla?

Ich bin … . — Soy … .

Ich möchte mit ... sprechen.
Quisiera hablar con ... .

Ist ... da?
¿Está ...?

Verbinden Sie mich bitte mit *Herrn / Frau* ...!
¿Me pasa *al señor / a la señora* ..., por favor?

Un momentito. Se *lo / la* paso.
Einen Moment, bitte. Ich verbinde Sie.

Te *lo / la* paso.
Ich gebe *ihn / sie* Dir.

(Ahora mismo) No está.
Sie / Er ist (gerade) nicht da.

¡Se ha equivocado de número!
Sie haben sich verwählt!

Könnte ich eine Nachricht hinterlassen?
¿Podría dejar un mensaje?

Könnten Sie *ihr / ihm* ausrichten, daß ich angerufen habe.
¿Podría decirle que he llamado?

Ich rufe später noch einmal an.
Volveré a llamar más tarde.

8

Ich höre Sie / dich sehr schlecht.	Le / Te oigo muy mal.
Entschuldigung, ich habe mich verwählt.	Disculpe, me he equivocado de número.
Auf Wiederhören! / Bis bald!	¡Adiós! / ¡Hasta pronto!

▶ Kap. 10, Telefonieren S. 255

Auskunft & Ansagen

Información (internacional). ¡Dígame!	(Auslands-) Auskunft, Sie wünschen?
Ich hätte gern die Nummer von … in … .	Quisiera el número de … en … .
Tome nota: El número del abonado es el … .	Notieren Sie bitte: Die Nummer des Teilnehmers lautet … .
El número del abonado ha cambiado. El nuevo número es el … .	Die Telefonnummer des Teilnehmers hat sich geändert. Die neue Nummer heißt … .
Ese número no existe.	Kein Anschluß unter dieser Nummer.
Este es el contestador automático de … / número … . De momento no estamos en casa. Si lo desea puede dejar un mensaje después de la señal sonora y le llamaremos de vuelta.	Das ist der Anrufbeantworter von … / Anschluß … . Wir sind zur Zeit nicht da. Wenn Sie möchten, können Sie nach dem Signalton eine Nachricht hinterlassen, und wir rufen Sie dann zurück.

Beim Friseur

Apropos: Sehen Sie in einem Schaufenster den Hinweis *unisex*, handelt es sich um einen Friseur für Damen und Herren; sonst wird noch immer zwischen dem Damensalon (= *peluquería de señoras*) und dem Herrenbarbier (= *barbero*) unterschieden.

Ich hätte gerne einen Termin für heute nachmittag / morgen.	Quisiera pedir una hora para esta tarde / mañana.

Was soll gemacht werden?

• ¿Qué desea?	Was soll bei Ihnen gemacht werden?
Ich möchte mir / meinem Sohn die Haare schneiden lassen.	Un corte de pelo para mí / mi hijo.
Nur ...! / ... und ...!	**¡Sólo ...! / ¡... y ...!**
waschen	lavar
schneiden	cortar
fönen	secar
färben	teñir el pelo
tönen	dar reflejos
rasieren	afeitar
den Bart / Schnurrbart stutzen	arreglar la barba / el bigote
Ich möchte	**Quisiera ... .**
einen neuen Haarschnitt	un corte nuevo
einen Kurzhaarschnitt	un corte corto
einen Messerschnitt	un corte a navaja
Machen Sie mir bitte ...!	**¡Hágame ..., por favor!**
Strähnchen	mechas
Locken	rizos
eine Fönwelle	un moldeado
eine Teil- / leichte / saure Dauerwelle	una permanente parcial / ligera / sin amoníaco

8

Waschen, schneiden, fönen

• ¿El agua está bien así?	Ist das Wasser so recht?
Bitte etwas wärmer / kälter.	Un poco más caliente / fría.
• ¿Le hago daño?	Habe ich Ihnen wehgetan?

¿Cuánto le corto? Wieviel soll abgeschnitten werden?	Zwei Zentimeter. Dos centímetros. Nur die Spitzen. Sólo las puntas. Etwas *mehr / weniger*. Un poco *más / menos*.

¿Quiere que le rebaje un poco el pelo?

Soll ich die Haare leicht stufig schneiden?

Den Pony bitte … .
gerade / fransig
kurz / lang

El flequillo …, por favor.
recto / rebajado
corto / largo

¿Cómo le peino el pelo? Wie sollen die Haare fallen?	Nach *hinten / vorn*. Hacia *atrás / adelante*. Den Scheitel *links / rechts*. La raya a la *izquierda / derecha*. *Glatt / Lockig.* *Liso / Rizado.*

8

¿Qué color prefiere?

Welche Farbe möchten Sie?

Ich möchte sie einen … -Ton.
(Asch- / Gold-) Blond
(Hell- / Dunkel-) Braun
Rot
Schwarz

Prefiero un tono … .
rubio (ceniza / dorado)
castaño (claro / oscuro)
rojizo
negro

• ¿Un poco de fijador / laca?	Etwas Festiger / Haarspray?
• ¿Le gusta así?	Ist es Ihnen so recht?
So gefällt es mir (sehr) gut!	Me gusta (mucho) así!

Reinigung

Reinigungen (= *tintorerías / lavanderías*) gibt's an jeder Ecke; Waschsalons sind jedoch nur schwer zu finden.

Ich möchte ... waschen / reinigen lassen.	**Quisiera dejar lavar / limpiar en seco ... .**
diese Hose	este pantalón
das hier	esto
Läßt sich dieser Fleck entfernen?	¿Saldrá esta mancha?
Wann kann ich es abholen?	¿Cuándo estará listo?

Wäscherei	lavandería
Chemische Reinigung	lavado en seco
waschen	lavar
reinigen	limpiar en seco
bügeln	planchar
bügelfrei	no planchar
Fleck	mancha
Spezialbehandlung	tratamiento especial

8

▶ Kap. 6 Glossar: Kleidungsstücke S. 165

FÜR ALLE FÄLLE 9

Das Allernotwendigste

Achtung! / Vorsicht!	¡Cuidado! / ¡Ojo!
Hilfe!	¡Auxilio! / ¡Socorro!
Helfen Sie mir, bitte!	¡Ayúdeme, por favor!
Feuer!	¡Fuego!
Ein Unfall!	¡Un accidente!
Haltet den Dieb!	¡Ladrones!
Bitte rufen Sie … .	**Por favor, llame (urgentemente) a … .**
einen Arzt	un médico
die Polizei	la policía
die Feuerwehr	los bomberos
Wo ist die / das nächste …?	**¿Dónde está … más cercano/a?**
Krankenhaus	el hospital
Polizeidienststelle	la comisaría
Telefon	la cabina telefónica
Bitte benachrichtigen Sie …!	¡Por favor, avise a …!

Wichtige Telefonnummern

091	Nationale Polizei	Policía
092	Lokale Polizei	Policía Municipal
080 oder 082	Feuerwehr	Bomberos
91/7421213	Pannenhilfe (Information)	Ayuda en carreteras
91/5933333	Spanischer Automobilclub	RACE
91/3199100	Deutsche Botschaft in Madrid	
91/4313400	Schweizer Botschaft in Madrid	
91/5565315	Österreichische Botschaft in Madrid	

9

Bei Verkehrsunfällen

In Spanien kommt die Polizei bei leichten Sachschäden i. allg. nicht. Stattdessen verfassen die Beteiligten ein gemeinsames Protokoll anhand eines standardisierten Unfallformulars.

Ist alles in Ordnung?	¿Está bien?
Sind Sie verletzt?	¿Está herido/a?
Sie haben die Vorfahrt nicht beachtet.	Usted no ha respetado la preferencia (de paso).
Sie sind zu schnell gefahren.	Usted iba demasiado deprisa.
Das ist meine / Ihre Schuld.	Es culpa mía / suya.
Haben Sie ein Unfallformular dabei?	¿Tiene una declaración amistosa de accidente en el coche?
Ich rufe die Polizei.	Llamo a la policía.
Können Sie als Zeuge / Zeugin aussagen?	¿Haría usted de testigo?

Bedienungsanleitung einer Notruf-Säule

❍ Avería mecánica	❍ Autopanne
❍ Auxilio sanitario	❍ Ärztliche Hilfe
Pulse el botón para solicitar ayuda.	Drücken Sie den Knopf, um Hilfe zu rufen.
El sonido del zumbador le indicará que su llamada será atendida en breve.	Das Summen zeigt an, daß Ihr Anruf entgegengenommen wurde.
Espere cerca del poste y cuando oiga al operador siga sus instrucciones.	Warten Sie in der Nähe der Säule auf weitere Anweisungen.

NOTRUF 091

Ein Notfall!	¡Es una emergencia!
Ich heiße … .	Soy … .
Ich rufe von … an.	Llamo desde … .
Ein Unfall … . auf der Straße nach … in der Nähe von …	**Un accidente … .** en la carretera de … cerca de …
Ein (Leicht- / Schwer-) Verletzter.	Una persona herida ligeramente / gravemente.

▶ Kap. 9, Das Allernotwendigste S. 228, Autopanne S. 230
▶ Kap. 3, Verkehrskontrolle S. 69

Autopanne

Hilfe herbeiholen

Ich habe eine Autopanne. — Tengo una avería.

Mein Auto hat … . — **Mi coche … .**
kein Benzin mehr — se ha quedado sin combustible
einen Platten — tiene una rueda pinchada

Haben Sie ein/en …? — **¿Tiene …?**
Abschleppseil — una cuerda de remolcar
Radkreuz — una llave de cruz
Wagenheber — un gato
Starthilfekabel — cables de ayuda para el arranque

Könnten Sie mir helfen, ...?	**¿Podría ayudarme ...?**
das Auto anzuschieben	a empujar el coche
den Reifen zu wechseln	a cambiar la rueda
Können Sie mir ...?	**¿Puede ...?**
einen Mechaniker empfehlen	recomemdarme un mecánico
einen Abschleppwagen schicken	mandarme una grúa
Wo gibt es hier eine Reparaturwerkstatt / Vertragswerkstatt von ...?	¿Dónde puedo encontrar por aquí cerca un taller mecánico / un taller concesionario de ...?

In der Autowerkstatt

Der Wagen / Motor	**El coche / motor ... .**
ist kaputt	está averiado
springt nicht an	no arranca
verliert Öl / Kühlwasser	pierde aceite / agua del radiador
macht ein seltsames Geräusch	hace un ruido raro
wird zu heiß	se calienta demasiado
Können Sie den Wagen reparieren?	¿Puede arreglarme el coche?
Wie lange wird die Reparatur dauern?	¿Cuánto tiempo tardará en arreglarlo?
Haben Sie das Ersatzteil da?	¿Tiene la pieza de recambio?
Wieviel wird es kosten?	¿Cuánto me costará?
Können Sie mir einen Kostenvoranschlag machen?	¿Puede darme un presupuesto?

▶ Kap. 3 Serviceleistungen S. 64

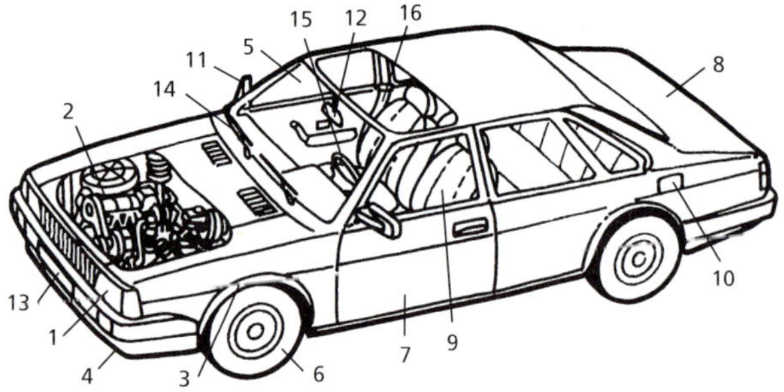

1	faro, el	Scheinwerfer	10	tanque, el	Tank
2	motor, el	Motor	11	espejo externo	Außenspiegel
3	guardabarros, el	Kotflügel	12	espejo retrovisor	Rückspiegel
4	parachoques, el	Stoßstange	13	matrícula	Nummernschild
5	parabrisas, el	Windschutzscheibe	14	limpiaparabrisas, el	Scheibenwischer
6	neumático	Reifen	15	volante, el	Lenkrad
7	puerta	(Wagen-) Tür	16	cinturón de seguridad, el	Sicherheitsgurt
8	maletero	Kofferraum			
9	asiento	Sitz			

Reparaturanfällige Teile

Auspuff	tubo de escape
Batterie	batería
Blinker	intermitente, el
(Hand-) Bremse	freno (de mano)
Dichtung	junta
Filter (Luft~ / Öl~)	filtro (del aire / aceite)
Keilriemen	correa (trapecial)
Kupplung	embrague, el
Kühler	radiador, el

9

Licht	luces, las [Pl] / alumbrado
Abblend~	luz de cruce, la
Fern~	luz de carretera, la
Rück~	luz posterior, la
Bremsleuchte	luz de frenado, la
Zündkerze	bujía
Zündung	encendido

▶ Wörterbuch

Diebstahl & Verlust

Allgemein

Wo ist ...?	**¿Dónde está ...?**
das Fundbüro	la oficina de objetos perdidos
die Polizei	la comisaría
Mir wurde ... gestohlen.	**Me han robado ... .**
die Handtasche	el bolso
die Kamera	la cámara
Ich habe ... verloren.	**He perdido ... .**
meinen Paß	mi pasaporte
meine Brieftasche	mi monedero
Mein ... ist verschwunden.	**Mi ... ha desaparecido.**
Kind	hijo / hija
Hund	perro
Haben Sie vielleicht ... gesehen / gefunden?	¿Ha visto / encontrado por casualidad ...?

Anzeige erstatten

Wenn Sie eine Anzeige bei der Polizei erstatten, sollten Sie die üblichen Daten angeben können (→ Kap. 2, Glossar: Personalien S. 43).

Ich möchte eine/n ... anzeigen.	**Quisiera denunciar ... .**
Taschendiebstahl	una ratería
Diebstahl / Einbruch	un robo
Überfall	un atraco
Mir wurde mein/e.... gestohlen.	**Me han robado ... .**
Reisegepäck	el equipaje
Auto / Fahrrad	el coche / la bicicleta
Geld / Kreditkarte	mi dinero / tarjeta de crédito
In mein Haus ist eingebrochen worden.	Han entrado en mi casa.
Mein Auto wurde aufgebrochen.	Me han abierto el coche.
• ¿Dónde / Cuándo ha pasado?	Wo / Wann ist das passiert?
• ¿Cuál es la matrícula / el número de chasis de su coche?	Welche/s Nummernschild / Fahrgestellnummer hat Ihr Wagen?
• ¡Describa los objetos e indique su valor!	Beschreiben Sie die Gegenstände, und geben Sie ihren Wert an!
• Puede dejar su dirección / número de teléfono durante su estancia en España.	Sie können Ihre Adresse / Telefonnummer hinterlassen, unter der Sie während Ihres Spanienaufenthaltes zu erreichen sind.

9

Ref.: Acta de la denuncia	**Betr.: Protokoll der Anzeige**
El firmante declara que le fueron robados los siguientes objetos:	Der Unterzeichner erklärt, daß ihm folgende Gegenstände gestohlen wurden:
El valor estimado es de aproximadamente … pesetas.	Der geschätzte Wert beträgt ca. … Peseten.
Leído, confirmado y firmado.	Gelesen, bestätigt und unterschrieben.
El denunciante / El guardia	Erstatter der Anzeige / Polizeibeamter

Bei Geld- & Kartenverlust

Kreditkarten können Sie unter Angabe des Kreditinstituts und Ihrer Kontonummer telefonisch in Deutschland sperren lassen. Wenn Sie dringend Geld benötigen, können Sie es sich entweder als internationale telegrafische Postanweisung (= *giro telegráfico internacional*) oder per Swift-Überweisung der Bank (= *transferencia vía Swift*) schicken lassen.

Verlustmeldung von Karten

07/49/69/740987	EC-Karten und Kundenkarten, Euroschecks
07/49/69/79331910	Eurocard
07/49/69/9797-1000	American Express
07/49/69/2603590	Diners Club
07/49/69/66305333	Visa Card

▶ Kap. 8, Nützliche Telefonnummern S. 218, Banken & Geldverkehr S. 212

9

Wo ist die ...?	**¿Dónde está ...?**
Hauptpost	la central de correos
Hauptgeschäftsstelle der Bank	la oficina principal del banco
Ich erwarte eine	**Estoy esperando ... .**
telegrafische Postanweisung	un giro telegráfico
SWIFT-Überweisung	una transferencia vía SWIFT
Ist das Geld schon da?	¿Ya ha llegado el dinero?

▶ Kap. 9, Anzeige erstatten S. 234

In der Apotheke

Medikamente kaufen

Ich möchte (ein/e)	**Déme ... .**
homöopathisches Mittel	un producto homeopático
(leichtes / starkes) Schmerzmittel	un analgésico (ligero / fuerte)
Schlafmittel	un somnífero
Abführmittel	un laxante
Packung Präservative	una cajita de preservativos
Heftpflaster	esparadrapos / tiritas
• Se necesita receta para este medicamento.	Dieses Medikament ist verschreibungspflichtig.
Bitte etwas gegen	**Por favor, déme algo contra ... .**
Durchfall	la diarrea
Verstopfung	estreñimientos
Sonnenbrand	quemaduras de sol
Mücken- / Insektenstiche	picaduras de mosquitos / insectos

9

Darreichungsformen	
Kapseln	cápsulas
Saft / Sirup	jarabe, el
Salbe	pomada
Tablette	comprimido
Dragee	gragea
Tropfen	gotas
Zäpfchen	supositorio

▶ Kap. 9, Beschwerden & Verletzungen benennen S. 239
▶ Kap. 6, Glossar: Körperpflegeartikel & Kosmetika S. 169
▶ Wörterbuch (Krankheiten)

Glossar: Packungsbeilage

Apropos: Die Gebrauchsinformationen zu Medikamenten sind nur in spanischer Sprache verfaßt.

Contraindicaciones	Gegenanzeigen
Interacciones	Wechselwirkungen
Adultos	Erwachsene
Niños menores de 6 años	Kinder unter 6 Jahren
Posología / Modo de empleo	**Dosierung / Anwendung**
10 gotas	10 Tropfen
una cucharita	1 Teelöffel
cada 12 horas	alle 12 Stunden
3 veces al día	3x täglich
durante 3 días / una semana	3 Tage / eine Woche lang

9

en ayunas	auf nüchternen Magen
por la mañana / la tarde	morgens / abends
oral	oral
(sin) masticar	(un)zerkaut
disolver en agua	in Wasser auflösen
con mucho líquido	mit viel Flüssigkeit
rectal	rektal
para uso externo	zur äußeren Anwendung

Arztbesuch & Krankenhausaufenthalt

Wenn Sie im Urlaub erkranken und einen Arzt benötigen, empfiehlt sich der direkte Weg zur Notfallstation (= *urgencias*) eines Krankenhauses (= *hospital, el*). Die Abteilung ist rund um die Uhr geöffnet, und die Behandlung ist kostenlos. Medikamente müssen allerdings selbst bezahlt werden. Die Kosten werden aber in der Regel von den Krankenkassen gegen Nachweis ganz oder teilweise erstattet. Versicherte der gesetzlichen Krankenkassen benötigen das Fomular E 111 ihrer Krankenkasse (= *seguro de enfermedad*), das sie beim lokalen medizinischen Zentrum des Staatlichen Gesundheitsdienstes (= *Instituto Nacional de la Salud (INSALUD)*) gegen einen Krankenschein einlösen können.

Orientierung

Wo ist der / das nächste ...?	**¿Dónde está ... más cercano?**
Arzt	el médico
Krankenhaus	el hospital

Gibt es hier einen Arzt, der Deutsch spricht?	¿Hay aquí algún médico que hable alemán?
Können Sie mir eine/n ... empfehlen / rufen?	¿Puede aconsejarme / llamarme (a) un/a ...?

Augenarzt/ärztin	oculista, el / la
Chirurg/in	cirujano/a
Frauenarzt/ärztin	ginecólogo/a
Hals-Nasen-Ohrenarzt/ärztin	otorrinolaringólogo/a
Hautarzt/ärztin	dermatólogo/a
Internist/in	internista, el / la
Kinderarzt/ärztin	pediatra, el / la
Praktische/r Arzt / Ärztin	médico/a general
Urologe	urólogo/a

Beschwerden & Verletzungen benennen

Ich fühle mich	**Me siento ... .**
schlecht	mal
schwach	débil
schwindelig	mareado/a
Mir tut der Rücken weh.	Me duele la espalda.
Mein Fuß ist geschwollen.	Mi pie está hinchado.
Ich habe	**Tengo ... .**
Bauchschmerzen	dolor de barriga
Magenschmerzen	dolor de estómago
Kopfschmerzen	dolor de cabeza
Durchfall / Verstopfung	diarrea / estreñimiento
Husten	tos

Ich habe eine (starke) Erkältung.	Estoy (muy) resfriado/a.
Ich bin gefallen.	Me he caído.
Ich habe mir den Knöchel verstaucht / verrenkt.	Me he torcido / dislocado el tobillo.
Ich habe mich ... . verletzt geschnitten verbrannt	**Me he ... .** lesionado cortado quemado
Ich bin gestochen / gebissen worden.	Algo me ha picado / mordido.
Er / Sie ist ohnmächtig geworden.	Se ha desmayado.
Ich mußte mich übergeben.	He vomitado.
Ich habe krampfartige Schmerzen.	Me dan calambres.

▶ Wörterbuch (Krankheiten)
▶ Kap. 9, Glossar: Körperteile & Organe S. 243

Ärztliche Untersuchung

•¿Dónde le duele?	Wo haben Sie Schmerzen?
•¡Quítese la ropa / Súbase la manga, por favor!	Bitte machen Sie sich / Ihren Arm frei!
•¡Gírese, por favor!	Bitte umdrehen!
•¡Póngase boca abajo / arriba!	Auf den Bauch / Rücken legen!
•¡Respire / Espire profundamente!	Tief einatmen / ausatmen!

9

• ¿Le duele aquí?	Tut das weh?
• ¿Puede mover la pierna?	Können Sie das Bein bewegen?
• ¿Desde cuándo tiene estos dolores?	Seit wann haben Sie diese Schmerzen?
• ¿Toma algún medicamento?	Nehmen Sie Medikamente?
• ¿Le pusieron ya la vacuna contra tétanos / la rabia?	Sind Sie gegen Tetanus / Tollwut geimpft?
• ¿Enfermedades particulares?	Besondere Krankheiten?
Keine.	Ninguna.
Ich habe … .	**Tengo … .**
Aids	Sida
Asthma	asma
einen Herzschrittmacher	un marcapasos
Ich hatte einen … .	**Tuve / Sufrí … .**
Herzinfarkt	un infarto
Schlaganfall	un ataque apopléjico
• ¿Es alérgico/a a algo?	Sind Sie gegen etwas allergisch?
• ¿Fuma?	Rauchen Sie?
• ¿Cuándo le vino el último período?	Wann war Ihre letzte Regelblutung?
• ¿Qué tipo de anticonceptivos utiliza?	Welche Verhütungsmittel nehmen Sie?
Ich nehme / benutze … .	**Tomo / Utilizo … .**
die Pille	la píldora
ein Diaphragma	un diafragma
Präservative	preservativos / condones
Ich bin schwanger.	Estoy embarazada.

Diagnose & Therapie

• No es nada grave / preocupante.	Es ist nichts Ernstes.
• **Hay que hacer … .**	**Wir müssen eine … machen.**
un análisis de sangre / orina	Blut- / Urinuntersuchung
un análisis de heces	Stuhlprobe
una radiografía	Röntgenaufnahme
una ecografía	Ultraschalluntersuchung
• **Los valores son … .**	**Die Werte sind … .**
altos / normales / bajos	hoch / normal / niedrig
positivos / negativos	positiv / negativ
• Tiene la presión / el nivel de glucosa alto/a.	Ihr Blutdruck / Zuckerspiegel ist erhöht.
• **Es una … .**	**Das ist ein/e … .**
intoxicación	(Lebensmittel-) Vergiftung
infección	Infektion
inflamación	Entzündung
insolación	Sonnenstich
• Está fracturado/a.	Das ist gebrochen.
• (No) Es contagioso/a.	Das ist (nicht) ansteckend.
• **Hay que … .**	**Das muß … werden.**
suturarlo/la	genäht
operarlo/la	operiert
• **Le pondremos … .**	**Sie bekommen eine … .**
una inyección (contra la rabia)	Spritze (gegen Tollwut)
una anestesia local	lokale / örtliche Betäubung
• Tómese estas pastillas / estos comprimidos tres veces al día.	Nehmen Sie diese Tabletten 3x täglich.

¡Guarde cama los próximos días!	Bleiben Sie die nächsten Tage im Bett.
¡No se apoye en el pie!	Den Fuß nicht belasten!
¡No se bañe!	Baden Sie nicht!
¡Evite exponerse al sol!	Vermeiden Sie direkte Sonneneinstrahlung!
¡Guarde dieta!	Halten Sie Diät!
Hay que consultar a un especialista.	Ich überweise Sie zu einem Spezialisten.
Tiene que hospitalizarse.	Sie müssen ins Krankenhaus.
Vuelva el … .	Kommen Sie am … wieder!

▶ Kap. 9, In der Apotheke S. 236
▶ Wörterbuch

Glossar: Körperteile & Organe

Innere Organe

corazón, el	Herz
hígado	Leber
pulmón, el	Lunge
riñón, el	Niere
estómago	Magen
intestinos [Pl]	Darm
apéndice, el	Blinddarm
tiroides, el	Schilddrüse
vejiga (urinaria)	(Harn-) Blase
vesícula biliar	Gallenblase

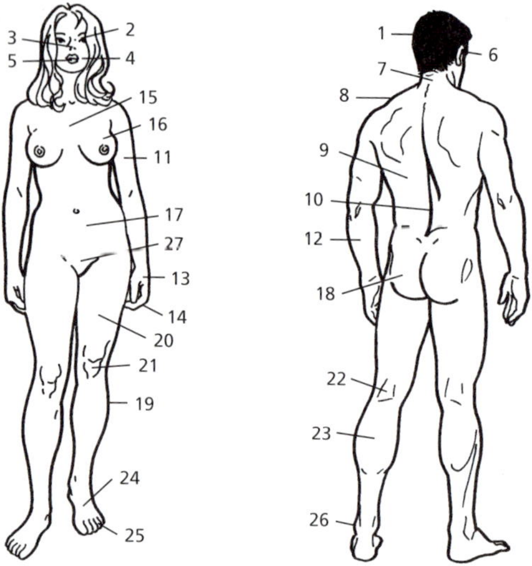

1	cabeza	Kopf
2	ojo	Auge
3	nariz, la	Nase
4	boca	Mund
5	labios	Lippen
6	oído	(Innen-) Ohr
7	cuello	Hals
8	hombro	Schulter
9	espalda	Rücken
10	columna vertebral	Wirbelsäule
11	brazo	Arm
12	antebrazo	Unterarm
13	mano, la	Hand
14	dedo (de la mano)	Finger
15	pecho	Brust
16	seno	Busen
17	vientre, el	Bauch
18	trasero	Gesäß
19	pierna	Bein
20	muslo	Oberschenkel
21	rodilla	Knie
22	articulación, la	Gelenk
23	pantorrilla	Wade
24	pie, el	Fuß
25	dedo del pie	Zeh
26	tobillo	Knöchel
27	órganos genitales	Geschlechtsorgane

9

▶ Wörterbuch

Im Krankenhaus

HOSPITAL	URGENCIAS
Krankenhaus	Notfallstation

Cardiología	Herzerkrankungen
Cirugía	Chirurgie
Ortopedia	Orthopädie
Medicina interna	Innere Medizin
Ginecología	Gynäkologie
Oftalmología	Augenärztliche Abteilung
Quirófano	Operationssaal
Rayos X	Röntgen
Pediatría	Kinderstation

Wo ist der / die / das …?	**¿Dónde está …?**
Abteilung für …	el servicio de …
Zimmer Nr. …	la habitación número …
Krankenpfleger / -schwester	el enfermero / la enfermera
verantwortliche Arzt / Oberarzt	el médico responsable / jefe
Wo liegt Herr / Frau …?	¿En qué habitación está el señor / la señora …?
Wann ist …?	**¿Cuándo …?**
Arztvisite	tiene lugar la visita médica
Besuchszeit	se puede visitar al / a la paciente
Essenszeit	se come
Ich habe Schmerzen / Durst.	Tengo dolores / sed.

9

Ich habe keinen Appetit.
No tengo apetito.

Ich möchte … .
ein Schmerzmittel
ein Schlafmittel
ins Bad / auf die Toilette gehen
telefonieren

Quiero … .
un calmante / analgésico
un somnífero
ir al baño / lavabo
telefonear

Wie lange muß ich hier bleiben?
¿Cuánto tiempo tendré que quedarme?

• Se da de alta al paciente (bajo responsabilidad propia).
Der Patient wird (auf eigene Verantwortung) entlassen.

Ich brauche eine Bescheinigung über den Krankenhausaufenthalt.
Necesito un certificado con la duración de la estancia en el hospital.

Beim Zahnarzt

Können Sie mir einen guten Zahnarzt empfehlen?
¿Puede aconsejarme un buen dentista?

Ich habe Zahnschmerzen.
Tengo dolor de muelas.

Dieser hier … .
oben / unten
vorn / hinten
links / rechts

Es éste/a … .
de arriba / abajo
de delante / detrás
de la izquierda / derecha

Mir ist … abgebrochen.
ein (Stück vom) Zahn
eine Zahnkrone

Se me ha roto … .
un (trozo de) diente
una corona

Mir ist eine Füllung herausgefallen.
Se me ha caído el empaste.

Können Sie den Zahn provisorisch behandeln? — ¿Puede hacer algo provisionalmente?

Das Zahnfleisch ist entzündet / blutet. — Las encías están inflamadas / sangrando.

Dieser Zahn wackelt. — Este diente se mueve.

- ¡Abra la boca! — Machen Sie den Mund auf!
- ¿Le duele aquí? — Tut das weh?
- Hay que hacer una radiografía. — Das muß geröntgt werden.
- Voy a ponerle una inyección. — Ich gebe Ihnen eine Spritze.
- Lo siento, hay que sacarle el diente. — Ich muß den Zahn leider ziehen.
- ¡Enjuague, por favor! — Bitte spülen!
- ¡No coma nada durante las próximas dos horas! — Bitte zwei Stunden nichts essen.

Kuraufenthalt

PLANO DE CURA Kurplan	**TRATAMIENTO** Behandlung

Im reichhaltigen Angebot der iberischen Halbinsel findet sich für jedes Leidwesen die richtige Kurformel: Luftkurorte (= *estaciónes climáticas*), Seebäder mit Reizklima (= *clima estimulante*) oder Badekurorte (= *balnearios*). Allerdings werden die Kosten für spanische Kurorte von den Krankenkassen i. allg. nicht übernommen.

Personal	
Badearzt	médico de balneario
Bademeister	bañero
Krankengymnast/in	fisioterapeuta, el / la
Masseur/in	masajista, el / la
Einrichtungen	
Kurhaus	sanatorio / balneario
Kurheim	casa de cura
Kurpark	parque, el
Kursaal, Spielcasino	casino
Hallenbad	piscina cubierta
Dampfbad	baño turco / de vapor
Thermalanlagen	estación hidrotermal, la
Thermalschwimmbad	piscina termal
Quellen	fuentes / aguas / caldas
Anwendungen und Behandlungen	
Bäder	baños
Thermal~	~ termales
Fuß~	pediluvios [Pl]
Fisiokinesitherapie	fisiocinesiterapia
Fango	fango
Packung	envoltura
Massage	masaje, el
Physiotherapie	fisioterapia
Lymphdrainage	drenaje linfático, el
Inhalationen	inhalaciones, las
Diät	dieta / régimen, el
Trinkkuren	tomar las aguas / dieta hídrica

► Kap. 7, Badeurlaub S. 180, Sport S. 184
► Wörterbuch

DIENSTLICH UNTERWEGS 10

Kontaktaufnahme

Informationen und mögliche Kontaktadressen erhalten Sie ggf. über die deutschen oder spanischen Industrie- und Handelskammern (= *Cámara de Comercio e Industria*) oder über die Bundesstelle für Außeninformation (BfAI) in Köln (Tel. 0221/2057-0, Fax 0221/2057212).

▶ Kap. 2, Einladungen & Verabredungen S. 48, Begrüßung & Verabschiedung S. 39, Höflichkeitsformeln S. 45, Small talk S. 51
▶ Kap. 2, Bei Verständigungsschwierigkeiten S. 37
▶ Kap. 10, Messen S. 263

Sich vorstellen

Auch wenn es Ihnen »spanisch« vorkommen mag: Mit Englischkenntnissen bzw. englischsprachigen Materialien allein werden Sie trotz Europäischer Union in Sachen »Business« wenig erfolgreich sein. Apropos: Bei geschäftlichen Zusammenkünften mit Spaniern ist korrektes Outfit gefragt. Statussymbole wie Handys und teure Autos – wohldosiert eingesetzt – verfehlen ihre Wirkung nicht.

Ich bin Verkaufsleiter von (der Firma) … .	Soy jefe de ventas de (la empresa) … .
Ich bin / Wir sind in der Baubranche tätig.	Trabajo / Trabajamos en el ramo de la construcción.
Ich komme von der Agentur … / Herrn … .	Vengo de la agencia … / parte del señor … .
Ich arbeite bei / für … .	Trabajo en / para … .
Hier ist meine Karte.	Tenga mi tarjeta.

Wir … (qualitativ hochwertige/n) Lackfarben.	**… pinturas (de alta / primera calidad).**
exportieren / importieren	Exportamos / Importamos
handeln mit	Comerciamos con
produzieren	Producimos
Wir sind ein … Unternehmen.	**Somos una empresa … .**
kleines / großes	pequeña / grande
mittelständisches	mediana
inter- / multinationales	inter- / multinacional
führendes	líder

▶ Kap. 2, Sich vorstellen S. 40
▶ Kap. 10, Glossar: Positionen & Hierarchien S. 252, Glossar: Abteilungen S. 253, Glossar: Unternehmensformen S. 253
▶ Wörterbuch (Berufe, Branchen)

Den Ansprechpartner ausfindig machen

Ich möchte gern zu Herrn / Frau … .	Quisiera ver al señor / a la señora … .
Ich habe eine Verabredung mit … .	Tengo una cita con … .
Ich suche den / die … .	**Busco al / a la … .**
Zuständige/n für …	encargado/a de …
Verantwortliche/n für …	responsable de …
Koordinator/in für …	coordinador/a de …
Leiter/in des / der …	director/a de …
Ich möchte mit jemandem / dem Leiter vom … sprechen.	**Necesito hablar con alguien / el director … .**
Einkauf	de la sección de compras
Vertrieb	de la sección de ventas

Sind Sie … von Herrn García?	**¿Es usted … del señor García?**
der / die Assistent/in	el / la asistente
ein/e Mitarbeiter/in	un / una colaborador/a
ein/e Kollege/in	un / una colega
die Sekretärin	la secretaria

▶ Kap. 10, Glossar: Positionen & Hierarchien S. 252, Glossar: Abteilungen S. 253
▶ Wörterbuch (Berufe, Branchen)

Glossar: Positionen & Hierarchien

Je nach Geschäftssparte variieren die Bezeichnungen der Führungskräfte: Sie heißen *director* (= Direktor), *jefe* (= Chef / Leiter) oder *capataz* (= Meister). Die Zusätze *vice-* oder *adjunto* geben jeweils die Stellvertreterposition an.

director/a (adjunto/a)	(stellvertretende/r) Direktor/in
director/a general	Generaldirektor/in
gerente/a	Geschäftsführer/in
jefe/a	Chef/in
jefe/a de sección / departamento	Abteilungsleiter/in
presidente/a del Consejo de Administración	Verwaltungsratsvorsitzende/r
propietario/a	Inhaber/in
socio/a	Teilhaber/in
empleada/o	Angestellte/r
trabajador/a	Arbeiter/in
aprendiz, el / la	Lehrling

10

Glossar: Abteilungen

Buchhaltung	contabilidad, la
Distribution	distribución, la
Einkauf	sección de compras, la
Geschäftsführung	gerencia
Marketing	marketing, el
Personalabteilung	departamento de personal
PR-Abteilung	departamento de relaciones públicas
Produktion / Montage	producción, la / montaje, el
Reklamationsabteilung	departamento de reclamaciones
Sekretariat	secretaría
Verkauf	sección de ventas, la

Glossar: Unternehmensformen

Neben international geläufigen Firmenbezeichnungen wie *Consorcio, Grupo, Holding* finden Sie im Spanischen auch folgende Bezeichnungen:

empresa / firma	Betrieb / Firma
compañía (Cía.)	Unternehmen
sociedad, la	Gesellschaft
~ anónima (S.A.)	Aktien~ (AG)
~ colectiva (S.C.)	Offene Handels~ (OHG)
~ (de responsabilidad) limitada (S.L. / S.R.L.)	~ mit beschränkter Haftung (GmbH)
~ en comandita (S. en C.)	Kommandit~ (KG)
(sociedad) cooperativa	Genossenschaft

Termine vereinbaren

Könnten wir einen Termin ausmachen (, um ...)?
über das Angebot zu sprechen
das weitere Vorgehen abzustimmen
den Vertrag / Details auszuhandeln

¿Podríamos vernos (para ...)?
hablar de la oferta
acordar el posterior procedimiento
negociar el contrato / los detalles

¿Cuándo le conviene?
Wann paßt es Ihnen?

Mir würde es am 3. Mai um 10.00 Uhr passen.
A mí me iría bien el tres de mayo a las diez.

Wie wäre es mit Dienstag um 15.00 Uhr?
¿Qué le parece el martes a las tres?

Déjeme comprobar primero.
Ich muß erst nachschauen.

Estupendo.
Ausgezeichnet.

Lo siento, no puedo.
Da kann ich leider nicht.

Wo treffen wir uns?

¿Dónde nos encontramos?

• ¿Podríamos encontrarnos en el hotel / el aeropuerto / la estación?

Könnten wir uns am Hotel / Flughafen / Bahnhof treffen?

▶ Kap. 1, Zeiten S. 21, Datum S. 29

Telefonieren

Könnte ich mit ... sprechen? Frau López dem Zuständigen für ...	**¿Podría hablar con ... ?** la señora López el encargado de ...
Verbinden Sie mich bitte mit der Nebenstelle 353!	¡Póngame con la extensión 353, por favor!
¿De parte de quién?	Wer spricht bitte?
Ich bin ... von (der Firma)	Soy ... de (la empresa) ... .
Un momento, por favor.	Einen Moment, bitte.
No se retire.	Bleiben Sie bitte am Apparat.
Le paso al señor / a la señora	Ich verbinde Sie mit Herrn / Frau ... .
Lo siento, pero ... . no está de momento está en una reunión está hablando no volverá hasta el próximo lunes a la oficina	**Bedaure, aber ... .** er / sie ist gerade nicht da er / sie ist zur Zeit in einer Besprechung er / sie spricht gerade er / sie ist erst nächsten Montag wieder im Büro
¿Quiere dejarme un recado?	Möchten Sie eine Nachricht hinterlassen?
Richten Sie ihm / ihr bitte aus, daß ... . ich angerufen habe ich um 16 Uhr wieder anrufe ich dringend mit ihm / ihr über ... sprechen muß	**Por favor, dígale que ... .** he llamado volveré a llamar a las cuatro necesito hablar urgentemente con él / ella de ...

▶ Kap. 8, Telefonieren S. 218, insbes. Am Telefon S. 221

10

Schriftliche Korrespondenz

Anrede

a la atención de ...	zu Händen (von) ...
Muy señores míos / nuestros:	Sehr geehrte Damen und Herren,
Distinguido Sr. Izquierdo:	Sehr geehrter Herr Izquierdo,
Estimada Sra. García:	Liebe Frau García,

Grußformeln

(Muy) Atentamente	Hochachtungsvoll
Le [Sg] / Les [Pl] saluda atentamente	Mit freundlichen Grüssen
p.o. / por orden (oder: p.a. / por autorización)	i.A. / im Auftrag
p.d. / por delegación	i. V. / in Vertretung
anexo	Anlage

In der Firma

Sekretariat & Empfang

RECEPCIÓN Empfang	**SECRETARÍA** Sekretariat

• ¿Con quién quiere hablar? — Mit wem möchten Sie sprechen?

Ich bin mit ... um 10.00 Uhr verabredet. — He fijado una cita con ... a las diez.

Su nombre, por favor.	Wie war Ihr Name, bitte?
Espere aquí un momento, por favor.	Warten Sie bitte einen Moment hier.
El señor / La señora ... viene enseguida.	Herr / Frau ... kommt sofort.
Pase por favor, el señor / la señora ... le espera.	Kommen Sie bitte, Herr / Frau ... erwartet Sie.
Le acompaño.	Ich begleite Sie.
Habitación 211, en el segundo (piso) a la derecha.	Raum 211, im 2. Stock rechts.
El ascensor está allí.	Dort ist der Aufzug.

▶ Kap. 3, Wegbeschreibungen S. 56
▶ Kap. 4, Orientierung: Wo ist ...? S. 100

Small talk

Verspätungen werden in Spanien wie in Deutschland registriert, auch wenn sich nur selten offener Unwille über Wartezeiten regt. Eine entschuldigende Bemerkung wie *Perdone el retraso* (= Entschuldigen Sie bitte die Verspätung) wird sicher positiv registriert.

Permítame cogerle el abrigo.	Darf ich Ihnen den Mantel abnehmen?
Siéntese.	Nehmen Sie Platz.
¿Puedo ofrecerle ...?	**Kann ich Ihnen ... anbieten?**
algo (para beber)	etwas (zu trinken)
un cigarrillo	eine Zigarette
Ja, gerne.	Sí, con mucho gusto.

Das ist sehr nett.	Muy amable.
• ¿Ha tenido buen viaje?	Hatten Sie eine angenehme Reise?
• ¿Cuándo ha llegado?	Wann sind Sie denn angekommen?
• Espero que esté contento/a con el hotel.	Ich hoffe, Sie sind mit dem Hotel zufrieden.

▶ Kap. 2, Sich begrüßen S. 39, Small talk S. 51

Verhandlungen führen

Wir sind sehr interessiert an … .	Estamos muy interesados en … .
Wir benötigen (zunächst) … .	**Necesitamos (previamente) … .**
Ihr Angebot	su oferta
Ihre Verkaufsbedingungen	sus condiciones de venta
einen Kostenvoranschlag	un presupuesto
ein Muster	una muestra
Ihre Preisliste	su lista de precios
ein Warenverzeichnis	una lista de mercancías
eine schriftliche Bestätigung	una confirmación escrita
Die … gehen zu Ihren / unseren Lasten.	**Los … correrán a su / nuestro cargo.**
Transportkosten	costes del transporte
Zollgebühren	derechos de aduana
Bis wann könnten Sie die Waren liefern?	¿Dentro de qué plazo podría suministrar las mercancías?
Sie müßten uns im Preis noch etwas entgegenkommen.	Una reducción de precio sería una gran ventaja.

10

Darüber müssen wir noch detaillierter sprechen.	Tendremos que discutirlo más detalladamente.
Wir werden die Sache überdenken.	Nos lo pensaremos.
Wir kommen wieder auf Sie zu.	Le volveremos a contactar.

▶ Kap. 2, Meinungen äußern S. 51

Etwas erbitten

Ich würde Sie gerne um einen Gefallen bitten.	Quisiera pedirle un favor.
Ich müßte ... . in Hamburg anrufen dieses Schreiben an ... faxen	**Tengo que ... .** llamar a Hamburgo enviar esto a ... por fax
Könnte ich Ihr Telefon / Ihr Fax / Ihren Kopierer benutzen?	¿Podría usar su teléfono / fax / fotocopiadora?
Könnten Sie mir bitte erklären, wie das funktioniert?	¿Podría explicarme cómo funciona, por favor?
Ich brauche noch 10 (Farb-) Kopien von diesen Unterlagen.	Necesito unas diez fotocopias (en color) de estos documentos.
Vielen Dank (für Ihre Hilfe).	Muchas gracias (por su ayuda).

Bürobedarf & Ausstattung

Steht ein ... zu (meiner) Verfügung? Overheadprojektor Mikrofon	**¿Habrá ... a (mi) disposición?** un retroproyector un micrófono

10

Präsentationsmaterial	
Overheadprojektor	retroproyector, el
Folie	hoja transparente
Folienstift	rotulador para retroproyector, el
Laser Pointer	indicador láser, el
Flip-chart	trípode con papel, el
Magnettafel	tablero magnético
Videorecorder	(aparato de) vídeo
Mikrofon	micrófono
Verlängerungsschnur	prolongador, el
Adapter	adaptador, el
Büroausstattung	
Telefon	teléfono
Fax(gerät)	fax, el
Fotokopierer	fotocopiadora
Taschenrechner	calculadora
Notizblock	bloc, el
Papier	papel, el
Kugelschreiber	bolígrafo [Kurzform: boli, el]
Textmarker	marcador, el
(Blei-) Stift	lápiz, el
Radiergummi	goma de borrar
Büroklammer	clip, el
Hefter	grapadora
Heftklammer	grapa / clip, el
Klebstoff	adhesivo / pegamento
Locher	perforadora
Schere	tijeras [Pl]

► Kap. 6, Zeitungen, Bücher & Schreibwaren S. 173
► Wörterbuch

Computer

PC und Zubehör	
Rechner / Computer	ordenador, el / computadora
Laptop / Notebook	ordenador portátil, el
Festplatte	disco duro
Bildschirm	pantalla
Farb~	~ en color
Tastatur	teclado
Taste	tecla
Maus	ratón, el
Drucker	impresora
Laser~	~ laser
Tintenstrahl~	~ por chorro de tinta
Schnittstelle	interfaz, el
Diskette	disquete, el
3 ½" ~	~ de 3 ½ pulgadas
~nlaufwerk	disquetera
CD-ROM-Laufwerk	unidad de disco compacto, la
Scanner	scanner, el
Modem	modem, el
Stecker	enchufe, el
Handbuch	manual, el
Arbeitsspeicher (RAM)	almacenamiento de acceso aleatorio / memoria de trabajo (RAM)
Hauptspeicher	memoria / almacenamiento
Prozessor	procesador, el
Grafikkarte	tarjeta de gráfico
Soundkarte	tarjeta de sonidos
Lautsprecher	altavoz, el

Haben Sie e-mail?	¿Dispone de correo electrónico?
Ist Ihr Rechner IBM-kompatibel?	¿Es su ordenador compatible con IBM?
Welche Software benutzen Sie?	¿Qué software utiliza(n)?
Wie kann man ...?	**¿Cómo se puede ...?**
die Datei öffnen	abrir el archivo
den Text speichern	archivar / grabar el texto
das Programm verlassen	salir del programa
Drücken Sie ...!	**¡Pulse ...!**
Enter / Return	Enter / Intro
Steuerung	Control
Escape	Escape

Datenverarbeitung

hardware, el	Hardware
software, el	Software
sistema operativo, el	Betriebssystem
programa, el	Programm
procesamiento / tratamiento de textos	Textverarbeitungsprogramm
documento	Dokument
archivo	Datei
nombre de ~, el	~name
datos	Daten
transmisión de ~, la	~austausch
banco de ~	~bank
red, la	Netzwerk
acceso	Zugriff
palabra clave, la	Password

10

comandos	**Befehle**
abrir	öffnen
archivar	speichern
borrar	löschen
cerrar	schließen
confirmar	bestätigen
guardar	speichern
imprimir	drucken
salir	beenden
sobreescribir	überschreiben

▶ Wörterbuch

Messen

Der Messekalender der internationalen Messen, *Calendario Oficial de Ferias Internacionales en España*, wird vom *Instituto Español de Comercio Exterior* in Madrid herausgegeben.

INSCRIPCIÓN Anmeldung	**PUESTO DE INFORMACIÓN** Infostand

Wo ist ...?
der Ausgang
das Kongreßzentrum
der Stand der Firma ...

¿Dónde está ...?
la salida
el centro de congresos
el stand / puesto de (la empresa) ...

- Sala 3, stand número 55. — Halle 3, Stand Nummer 55.

Geben Sie mir bitte ein/en ...! — **¡Déme ..., por favor!**
Übersichtsplan der Messe — un plano general de la feria
Ausstellerverzeichnis — un catálogo de expositores
Ausstellungskatalog — un catálogo de la exposición

Haben Sie auch Informationsmaterial / Prospekte auf deutsch? — ¿Tienen informaciones / folletos en alemán?

▶ Kap. 10, Kontaktaufnahme S. 250, Verhandlungen führen S. 258

Messe	**feria**
Handels~	~ comercial
Industrie~	~ industrial
Fach~	~ monográfica
internationale ~	~ internacional
Ausstellung	exposición, la
~sfläche	área de ~, el
~sstück	muestra de ~
Aussteller	expositor, el
Besucher/in	visitante, el / la
Messeausweis	carné de / pase para la feria, el
Messehostess	azafata de feria
Messeleitung	dirección de la feria, la
Präsentation	presentación, la
Stand	puesto / stand, el / caseta
aufbauen	montar
abbauen	desmontar
~miete	alquiler del stand, el

10

KURZGRAMMATIK

Wortstellung 266
Fragen & Fragewörter 266
Verneinung 267
Artikel & Substantiv 268
Verben 270
Pronomen 277
Adjektive & Adverbien 279

Wortstellung

Leidige Konstruktionen wie im Deutschen, bei denen man lange auf das Hauptverb wartet, aus dem sich die Bedeutung des Satzes erschließt, sind im Spanischen unbekannt. Die regelmäßige Wortstellung im Haupt- wie im Nebensatz lautet: **Subjekt (I) – Verb (II) – direktes Objekt (III) – indirektes Objekt (IV).**

	I	II	III	IV
Hauptsatz	María	ha dado	un libro	a Carlos.
	María	*hat*	*Carlos*	*ein Buch gegeben.*
Nebensatz Pregunta, si	Carlos	tiene	tiempo.	
Er fragt, ob	*Carlos*	*Zeit*	*hat.*	

Fragen & Fragewörter

Fragen werden im Spanischen mit einem auf dem Kopf stehenden Satzzeichen ¿...? eingeleitet. Entscheidungsfragen, auf die man mit *sí* oder *no* antwortet, stellt man am einfachsten durch fragenden Tonfall; die Satzstruktur ändert sich dann nicht. Sachfragen werden durch Fragewörter eingeleitet, wobei die Wortstellung wie im Deutschen ist.

Entscheidungsfragen

¿Hace buen tiempo?	*Ist das Wetter schön?*
¿Vienes con nosotros?	*Kommst du mit uns?*

Sachfragen

¿Adónde vais?	*Wohin geht ihr?*
¿Cómo te llamas?	*Wie heißt du?*
¿Cuál es el mejor hotel?	*Welches ist das beste Hotel?*
¿Cuándo viene tu padre?	*Wann kommt dein Vater?*
¿Cuánto cuesta?	*Wieviel kostet das?*
¿De dónde vienes?	*Woher kommst du?*
¿Dónde hay una farmacia?	*Wo gibt es eine Apotheke?*
¿Por qué te vas ya?	*Warum gehst du schon?*
¿Qué necesita?	*Was brauchen Sie?*
¿Quién tiene las llaves?	*Wer hat die Schlüssel?*

Verneinung

Verneinen kann man im Spanischen durch *no*, das unmittelbar vor dem Verb steht und im Deutschen je nach Gebrauch »nein«, »nicht« oder »kein« bedeuten kann. Stehen *nada* (= nichts), *nunca* (= nie), *nadie* (= niemand) und *ninguno/a* (= kein/e/r) hinter dem Verb ist eine »doppelte Verneinung« erforderlich.

Einfache Verneinung		Doppelte Verneinung
No, gracias.	*Nein, danke.*	
No hablo español.	*Ich spreche nicht Spanisch.*	
No tengo tiempo.	*Ich habe keine Zeit.*	
Nadie escucha.	*Niemand hört zu.*	**No** escucha **nadie**.
Nunca llama.	*Er / Sie ruft nie an.*	**No** llama **nunca**.
Ninguno de sus amigos vino.	*Keiner seiner Freunde kam.*	**No** vino **ninguno** de sus amigos.

Artikel & Substantiv

Bestimmter & unbestimmter Artikel

Bestimmter Artikel		
	männlich	weiblich
Singular	**el** chico *der Junge*	**la** amiga *die Freundin*
Plural	**los** chicos *die Jungen*	**las** amigas *die Freundinnen*
Unbestimmter Artikel		
Singular	**un** chico *ein Junge*	**una** amiga *eine Freundin*
Plural	**unos** chicos *einige Jungen*	**unas** amigas *einige Freundinnen*

Der unbestimmte Artikel im Plural *(unas, unos)* bezeichnet eine unbestimmte Anzahl und wird häufig mit »einige« übersetzt. Vor Mengenangaben und Zahlenwörtern bedeutet er »etwa/ungefähr«: *Tiene unos treinta años* (= Er ist etwa 30 Jahre alt). Ansonsten unterscheidet sich der Gebrauch des Artikels nur in wenigen Fällen vom dem im Deutschen:

Zeitangaben	a las tres el lunes	*um drei Uhr* *am Montag*
Titel mit Nachnamen	¿Está la señora Ruiz?	*Ist Frau Ruiz da?*
einige Städte- und Ländernamen	La Habana el Brasil	*Havanna* *Brasilien*

Verschmelzung von Präposition und Artikel

a + el	**al:**	Voy **al** colegio.	*Ich gehe zur Schule.*
de + el	**del:**	Viene **del** médico.	*Er kommt vom Arzt.*

Substantive

Die meisten Substantive enden auf *-o* (männlich) oder *-a* (weiblich). Natürlich gibt es auch Ausnahmen: z. B. *el día, el clima, la mano* und *la foto*. Substantive auf *-ista* können männlich oder weiblich sein: *el / la turista* (= der / die Touristin). Weibliche Substantive, die mit einem betonten *a-* bzw. *ha-* beginnen, werden im Singular mit dem männlichen Artikel benutzt, ohne dabei ihr Geschlecht zu ändern: *el agua fría* (= das kalte Wasser), *las aguas frías* (= die kalten Gewässer).
Der Plural wird durch Anhängen von *-s* gebildet. Substantive, die auf Konsonant enden, bilden den Plural mit *-es*. Endet ein Substantiv im Singular auf *-s* bleibt der Plural unverändert: *el paraguas* (= der Schirm), *los paraguas* (= die Schirme).

	Singular		**Plural**	
männlich				
-o	el pueblo	*das Dorf*	los pueblo**s**	*die Dörfer*
-ón	el varón	*der Mann*	los varon**es**	*die Männer*
-l	el árbol	*der Baum*	los árbol**es**	*die Bäume*
weiblich				
-a	la casa	*das Haus*	las casa**s**	*die Häuser*
-ad	la ciudad	*die Stadt*	las ciudad**es**	*die Städte*
-ión	la ración	*die Portion*	las racion**es**	*die Portionen*
-z	la luz	*das Licht*	las lu**ces**	*die Lichter*

Im Spanischen gibt es im Unterschied zum Deutschen keine Deklination des Substantivs. Genetiv wird mit *de* ausgedrückt, Dativ mit *a*. Der Akkusativ unterscheidet sich vom Nominativ nur, wenn er Personen bezeichnet; dann wird er mit *a* gebildet (außer nach *tener* und *necesitar*).

Nominativ	**La niña** come.	*Das Mädchen ißt.*
Genitiv	La hija **de María** llora.	*Marías Tochter weint.*
Dativ	Le doy la carta **a Miguel**.	*Ich gebe Miguel den Brief.*
Akkusativ	Buscamos **una habitación**.	*Wir suchen ein Zimmer.*
	Busco **a mis padres**.	*Ich suche meine Eltern.*

Verben

Gegenwart

Im Spanischen gibt es drei Verbgruppen mit den Infinitivendungen *-ar*, *-er* und *-ir*:

Regelmäßige Verben

	habl**ar** *sprechen*	com**er** *essen*	viv**ir** *leben*
ich	habl**o**	com**o**	viv**o**
du	habl**as**	com**es**	viv**es**
er/sie/es/Sie	habl**a**	com**e**	viv**e**
wir	habl**amos**	com**emos**	viv**imos**
ihr	habl**áis**	com**éis**	viv**ís**
sie/Sie	habl**an**	com**en**	viv**en**

Verben mit Vokalwechsel

	qu**e**rer *wollen*	p**e**dir *bitten*	p**o**der *können*	j**u**gar *spielen*
ich	qu**ie**ro	p**i**do	p**ue**do	j**ue**go
du	qu**ie**res	p**i**des	p**ue**des	j**ue**gas
er/sie/es/Sie	qu**ie**re	p**i**de	p**ue**de	j**ue**ga
wir	qu**e**remos	p**e**dimos	p**o**demos	j**u**gamos
ihr	qu**e**réis	p**e**dís	p**o**déis	j**u**gáis
sie/Sie	qu**ie**ren	p**i**den	p**ue**den	j**ue**gan

Wichtige unregelmäßige Verben

	tener *haben*	**ir** *gehen*	**venir** *kommen*	**decir** *sagen*	**ser** *sein*	**estar** *sein*
ich	tengo	voy	vengo	digo	soy	estoy
du	tienes	vas	vienes	dices	eres	estas
er/sie/es/Sie	tiene	va	viene	dice	es	esta
wir	tenemos	vamos	venimos	decimos	somos	estamos
ihr	tenéis	vais	venís	decís	sois	estáis
sie/Sie	tienen	van	vienen	dicen	son	están

Zukunft

Zukünftiges kann man im Spanischen auf zweierlei Arten ausdrücken:

1. mit der Konstruktion **ir + a + Infinitiv** (→ Formen von *ir*, S. 271):
   Vamos a visitar el museo. *Wir werden ins Museum gehen.*
2. mit Hilfe der Endungen **-é, -ás, -á, -emos, -éis, -án,** die an den Infinitiv gehängt werden: Volver**é** mañana. *Ich komme morgen zurück.*

Vergangenheit

Die drei wichtigsten Vergangenheitsformen sind das *Perfekt*, das *Indefinido* und das *Imperfekt*.

Perfekt

Diese Form beschreibt Handlungen, die bis in die Gegenwart reichen; sie steht in Verbindung mit Ausdrücken wie *hoy* (= heute) und *esta mañana* (= heute morgen). Das *Perfekt* bildet man mit der Präsensform von *haber (he, has, ha, hemos, habéis, han)* + Partizip Perfekt: *Hoy hemos cenado temprano* (= Heute haben wir früh zu Abend gegessen).

Partizipbildung

Infinitiv	**Stamm**	**Endung**	**Partizip**	
llam**ar**	llam-	-ado	llamado	*gerufen*
com**er**	com-	-ido	comido	*gegessen*
sent**ir**	sent-	-ido	sentido	*gefühlt*

Unregelmäßige Partizipien

Infinitiv	**Partizip**	
abrir	abierto	*geöffnet*
decir	dicho	*gesagt*
poner	puesto	*gestellt*
ver	visto	*gesehen*
volver	vuelto	*zurückgekommen*
escribir	escrito	*geschrieben*
hacer	hecho	*gemacht*
romper	roto	*kaputt gemacht*

Indefinido

Diese Vergangenheitsform beschreibt einmalige Handlungen in der Vergangenheit. Sie tritt in Verbindung mit Zeitangaben wie *ayer* (= gestern) oder *el año pasado* (= letztes Jahr) auf.

	mir**ar** *schauen*	comprend**er** *verstehen*	sal**ir** *ausgehen*
ich	mir**é**	comprend**í**	sal**í**
du	mir**aste**	comprend**iste**	sal**iste**
er/sie/es/Sie	mir**ó**	comprend**ió**	sal**ió**
wir	mir**amos**	comprend**imos**	sal**imos**
ihr	mir**asteis**	comprend**isteis**	sal**isteis**
sie/Sie	mir**aron**	comprend**ieron**	sal**ieron**

Einige unregelmäßige Verben ändern ihren Stamm und die Endungen:

	ser/ir *sein/gehen*	**estar** *sein*	**tener** *haben*	**saber** *wissen*
ich	fui	estuve	tuve	supe
du	fuiste	estuviste	tuviste	supiste
er/sie/es/Sie	fue	estuvo	tuvo	supo
wir	fuimos	estuvimos	tuvimos	supimos
ihr	fuisteis	estuvisteis	tuvisteis	supisteis
sie/Sie	fueron	estuvieron	tuvieron	supieron

Imperfekt

Diese Zeit dient der Beschreibung von Zuständen bzw. von Handlungen, die sich gewohnheitsmäßig in der Vergangenheit wiederholen: *Siempre cenaban juntos* (= Sie aßen immer zusammen zu Abend).

	da**r** *geben*	sab**er** *wissen*	ped**ir** *bitten*
ich	da**ba**	sab**ía**	ped**ía**
du	da**bas**	sab**ías**	ped**ías**
er/sie/es/Sie	da**ba**	sab**ía**	ped**ía**
wir	dá**bamos**	sab**íamos**	ped**íamos**
ihr	da**bais**	sab**íais**	ped**íais**
sie/Sie	da**ban**	sab**ían**	ped**ían**

Befehlsform

Die Befehlsform wird häufiger als im Deutschen auch für höflich-freundlich gemeinte Aufforderungen benutzt: *¡Tráigame la cuenta!* (= Bringen Sie mir die Rechnung!).

	habl**ar** *sprechen*	le**er** *lesen*	escrib**ir** *schreiben*	
du	¡Habl**a**!	¡Le**e**!	¡Escrib**e**!	*Schreib!*
	¡No habl**es**!	¡No le**as**!	¡No escrib**as**!	*Schreib nicht!*
ihr	¡Habl**ad**!	¡Le**ed**!	¡Escrib**id**!	*Schreibt!*
	¡No habl**éis**!	¡No le**áis**!	¡No escrib**áis**!	*Schreibt nicht!*
Sie (Sg)	¡(No) Habl**e**!	¡(No) Le**a**!	¡(No) Escrib**a**!	*Schreiben Sie (nicht)!*
Sie (Pl)	¡(No) Habl**en**!	¡(No) Le**an**!	¡(No) Escrib**an**!	*Schreiben Sie (nicht)!*

Einige häufig verwendete Verben bilden eine verkürzte Befehlsform – *decir: di* (= sag), *hacer: haz* (= mach), *venir: ven* (= komm), *poner: pon* (= stell), *ir: ve* (= geh), *tener: ten* (= hab).

Konditional

Diese Verbform findet man in höflichen Wendungen: *¿Me podría ayudar?* (= Könnten Sie mir helfen?). Sie wird auf der Basis des Infinitivs gebildet.

	mir**ar** *schauen*	com**er** *essen*	viv**ir** *leben*
ich	mirar**ía**	comer**ía**	vivir**ía**
du	mirar**ías**	comer**ías**	vivir**ías**
er/sie/es/Sie	mirar**ía**	comer**ía**	vivir**ía**
wir	mirar**íamos**	comer**íamos**	vivir**íamos**
ihr	mirar**íais**	comer**íais**	vivir**ías**
sie/Sie	mirar**ían**	comer**ían**	vivir**ían**

Zwei Wörter für »sein«

Dem deutschen Verb »sein« entsprechen im Spanischen zwei Verben: ***estar*** und ***ser*** (→ S. 273): Hier ein paar Tips zum Sein oder Nichtsein.

Ser:		
• Identität	Soy Martín Nuñez.	*Ich bin Martin Nuñez.*
• Besitz	Eso es mío.	*Das gehört mir.*
• Herkunft & Nationalität	¿Es usted alemán?	*Sind Sie Deutscher?*
	No, soy de Viena.	*Nein, ich bin aus Wien.*
• Beruf	Soy profesora.	*Ich bin Lehrerin.*
• Material, Stoff, Farbe	El reloj es de oro.	*Die Uhr ist aus Gold.*
• Zeitangaben	Eran las dos.	*Es war zwei Uhr.*
• dauerhafte Eigenschaften	Son muy simpáticos.	*Sie sind sehr sympathisch.*

Estar:		
• Ortsangaben	Sevilla está en el sur.	*Sevilla liegt im Süden.*
• physische und psychische Zustände	Estamos cansados.	*Wir sind müde.*
• aktuell ablaufende Handlungen (in Verbindung mit dem Gerundium)	Me estoy afeitando.	*Ich bin gerade dabei, mich zu rasieren.*

Konjunktiv

	dej**ar** *lassen*	com**er** *essen*	sub**ir** *hinaufgehen*
ich	dej**e**	com**a**	sub**a**
du	dej**es**	com**as**	sub**as**
er/sie/es/Sie	dej**e**	com**a**	sub**a**
wir	dej**emos**	com**amos**	sub**amos**
ihr	dej**éis**	com**áis**	sub**áis**
sie/Sie	dej**en**	com**an**	sub**an**

Der Konjunktiv (= *subjuntivo*) wird häufig in Nebensatzkonstruktionen nach unpersönlichen Ausdrücken gebraucht: *Es necesario que vayas personalmente* (= Es ist notwendig, daß du selbst hingehst). Er tritt außerdem nach Verben auf, die Freude, Befürchtung, Zweifel, Notwendigkeit, Bedauern, Zwang etc. ausdrücken. Er steht aber auch bei höflichen Aufforderungen, bei verneinten Befehlen (→ S. 274) und Wünschen: *¡Ojalá no llueva!* (= Hoffentlich regnet es nicht!). Daneben gibt es Konjunktionen, die den *subjuntivo* bedingen: *para que* (= damit), *antes (de) que* (= bevor), *sin que* (= ohne daß), *en el caso de que* (= für den Fall, daß).

Pronomen

Personalpronomen

Nominativ		Dativ		Akkusativ		mit Präposition
yo	*ich*	me	*mir*	me	*mich*	a mí
tú	*du*	te	*dir*	te	*dich*	a ti
él	*er*	le	*ihm*	lo/le	*ihn*	a él
ella	*sie*	le	*ihr*	la	*sie*	a ella
usted	*Sie*	le	*Ihnen*	lo/le/la	*Sie*	a usted
nosotros/as	*wir*	nos	*uns*	nos	*uns*	a nosotros/as
vosotros/as	*ihr*	os	*euch*	os	*euch*	a vosotros/as
ellos	*sie*	les	*ihnen*	los/les	*sie*	a ellos
ellas	*sie*	les	*ihnen*	las	*sie*	a ellas
ustedes	*Sie*	les	*Ihnen*	los/les/las	*sie*	a ustedes

Da die Endung des Verbs bereits die Information enthält, um welche Person es sich handelt, werden die Nominativformen nur gebraucht, wenn die Person besonders hervorgehoben werden soll oder bei Antworten, in denen kein Verb gebraucht wird: *¿Quién quiere más café? –* ***¡Yo!*** (= Wer möchte noch Kaffee? – Ich!).
Dativ- und Akkusativpronomen stehen in der Regel vor dem Verb: ***Lo*** *he visto* (= Ich habe ihn gesehen). Beim Infinitiv und beim Gerundium können diese Pronomen an das Verb angehängt werden, bei der Befehlsform müssen sie es sogar: *¡Compra****melo!*** (= Kauf es mir!).

Possessivpronomen

Bei den Possessivpronomen unterscheidet man betonte und unbetonte Formen. Die unbetonten Formen stehen immer vor einem Substantiv, die betonten hinter einem Substantiv oder alleine nach dem Verb *ser* (= sein).

unbetont	betont	
mi	mío/a	*mein/e*
tu	tuyo/a	*dein/e*
su	suyo/a	*sein/e, ihr/e, Ihr/e*
nuestro/a	nuestro/a	*unser/e*
vuestro/a	vuestro/a	*euer/re*
su	suyo/a	*ihr/e, Ihr/e*
Éste es **su** coche.	Este coche es **suyo**.	
Das ist ihr/sein/Ihr Auto.	*Dieses Auto gehört ihr/ihm/Ihnen.*	
Es **mi** amigo.	Es un amigo **mío**.	
Das ist mein Freund.	*Das ist einer meiner Freunde.*	

Die Endungen der Possessivpronomen richten sich nach Geschlecht und Numerus des zugehörigen Substantivs. Der Plural wird wie beim Substantiv durch Anhängen von *-s* gebildet.

Demonstrativpronomen

Singular männlich	weiblich	Plural männlich	weiblich	
este	**esta**	**estos**	**estas**	*diese/s/r hier*
Nähe zum Sprecher bzw. Aktualität				
ese	**esa**	**esos**	**esas**	*diese/s/r dort*
relative Entfernung zu beiden Gesprächsteilnehmern; hat je nach Verwendungssituation abwertenden Charakter				
aquel	**aquella**	**aquellos**	**aquellas**	*jene/s/r dort*
deutliche räumliche oder zeitliche Entfernung				

Adjektive & Adverbien

Adjektivdeklination

Adjektive richten sich in Geschlecht und Zahl nach dem zugehörigen Substantiv. Adjektive auf *-o* sind männlich. Die weibliche Form wird mit *-a* gebildet. Adjektive auf *-e*, *-ista* oder Konsonant haben für beide Geschlechter nur eine Form. Für den Plural wird *-s* bzw. *-es* angehängt.

Singular		Plural	
el coche nuev**o**	*das neue Auto*	los coches nuev**os**	*die neuen Autos*
la falda nuev**a**	*der neue Rock*	las faldas nuev**as**	*die neuen Röcke*
la casa azul	*das blaue Haus*	las casas azul**es**	*die blauen Häuser*

Normalerweise steht das Adjektiv hinter dem Substantiv. Grundsätzlich vor dem Substantiv stehen *mucho/a* (= viel), *poco/a* (= wenig), *tanto/a* (= so viel), *demasiado/a* (= zu viel), *otro/a* (= andere), *medio/a* (= halb), *mismo/a* (= gleiche/selbe) und die Ordnungszahlen. Die männlichen Formen folgender Adjektive werden vor dem Substantiv verkürzt:

bueno	un **buen** chico	*ein guter Junge*
malo	el **mal** tiempo	*das schlechte Wetter*
grande	un **gran** artista	*ein großer Künstler*
primero	el **primer** piso	*der erste Stock*

Steigerung

Der Komparativ wird mit *más* (= mehr) gebildet. Um den Superlativ zu bilden, wird zusätzlich der bestimmte Artikel vorangestellt:

Grundform	**Komparativ**	**Superlativ**
bello *schön*	más bello *schöner*	el más bello *der schönste*

Unregelmäßige Steigerung

	Grundform	**Komparativ**	**Superlativ**
gut	bueno	mejor	el mejor
schlecht/böse	malo	peor	el peor
groß/alt	grande	mayor	el mayor
klein/jung	pequeño	menor	el menor

Die Endungen *-ísima, -ísimo* drücken einen besonders hohen Grad aus und werden im Deutschen häufig mit »sehr« übersetzt:
Esa película es interesantísima (= Dieser Film ist sehr interessant).

Adverbien

Adverbien geben nähere Informationen zu einem Verb oder Adjektiv. Sie sind im Spanischen normalerweise durch die Endung *-mente* gekennzeichnet, die an die weibliche Adjektivform gehängt wird.

Adjektiv	**Adverb**	
rápido	rapida**mente**	*schnell*
fácil	facil**mente**	*einfach/leicht*

WÖRTERBUCH

Deutsch–Spanisch 282
Spanisch–Deutsch 318

Wörterbuch Deutsch–Spanisch

A

Aal anguila
ab (*örtlich*) desde; (*zeitlich*) a partir de 28
abbestellen anular
abbiegen girar 58; **rechts/links ~** girar a la derecha/izquierda
Abend noche, la 25; **~essen** cena 114
Abenteuer aventura
aber pero
abergläubig supersticioso
abfahren salir 70; **Abfahrt** salida
Abfall basura
Abflug salida
Abfluß desagüe, el 95
Abführmittel purgante, el; laxante, el
Abgas polución, la
abgeben entregar 67
abgefüllt *(in Flaschen)* embotellado 147
Abgrund abismo, precipicio
abhängen depender (*von* de)
abheben *(Flugzeug)* despegar; *(Geld)* retirar, sacar 215
abholen recoger 49, 76
Abkommen acuerdo
abmachen concretar, fijar; **abgemacht!** ¡de acuerdo!
Abreise marcha, partida
Absatz (*Schuh~*) tacón, el 168; (*Text*) párrafo
Abschleppdienst servicio de grúa/remolque; **abschleppen** remolcar 230
Absender remitente, el
Abstand distancia
Abtei abadía
Abteil compartimento 72
Abteilung sección, la 251
abtreiben *(Kind)* abortar; *(Boot)* desviarse
Abwasser aguas residuales, las
abziehen descontar
Achtung atención, la;**~!** ¡cuidado! 228
Adapter adaptador, el 260
Adresse dirección, la 43
Affäre lío amoroso
Affe mono
Aftershave loción de afeitar, la 170
Agentur agencia
Ahnung presentimiento; **keine ~ haben von** no tener idea de
Aids Sida, el 241
Aktenkoffer maletín, el 169
akzeptieren *(annehmen)* aceptar 21; *(zulassen)* admitir 98
Alarm alarma; **~anlage** alarma, dispositivo de alarma
Algen algas, las 181
alkoholisch alcohólico
allein solo 54
Allergie alergia
Allerheiligen (día de) Todos los Santos, el
Allradantrieb tracción en todas las ruedas, la
als (*zeitlich)* cuando; *(Vergleich)* que
Alt *(Musik)* contralto
alt viejo, antiguo 201; *(Käse)* curado; *(Wein)* añejo
Alter edad, la 43
Altstadt casco antiguo
Ameise hormiga
Ampel semáforo 57
Amt *(Behörde)* autoridad, la; *(Posten)* cargo
amüsieren, sich divertirse
an a; en

Ananas piña 139, 163
anbieten ofrecer 91, 257
Andenken recuerdo
andere(r,s) otro
ändern *(Kleidung)* retocar 164; cambiar, modificar 79
anfangen empezar
anfassen tocar
Angabe *(Tennis)* saque, el
Angebot oferta 155, 254
Angehörige(r) pariente, el
Angel caña de pescar 181; **angeln** pescar con caña 181
angenehm agradable, grato; **~!** ¡encantado! 40
Angestellte(r) empleado/a 252
Angriff ataque, el; asalto
Angst miedo
anhalten *(Fahrzeug)* detener, parar 64, 71
Anhang (*Brief*) anexo 256
Anhänger (*Auto*) remolque, el 62; (*Schmuck*) colgante, el 177
ankommen llegar 71
anlaufen *(Schiff)* hacer escala 81
anmachen encender 109
annehmen aceptar 21
Anprobe prueba, ensayo; **~kabine** probador
Anruf llamada; **~beantworter** contestador automático, el 223; **anrufen** llamar (por teléfono)
anschieben empujar 231
Anschluß (*Reise*) correspondencia, enlace, el 71
anschnallen *(Auto)* poner el cinturón de seguridad; abrochar 80
Anschrift dirección, la; señas, las
anspringen (*Auto*) arrancar 231
ansteckend contagioso 242
anstoßen brindar
Antenne antena
Antibabypille píldora anticonceptiva
Antibiotikum antibiótico
Antiquitäten antigüedades, las
Antrieb propulsión, la
antworten contestar 219
Anwalt/Anwältin abogado/a
anwenden usar, emplear
Anzahlung pago a cuenta
Anzeichen señal, la; síntoma, el
Anzeige denuncia 235
Anzug traje, el 166
Apartment apartamento 88
Aperitif aperitivo 140
Apfel manzana 163
Apotheke farmacia → 236f; **Apotheker/in** farmacéutico/a
Appetit apetito 246
Aprikose albaricoque, el 139, 163
April abril, el
Aquädukt acueducto
arbeiten trabajar 44, 250; **Arbeiter/in** obrero/a; **Arbeitgeber** empleador, el; **arbeitslos** parado 44; **Arbeitslosigkeit** paro
Archäologie arqueología
Architektur arquitectura 45
Archiv archivo
Arena plaza de toros
Arie *(Musik)* aria, el (fem.)
arm pobre
Arm brazo 241, 244
Ärmel manga 167
Armut pobreza
Artischocke alcachofa 126, 138
Arzneimittel medicina, medicamento
Arzt/Ärztin médico/a 228, 238, 239, 245; **Arzthelfer/in** ayudante (auxiliar) sanitario, el/la
Aschenbecher cenicero 142
Assistent/in asistente, el/la 252
Atemnot sofocación, la; disnea **Atmung** respiración, la
Attentat atentado
Aubergine berenjena 138, 162

auf en; encima de 58; ~ **den Namen** a nombre de 99; ~ **der Durchreise** de paso 61
aufbauen montar 264
Aufenthalt estancia 93, 234
Auffahrunfall accidente en cadena, el
auffallend llamativo, vistoso
aufgeben *(Post)* remitir; *(Gepäck)* facturar 76; *(Spiel)* abandonar
aufhören terminar
auflösen disolver 237, 238
aufpassen *(auf)* cuidar (de) 182
Aufprall choque, el
Aufruf llamada 80
Aufschlag sobrecargo 91
Aufschnitt fiambres, los
aufschreiben anotar; apuntar 16
aufstehen levantarse
Auftrag orden, la; pedido 256
Aufzug *(Fahrstuhl)* ascensor, el
Auge ojo 244; ~**narzt** oculista, el~**ntropfen** colirio
August agosto
aus *(Herkunft, Material)* de
Ausblick vista; panorama, el 93
Ausfahrt salida 63
Ausflug excursión, la 185
Ausfuhr exportación, la
ausfüllen rellenar 99
Ausgang salida; *(Ende)* fin(al), el
ausgeben *(Geld)* gastar 155
ausgebucht completo 88
ausgehen salir, *(spazierengehen)* dar un paseo 208
Aushang anuncio
aushändigen entregar 105
Auskunft información, la
Ausland extranjero 216; ~**sgespräch** conferencia internacional
ausmachen apagar 64
Auspuff tubo de escape 232
Ausreise salida, partida
Ausschnitt escote, el 167
außen exterior
außerdem además 153
Aussichtspunkt mirador, el 196
aussteigen bajar 58, 85
ausstellen exponer; **Aussteller** expositor, el 264; **Ausstellung** exposición, la 193
Ausstrahlung *(Person)* carisma, el; *(TV)* emisión, la
Auster ostra 133
ausverkauft vendido, agotado
auswählen seleccionar 215, 219; elegir 140
Ausweispapiere documentación, la 43
Auto coche, el 62, 71, 232; ~**bahn** autopista 56, 62, → 63; ~**batterie** batería 232; ~**matikgetriebe** cambio automático; ~**mobilbranche** sector automovilístico, el; ~**panne** avería 230; ~**verleih** alquiler de coches, el
Avocado aguacate, el 13

B

Baby bebé, el 171; **Babyflasche** biberón, el 171
Bach arroyo
Backenzahn muela 246
Bäcker/in panadero/a; **Bäckerei** panadería 151
Bad cuarto de baño, baño 96, 106; ~**eanzug** traje de baño, el 184; ~**ehose** bañador, el 184; ~**ekur** cura termal; ~**emantel** albornoz, el 102, 184; ~**emeister** bañero 182, 248; **baden** bañar(se) 180; ~**ewanne** bañera 106
Bahnhof estación, la 70
Bahnsteig andén, el 73
bald pronto 28
Balkon balcón, el 96

Ball balón, el; pelota 184
Ballon globo
Banane plátano, banana 163
Bank banco 212; **~automat** cajero automático 212, 214 **~wesen** sector bancario, el
Bar bar, el; *(Theke)* barra
Bär oso
barfuß descalzo
Bargeld dinero (en) efectivo 21
Barmherzigkeit caridad, la
Bart barba 224
Basilikum albahaca 131
Baß *(Instrument, Stimme)* bajo
Batterie pila 172, 175
Bauarbeiten obras, las 68
Bauch barriga; **~nabel** ombligo
Bauernhof granja, casa de labranza 89
Baum árbol, el; **~wolle** algodón, el 166
Bauwerk edificio
Beamte(r)/Beamtin funcionario/a
beantragen solicitar
Becher vaso, *(Eis)* copa
bedanken, sich agradecer, dar las gracias
bedauern sentir 37
bedienen atender, servir 152; **Bedienung** *(im Gasthaus)* servicio; *(Person)* camarero
Bedingung condición, la 258
bedrohen amenazar
Bedürfnis necesidad, la
beenden terminar 200
Beerdigung entierro
Befehl orden, la 256
befinden, sich estar 39, 56, 271, 273, 276; encontrarse
begeben, sich dirigirse 80
Beginn comienzo
begleiten acompañar 182, 257
beglückwünschen felicitar
begrüßen saludar 41, 256
Behälter recipiente, el; frasco
behandeln *(Medizin)* tratar, atender; **Behandlung** tratamiento 247
Behinderte(r) minusválido/a 193
Behörde autoridad, la
Beifahrer copiloto
Beilage guarnición, la 129, → 137f
beinhalten incluir 90
Beispiel ejemplo
beißen morder
bekannt conocido
Bekleidung ropa 111, 150
Beleg justificante, el; recibo
Beleidigung ofensa, insulto
Bemerkung observación, la; nota
benachrichtigen avisar 85; **Benachrichtigung** aviso
benutzen usar
Benzin gasolina 63; **~anzeige** indicador del nivel de gasolina, el
bequem cómodo 168
beraten aconsejar 239
Bereitschaftsarzt médico de guardia
Berg montaña; **~arbeiter** minero; **~hütte** refugio 89
Beruf profesión, la 43, → 44
beruhigen calmar; **Beruhigungsmittel** calmante, el; tranquilizante, el
berühren tocar
Bescheinigung certificación, la; *(Quittung)* recibo
Bescherung *(an Weihnachten)* reparto de regalos
beschimpfen insultar, injuriar
Beschreibung descripción, la
Beschwerden *(Schmerzen)* molestias, las
beschweren, sich quejarse
Besen escoba
besetzt ocupado 219
besichtigen visitar 193

Besitzer dueño 105
besoffen borracho
besorgen conseguir 101
Besprechung reunión, la 255
bestätigen confirmar 76, 235
Besteck cubierto(s), el (los) 107
bestellen pedir 140; **Bestellung** pedido
bestickt bordado
bestrafen castigar
bestreiten negar, poner en tela de juicio
Besuch visita; **besuchen** visitar 193; **Besucher/in** visitante, el/la 264
betätigen accionar 84
beten rezar 198
Betrag cantidad, la; importe, el 213
betreten entrar en; **~ des Rasens verboten!** ¡Prohibido pisar el césped!
Betrieb empresa 251, 253; **~swirtschaft** ciencias empresariales, las
Bett cama; **Bettuch** sábana 106
Beule (*Auto*) bollo, abolladura; (*Medizin*) chichón, el
bevorzugen preferir 156
bewachen vigilar 65, 241
bewölkt nuboso 33
bewußtlos desmayado, sin conocimiento
bezahlen pagar → 20
bezweifeln dudar 52
Biene abeja
Bier cerveza 119; **~faß** barril, el 121
Bilanz balance, el
Bild cuadro 194; **~schirm** pantalla 261
Bildung *(Aus~)* formación, la; cultura
billig barato
Binde *(Damen~)* compresa 170
Biologie biología
Birne pera 163
bis hasta 41
Bischof obispo
bißchen poco
Bißwunde mordisco
bitte por favor; **bitten** *(schriftlich)* rogar; pedir 46, 271
bitter amargo
Blähungen flato; ventosidad, la [Sg]
blaß pálido
Blatt hoja
blau azul 34
Blei plomo
bleiben quedarse 55, 92
bleifrei sin plomo 63
Bleistift lápiz, el 174, 260
Blinde(r) ciego/a
Blinker intermitente, el
Blitzlicht flash, el 172
blond rubio 225
Blume flor, la 150; **~nkohl** coliflor, la 138
Blut sangre, la; **~druck** presión, la 242; **bluten** sangrar ; **Blutung** hemorragia
Boccia petanca 185
Boden suelo, piso
Bogen arco
Bohnen judías, las 162
Boiler calentador, el 95
Bonbon caramelo 144
Boot barca 81; **~sanlegeplatz** atracadero
Bordkarte tarjeta de embarque 77
Börse bolsa
böse malo, malvado
Botschaft *(Gebäude)* embajada 23, 228
Brandgefahr peligro de incendio; **Brandwunde** quemadura
brauchen necesitar
braun marrón 34; (*Haar*) castaño 225
Bräutigam novio 40, 54
Brei papilla 171

breit ancho
Bremse freno 82, 232
brennen quemar
Brief carta 217; **~kasten** buzón, el 212; **~marke** sello 150, 217; **~papier** papel de cartas, el 174; **~tasche** cartera 169; **~träger/in** cartero/a; **~umschlag** sobre, el 174
Brille gafas, las 178; **~netui** estuche de gafas, el; **~ngestell** montura 178
Brilliant brillante, el 178
bringen traer
Broccoli brécoles, los 138
Brombeere mora
Bronchien bronquios, los
Bronze bronce, el
Brosche broche, el 177
Broschüre folleto
Brot pan, el 123, 157; **belegtes ~** bocadillo 121, 124; **Brötchen** panecillo 157
Bruch fractura
Brücke puente, el
Bruder hermano
Brühe caldo 133
Brust (*Medizin*) pecho 244
Buch libro 150, 174
buchen reservar 79
Buchhalter/in contable, el/la; **Buchhaltung** contabilidad, la 253
Buchhändler/in librero/a
Bucht bahía; cala
Buchung reserva 98
Bügeleisen plancha; **bügeln** planchar 101, 226
Bulle *(Tier)* toro
Burg castillo 196
Bürger habitante, el; ciudadano; **~meister** alcalde, el; **~steig** acera
Büro oficina 255; **~klammer** clip, el 260
Bürste cepillo 169
Bus *(Stadt~)* autobús, el 56, 84; *(Reise~)* autocar, el 76
Büste busto
Butter mantequilla 12

C

Café café, el 115
campen acampar, hacer camping → 110ff; **Campingplatz** camping, el 88
CD compacto; compact disc, el 175; **CD-Spieler** lector de CD, el
Champagner champán, el 119, 148
Champignon champiñón, el 126
Chance oportunidad, la
charmant encantador
Charterflug vuelo chárter
Chauffeur chófer, el 66
Check-In (*Flug*) facturación, la 78
Chef jefe, el 250, 252
Chemie química; **Chemiker/in** químico/a
chemisch reinigen limpiar en seco 226
Chlor cloro
Chor coro 201
circa cerca de, aproximadamente
Clown payaso
Cocktail cóctel, el
Cognac coñác, el
Computer ordenador, el 261
Cord pana
Couch sofá, el
Cousin/e primo/a
Creme crema 170

D

da ahí, allí, allá
Dach tejado
Dackel perro salchicha

damals por aquel entonces, antiguamente
Dame señora 38; **~nbinde** compresa 170
damit para que
Dampfbad baño turco 248
danke gracias 46
dann después, luego
Darbietung espectáculo 208, 209
Darm intestino
Darsteller intérprete, el
das *(Artikel)* el, la, lo 268; *(Relativpronomen)* que
daß que
Datei archivo 262
Dattel dátil, el
Datum fecha 29
Dauerauftrag orden de pago fijo, la
dauern durar 59; **Dauerwelle** permanente, la 224
Daumen pulgar, el
Daunendecke edredón de plumas, el
Debatte debate, el; discusión, la
Deck cubierta 81
Decke manta 176; *(Raum)* techo
Deckel tapa
defekt defectuoso
Definition definición, la
Deich dique, el
dein(e) tu, tuyo 278
dekorieren decorar, adornar
Delegation delegación, la
Delphin delfín, el
Demonstration manifestación, la
demütigen humillar
denken pensar 51, 98, 155
Denkmal monumento 193
denn pues
Deo(dorant) desodorante, el
Depression depresión, la
der *(Artikel)* el 268; *(Relativpronomen)* que, quien
Designer/in diseñador/a, el/la
Desinfektionsmittel desinfectante, el
Dessert postre, el → 139
Detail detalle, el 254
deutsch alemán/alemana; **Deutschland** Alemania; RFA
Devise *(Wahlspruch)* lema, el; **~n** *(Bank)* divisas, las
Dezember diciembre, el 26
Dia diapositiva 171
Diabetiker diabético 141
Diagnose diagnóstico
Dialekt dialecto
Dialog diálogo
Diamant diamante, el 178
Diät dieta; régimen, el 248
dich te, a ti 277
Dichter/in poeta/isa, el/la
Dichtung junta 232
dick grueso; gordo
die *(Artikel)* la 268; *(Relativpronomen)* que, quien
Dieb ladrón, el 228; **~stahl** robo 233
Dienstag martes, el 26
Dienstleistung prestación de servicios, la
diese(r, s) este, esta, esto 278
Diesel gasoil, el 63
Ding cosa 141
dir te, a ti 277
direkt directo 71
Direktor/in director/a, el/la 251, 252
Disco discoteca 208, 209
Diskette disquete, el 261
Dolmetscher/in intérprete, el/la 37, 44
Dom catedral, la
Donnerstag jueves, el 26
Doppelbett cama de matrimonio 97; **doppelt** doble; **Doppelzimmer** habitación doble, la 90

Dorf pueblo
Dorn espina
Dose lata 116, 157; **~nöffner** abrelatas, el 107
Dosierung (*Medizin*) posología 237
Drachen cometa, el
dreckig sucio 95
Droge droga 208
Druck presión, la 242
drücken (*Taste*) pulsar 215, 262; *(Tür)* empujar; apretar 168
drucken imprimir 263; **Drucker** impresora 261
du tú 277
Duft olor, el; aroma, el; fragancia
dunkel oscuro
dünn *(schlank)* delgado; fino
Durchfahrt paso 68
Durchfall diarrea 236
durchgebraten bien hecho, a punto
Durchlauferhitzer calentador, el 95
durchqueren cruzar 58
dürfen poder 46, 271
Durst sed, la 116
Dusche ducha 90; **duschen** duchar 111; **Duschgel** gel de ducha, el 169
Dutzend docena 19
duzen, sich tutear, tratar de tú a

E

Ebbe marea baja 181
eben plano, llano, liso
echt auténtico 177
Echo eco
Ecke (*Raum*) rincón, el; esquina 57
Edelstein piedra preciosa; gema
egal *(gleich)* igual; **das ist mir völlig ~** me da absolutamente igual
egoistisch egoísta
Ehe matrimonio; **~frau** esposa; mujer, la 40; **~mann** marido 40
Ehre honor, el
Ei huevo 123
Eiche roble, el
Eichhörnchen ardilla
Eifersucht celos, los; **eifersüchtig** celoso
Eigelb yema (de huevo)
Eigentumswohnung piso de propiedad
Eilbrief carta urgente/expreso 217
eilig urgente 217; **es ~ haben** tener prisa 86
Eimer cubo
ein(e) *(Artikel)* un(a) 268
Einbahnstraße calle de dirección única, la
Einbruch robo con fractura 234
einchecken facturar
eindellen abollar
Eindruck impresión, la 52; **~svoll** impresionante 46
einfach sencillo 153
Einfahrt entrada 63
Einfluß influencia
einfügen insertar
Einfuhr importación, la
Eingang entrada; *(Zugang)* acceso; *(U-Bahn)* boca
eingießen servir, echar
Einheit unidad, la; *(Telefon~)* paso
Einkauf compra
einkaufen comprar ; **~ gehen** ir de compras ; **Einkäufer/in** comprador/a, el/la
Einkommen ingresos, los; renta
einladen invitar 50; **Einladung** invitación, la 50
einlaufen encoger 165
Einleitung introducción, la
einlösen (*Schuld*) saldar, pagar 213
einmal una vez 28
einmalig único, extraordinario

einpacken envolver 153
einreiben frotar, extender
Einreise entrada
Einsamkeit soledad, la; aislamiento
einschlafen dormirse, quedarse dormido
einschreiben, sich inscribirse 185
Einschreiben (carta) certificada
einsteigen montarse, subir 58, 85
Eintopf guiso
Eintrittskarte entrada, localidad, la 101, 191
einverstanden! ¡vale! 49, 51
Einwohner habitante, el
Einzelzimmer habitación individual, la 96
Eis helado 139, 145; **~diele** heladería 115
Eisen hierro
Elefant elefante, el
elegant elegante 153
Elfenbein marfil, el
Elfmeter penalti, el 192
Ellenbogen codo
Eltern padres, los
Empfänger destinatario
empfehlen aconsejar 239; recomendar 89, 175, 140
Ende fin, el; **enden** terminar 200
Endstation (estación) terminal, la
eng estrecho 167
Enkel/in nieto/a
entfernt lejos 59
Entfernung distancia 59
enthaaren depilarse
entnehmen retirar, sacar 215
entschuldigen disculpar, perdonar 222; **Entschuldigung** perdón, el 47; **~!** ¡perdón! 47
entwickeln desarrollar; *(Film)* revelar 172
entzücken encantar 53
Entzündung inflamación, la
Epoche época 176, 195
er él 277
Erbse guisante, el 138, 162
Erdbeere fresa 139, 163
Erde tierra; *(Boden)* suelo
Erdgeschoß planta baja; bajos, los
Erdnüsse cacahuetes, los 126
Erdöl petróleo
Erfolg éxito 48
erfrischend refrescante; **Erfrischungsgetränk** refresco
Ergebnis resultado
erholen, sich descansar, reposar
erinnern recordar; **sich ~** acordarse
Erkältung resfriado
erklären *(äußern)* declarar 234; *(erläutern)* explicar 259; **Erklärung** explicación, la; declaración, la
Erkrankung enfermedad
erlauben *(gestatten)* permitir 46, 257; **Erlaubnis** permiso
Ermäßigung descuento 193
eröffnen *(Konto)* abrir
erpressen *(Lösegeld)* chantajear
Ersatzteil pieza de recambio 231
erstatten *(Kosten)* reintegrar, reembolsar
erste(r) primer(o,a) 17; **erste Hilfe** primeros auxilios, los
ertrinken ahogarse
Erwachsene(r) adulto/a
erwarten esperar 49
erzählen contar, relatar; **Erzählung** narración, la
Esel burro
Espadrille alpargata 168
essen comer → 114 ff; **Essen** comida 114
Essig vinagre, el 131
Eßzimmer comedor, el
Etage piso; **~nbett** literas, las
etwas algo
euch os, a vosotros 277
euer, eure vuestro 278

Euroscheck eurocheque, el 213
Exil exilio
existieren existir 223
exportieren exportar 251

F

Fabrik fábrica
Fach ramo; especialidad, la; **~arzt** médico especialista
Fächer abanico 176
Fachmesse feria monográfica 264
Faden hilo
Fahne bandera 180
Fähre ferry, el; transbordador, el 81
fahren ir 56, 271 **Fahrer/in** conductor/a, el/la 69; **Fahrerlaubnis** permiso de conducir 67
Fahrkarte billete, el 72
Fahrrad bicicleta; bici, la 83; **~sattel** sillín, el 82
Fahrschule autoescuela 67
Fahrzeug vehículo 62; **~halter** titular del coche, el 69; **~papiere** documentación del coche, la 69
Fall *(Sturz)* caída; *(Jura)* caso
Falle trampa
fallen *(stürzen)* caer(se); *(Wirtschaft)* bajar 58, 85
Fallschirm paracaídas, el
falsch falso; **Fälschung** falsificación, la
Falte arruga
Familie familia; **~nstand** estado civil 43
Fan aficionado 82, 191
Farbe color, el 154, → 34; **färben** teñir 224; **farbig** en color 171
Fasching carnaval, el
Fassade fachada
Faßbier cerveza de barril
fast casi 28
Faust puño
faxen enviar por fax 259; **Faxgerät** fax, el 259, 260
Februar febrero 26
Feder pluma 174
fehlen faltar 95, 141; **Fehler** error, el 143
feiern celebrar 205; **Feiertag** festivo 26; → 29f
Feige higo 163
Feigling cobarde, el
Feile lima
Feld campo
Felge llanta 83
Fels roca 180
Fenchel hinojo 138, 171
Fenster ventana 105; **~laden** contraventana; *(Jalousie)* persiana
Ferien vacaciones, las 54, 90; **~wohnung** apartamento 103
Fernfahrer/in camionero/a
Fernglas prismáticos, los 178
Fernmeldeamt telefónica 212, 218
Fernsehen tele, la 95; **Fernseher** televisor, el
Ferse talón, el
fertig listo 99, 172
Fest fiesta 205
Festiger fijador, el 226
Festung fortaleza 196
Festzug desfile, el 205
fettig graso 141
feucht húmedo
Feuer fuego 228, 47; **~wehr** bomberos, los 228; **~werk** fuegos artificiales, los 205; **~zeug** encendedor, el; mechero 172
Fieber fiebre, la
Figur figura; *(Roman~)* personaje, el
Filet lomo 124
Film *(Kino)* película 204; (*Foto*) carrete, el 171; **~vorführung** sesión, la 204, 205
Filter filtro 172, 232

Finale *(Sport)* final, la
Finanzamt Delegación de Hacienda, la
finden encontrar; parecer 53; **ich finde, daß ...** opino/me parece
Finger dedo; **~nagel** uña 170
finster oscuro
Fisch pez, el; (*Speise*~) pescado 129, 151, → 134f, → 160f; **fischen** pescar; **Fischer** pescador, el
fit en buena forma; **Fitneßcenter** gimnasio 188
FKK-Strand playa nudista 180
Flamme llama
Flanell franela
Flasche botella 117; **~nöffner** abrebotellas, el 107
Fleck mancha 226; **~entferner** quitamanchas, el
Fleisch carne, la 129, 151, 159, → 136f; **~spieß** pincho 127
fleißig trabajador, aplicado
flexibel flexible
Fliege mosca
fliegen volar
flirten ligar, coquetear
Floh pulga; **~markt** rastro 150
Flöte flauta
Flug vuelo 77
Flügel ala, el
Fluggesellschaft línea aérea 77; **Flughafen** aeropuerto 77; **Flugsteig** puerta de embarque 78, 80; **Flugticket** billete/pasaje de avión, el 77; **Flugzeug** avión, el 77
Flur pasillo 105
Fluß río 197
flüssig líquido
Flut marea alta 181
folgen seguir 58
Folie hoja transparente 260
fönen secar 224
Forelle trucha 161
Form forma; **Format** tamaño 172
Formular ficha 99
fortbewegen, sich moverse, avanzar, ir 56, 271, 273
fortgeschritten avanzado, adelantado
Foto fotografía 171; **~apparat** cámara/máquina fotográfica; **~kopierer** fotocopiadora 259, 260
Fracht carga
fragen preguntar
Franken *(Währung)* franco 213
frankieren franquear
Frau *(Anrede)* señora 38; mujer, la 40
frei libre; **Freitag** viernes, el 26; **Freizeit** tiempo libre/de ocio
Fremdenführer guía, el 199; **Fremdenverkehrsbüro** oficina de turismo 192
Freund amigo 40; **freundlich** amable 45
Frieden paz, la
Friedhof cementerio
Frikadelle albóndiga 126
frisch fresco 141
Friseur/euse peluquero/a; **Friseursalon** peluquería 223; **frisieren** peinar; **Frisur** peinado
fritiert frito 130
froh feliz 48; **fröhlich** alegre; **Fröhlichkeit** alegría 48
Frostschutzmittel anticongelante, el
Fruchtsaft zumo/jugo de frutas 118
früh temprano 28; **früher** antes
Frühling primavera 31
Frühstück desayuno 90, 114, 122; **frühstücken** desayunar 101
fühlen sentir
führen conducir; **mit sich ~** llevar consigo 57
Führer (*Person*) guía, el/la; *(Buch)* guía, la 174; líder, el 251; **~schein** permiso de conducir 67

Führung visita guiada 193
Füller pluma (estilográfica) 174
Fundbüro oficina de objetos perdidos 233
funktionieren funcionar 95, 259
für para
Furcht temor, el
fürcherlich horrible, terrible
Fuß pie, el 224
Fußball fútbol, el 185, 191; **~platz** campo de fútbol 185; **~spieler** futbolista, el
Fußgänger peatón, el; **~zone** zona peatonal
Futter comida, alimento

G

Gabel tenedor, el 107, 142
Gaffer mirón, el; curioso
Gag ocurrencia, broma
Gage cachet, el
Galerie galería 195
Galle vesícula
Gang pasillo; *(Auto)* marcha; *(Essen)* plato; **~schaltung** *(Auto)* cambio (de marchas)
Gans ganso; **Gänsehaut** piel de gallina, la
Garage garaje, el 65, 97
Garantie garantía
Garderobe guardarropa, el 200
Gardine cortina
Garten jardín, el 194; **Gärtner/in** jardinero/a
Gas gas, el 106, 107; **~flasche** bombona 107; **~pedal** acelerador, el
Gasse callejón, el
Gast huésped, el; invitado; **~geber** anfitrión, el; **~hof** fonda; hostal, el 89
Gaumen paladar, el
Gebäck pastel, el; *(Keks)* galletas, las; bizcochos, los
Gebäude edificio
geben dar
Gebiet región, la; territorio
Gebirge sierra, montaña; **Gebirgspaß** puerto, paso
Gebiß dentadura
geboren nacido
gebraten asado 130
Gebrauch uso; **~sanweisung** instrucción, la 105, 221
gebrochen quebrado
Gebrüder hermanos, los
Gebühr comisión, la; tasa
Geburt *(Gebären)* parto; nacimiento; **~sdatum** fecha de nacimiento 43
Gedächtnis memoria
Gedanke pensamiento
Gedeck cubierto
Gedenkplatz lugar conmemorativo, el
geduldig paciente
Gefahr peligro; **gefährlich** peligroso
gefallen gustar 53
Gefallen favor, el 46, 259
Gefälligkeit favor, el 46
Geflügel aves, las 129, 160, → 136f
Gefühl sentimiento
gefüllt relleno 126, 144
gefüttert (*Kleidung*) forrado 167
gegen contra 236
Gegenanzeige contraindicación, la 237
Gegend región, la 176
Gegenmittel *(Medizin)* antídoto
gegensätzlich contradictorio, opuesto
Gegenstand *(Ding)* objeto; *(Thema)* tema, el
gegenüber enfrente de 58
Gehacktes carne picada, la

Geheimzahl *(Kreditkarte)* número personal 214
gehen ir (a pie) 56, 271, 273
Gehirn cerebro
Gehör oído 244
gehören pertenecer
geizig avaro, tacaño
Geländewagen coche todoterreno, el; 4 por 4, el 66
gelb amarillo 34; **Gelbsucht** ictericia
Geld dinero 21; **~automat** cajero automático →214f; **~schein** billete, el 20; **~wechsel** cambio →213
Geliebte(r) amado/a
gemacht hecho 154, 176
gemahlen molido
Gemälde cuadro 196
gemeinsam juntos 49
gemischt mixto 134
Gemüse verdura 129, 138, 151, →162
gemustert estampado 167
gemütlich cómodo, agradable
Genehmigung autorización, la
Genick nuca
Geographie geografía 45
Gepäck equipaje, el 75; **~ aufgeben** facturar 76; **~abfertigung** despacho de equipajes 75; **~aufbewahrung** consigna 73; **~stück** bulto 79; **~träger** mozo 75
geradeaus recto 57
geräuchert ahumado 130
Geräusch ruido 231
gerecht justo
Gericht *(Jura)* tribunal, el; *(Speise)* plato
Germanistik filología germánica, germanística
Geschäft tienda, negocio; **~sführer** gerente, el 252; **~spartner** socio
geschehen pasar
Geschenk regalo 151, 153
Geschichte historia; *(Märchen)* cuento
Geschirr vajilla; **~spüler** lavavajillas, el 106; **~tuch** paño de cocina 106
Geschlecht sexo 43
geschlossen cerrado 25
Geschmack gusto
Geschwindigkeit velocidad, la 67
Geschwister hermanos, los
geschwollen hinchado 239
Gesellschaft compañía; sociedad, la 253
Gesetz ley, la
Gesicht cara
Gespräch conversación, la; *(Telefon~)* llamada
gestatten permitir 46
gestern ayer 27
gesund sano; **Gesundheit** salud, la 48, 119
Getränk bebida 129, →116ff
Getreide cereales, los
Gewerkschaft sindicato
Gewicht peso
Gewinde *(Schraube)* rosca
gewinnen ganar 191
Gewitter tormenta 34
gewöhnen, sich acostumbrarse (*an* a); **Gewohnheit** costumbre, la
Gewölbe bóveda
Gewürz condimento 131
Gin ginebra 119
Gips yeso
Giraffe jirafa
Girokonto cuenta corriente 215
Gitarre guitarra 176
glänzend brillante 172
Glas *(Trinkglas)* vaso 107; *(Material)* vidrio; cristal, el 154
glatt liso 225
Glaube *(Religion)* fe, la; **glauben** creer 52
gleichfalls igualmente 41
Gleis vía 73

Glocke campana; **~nturm** campanario
Glück felicidad, la; *(Schicksal)* suerte, la 47; **glücklich** feliz 48; **Glückwunsch!** ¡enhorabuena!, ¡felicidades! 48
Glühbirne bombilla 108
Gold oro 178; **~barsch** dorada 161
Gott dios, el; **~esdienst** misa 197
Grab tumba 194
Grapefruit pomelo 163
Gras hierba, yerba
Gräte espina 160
Gratulation felicitación, la 48; **gratulieren** felicitar
grau gris 34
Grenzbeamte(r) guardia, el/la; **Grenze** frontera →60
Grillplatz barbacoa; **Grillrost** parrilla 130
Grippe gripe, la
groß grande 280; **Größe** *(Kleid)* talla 155, 163, 164; tamaño
Großvater/mutter abuelo/a
grün verde 34
Gruß saludo 39; **grüßen** saludar 41
gültig válido, vigente
Gummi goma
günstig económico 93
Gürtel cinturón, el 169
gut *(Adj.)* bueno 46; (*Adv.*) bien 39; **~aussehend** guapo 54; **Guten Appetit!** ¡qué aproveche! 51; **Guten Tag!** ¡buenos días! 39
Gutschein vale, el; bono
Gynäkologe ginecólogo

H

Haar cabello, pelo 169, 224; **~spray** laca 226; **~spülung** acondicionador, el 169; **~trockner** secador, el 183
haben *(Hilfsverb)* haber 272; *(besitzen)* tener 271, 273
Hackfleich carne picada, la 156
Hafen puerto 56, 81
Haferflocken copos de avena, los
Haftpflichtversicherung seguro de responsabilidad civil 67
Hagel granizo
Hahn *(Tier)* gallo; *(Wasser~)* grifo
Hähnchen pollo 137, 151, 160
Haken gancho
halb medio 18
Hälfte mitad, la 157
Hallenbad piscina cubierta 182
hallo! ¡hola! 39; (*Telefon*) ¡diga! 221
Hals cuello; **~band** collar, el 177
Haltestelle parada 81, 85
Haltung *(körperlich)* porte, el; *(Geistes~)* actitud, la
Hamburger hamburguesa 125
Hammer martillo
Hand mano, la; **~ball** balonmano 186
Handel comercio; **handeln** comerciar 251; **Handelskammer** Cámara de Comercio 250
Handgelenk muñeca
handgemacht hecho a mano 176
Handgepäck equipaje de mano, el 79
Handlung *(Vorgang)* acto, acción, la; *(Geschäft)* comercio
Handschellen esposas, las
Handschuh guante, el 165; **Handtasche** bolso 76, 169; **Handtuch** toalla 95, 184
Handy teléfono móvil 218
Hängematte hamaca 183
hart duro 141
Haschisch hachís, el; *(populär)* chocolate, el
Hase liebre, la
Haselnuß avellana 145

hassen odiar
häßlich feo
Haufen montón, el
Haupt cabeza; *(Führer)* jefe, el; *(in Komposita)* principal; **~bahnhof** estación central, la; **~darsteller/in** protagonista, el/la 203; **~post** Correo Central; **~sitz** sede principal, la; **~stadt** capital, la
Haus casa 50, 89; **~arzt** médico de cabecera; **~frau** ama de casa, el (fem.) 44; **~haltswaren** artículos domésticos, los
Haut piel, la
Hebamme comadrona, partera
Hebel palanca 84
Hefe levadura
Heft cuaderno 174
Heftpflaster esparadrapo
Heidelbeeren arándanos, los 145
Heilige(r) santo/a 198
Heim casa; hogar, el
Heimat patria; país natal, el
Heiserkeit afonía
heiß caliente
heißen llamarse 42
heiter *(Himmel)* despejado, claro
Heizgerät estufa; **Heizung** calefacción, la 96
helfen ayudar 47, 152, 228
hell claro; (*Tabak*) rubio; **Helligkeit** claridad, la
Helm casco 69
Hemd camisa 165
herausholen sacar 247
Herberge albergue, el 88
Herbst otoño 31
Herd cocina 106
hereinkommen pasar, entrar 50
Hering arenque, el
Herkunft origen, el
Herr caballero 166; señor, el 38; **~enfriseur** barbero 223
herstellen producir 251
Herz corazón, el 243; **~muschel** berberecho 126, 161; **~schrittmacher** marcapasos, el 78, 241
heute hoy 27
hier aquí
Hilfe ayuda, apoyo; **~!** ¡auxilio!, ¡socorro! 228
Himmel cielo 33; **~srichtung** punto cardinal
Hindernis obstáculo
hineingehen entrar; **hineinstecken** introducir 221
Hin- und Rückfahrkarte billete de ida y vuelta, el 72
hinlegen, sich acostarse
hinter detrás de 58; **~legen** depositar 100
hinuntersteigen bajar 58, 85
Hirn sesos, los
Hirsch ciervo
Hitze calor, el 31
hoch alto
Hochzeit boda
höflich amable 45
Höhle cueva 196
Holz madera 154; **~kohle** carbón de leña, el
Honig miel, la 123
hören escuchar 201; oír 222
Hose pantalón, el 165; **~nträger** tirantes, los
Hotel hotel, el 89, →96
hübsch guapo, bonito 45, 54
Hügel colina
Huhn gallina
Hülle funda 106
Hummer bogavante, el 134, 161
Hund perro 98
hundert cien(to) 16
Hunger hambre, el
Hupe claxon, el; bocina
Husten tos, la 239
Hut sombrero 165
Hütte cabaña, refugio

I

ich yo 277
Idee idea
identisch idéntico
Idiot/in idiota, el/la
Igel erizo
ihm le; se 277; **ihn** le; lo 277; **ihnen** le, les 277; **ihr** le; se 277
illegal ilegal, ilícito
Impfung vacuna 241
importieren importar 251
in en, dentro de 58; ~ **sein** estar de moda 175
Indianer indio
Industrie industria
Infektion infección, la 242
Inflation inflación, la
Information *(Auskunft)* información, la 223; **~sstand** puesto de información 263
Inhaber dueño
inhalieren inhalar
Inhalt contenido
inklusive incluido
Inlandsflug vuelo nacional 80
innen interior; **Innenhof** patio
Insasse/in ocupante, el/la
Inschrift inscripción, la
Insekt insecto 236; **~enstich** picadura de insecto
Insel isla
Inserat anuncio
insgesamt en total
Instinkt instinto
Institut instituto
Instrument instrumento
intelligent inteligente
Intensivstation unidad de cuidados intensivos, la
interessant interesante 45; **Interesse** interés, el
international internacional
ironisch irónico
irgendein(e, er, es) algúno/a
irre loco; **irren, sich** equivocarse 52, 222

J

ja sí 36
Jacke chaqueta 165
Jagd caza 186; **jagen** cazar 186
Jahr año 27; **~eszeit** estación del año, la →31; **~hundert** siglo 177
Januar enero 26
Jeans vaqueros, los 165
jemand alguien 37
jene(r, s) aquel, aquella, aquello 278
Jetons ficha 111
jetzt ahora
Job trabajo
Jod yodo
joggen hacer footing 186
Joghurt yogur, el 123, 158
Johannisbeeren grosellas, las
Journalist/in periodista, el/la
jucken picar
Jugend juventud, la; **~herberge** albergue juvenil, el 88
Juli julio 26
jung joven 146; *(Wein)* nuevo; *(Gemüse)* fresco; **~er Mann** mozo
Juni junio 26
Jurist/in jurista, el/la
Juwelier *(Person)* joyero; *(Geschäft)* joyería 152, 177

K

Kabeljau bacalao 134
Kabine camarote, el 82
Kabrio descapotable, el 66
Kacheln azulejos, los 176

Käfer escarabajo
Kaffee café, el 117; **~maschine** cafetera
Käfig jaula
kahl calvo
Kai muelle, el
Kaiser emperador, el
Kajak kayac, el
Kakao cacao
Kaki caqui, el
Kaktus cactus, el; **~feige** higo chumbo
Kalb ternera 137, 159
Kalk cal, la
Kalmar calamar, el 135, 161
Kalorie caloría
kalt frío; **Kälte** frío 31
Kamel camello
Kamera cámara
Kamille manzanilla
Kamin chimenea
Kamm peine, el 170; **kämmen** peinar
Kampf combate, el 190
kampieren acampar
Kanal canal, el
Känguruh canguro
Kaninchen conejo 136
Kanne jarra
Kanu piragua, canoa 188
Kap cabo
Kapelle (*Architektur*) capilla 197
Kapern alcaparras, las 131
Kapital capital, el
kaputt roto 84, 95; **~gehen** romperse; **~machen** romper
Kapuze capucha
Karaffe garrafa 117
Karamelpudding flan, el 139
Karat quilate, el
Karfreitag Viernes Santo, el
Karies caries, la
Karneval carnaval, el
Karotte zanahoria 138, 162
Karpfen carpa
Karte tarjeta; *(Post~)* postal, la; *(Speise~)* carta; *(Eintritts~, Fahr~)* entrada; billete, el
Kartoffel patata 137, 162
Karussell tiovivo
Karwoche Semana Santa 30, 207
Käse queso, el 123, 139, 151, 158
Kasse caja
Kassette casete, el 175
kassieren cobrar 122, 213
Kastanie *(Baum)* castaño; *(Frucht)* castaña
Katalog catálogo 194
Katalysator catalizador, el
Katastrophe catástrofe, la
Kater *(Tier)* gato; *(familiär)* resaca
Kathedrale catedral, la
katholisch católico 198
Katze *(allgemein)* gato; *(weibliche ~)* gata 98
kauen masticar 238
kaufen comprar; **Kaufhaus** almacén, el; grandes almacenes, los 150
Kaugummi chicle, el
Kaution fianza
kehren barrer
keine(r) ninguno/a 267
Keks galleta 144
Keller sótano 105
Keramik cerámica
Kerze vela 198
Kette cadena 82, 177
Keuchhusten tos ferina, la
Kichererbse garbanzo 138, 162
Kiefer *(Baum)* pino; (*Medizin*) mandíbula
Kilometer kilómetro 18
Kind niño, crío; **~erarzt** pediatra, el; **~erteller** plato especial para niños 141; **kindlich** infantil 171
Kinn mentón, el
Kino cine, el 199

Kiosk quiosco 85, 152, 173
Kirche iglesia 197
Kirsche cereza 163
Kissen almohada; *(Sofa~)* cojín, el
Kiste cajón, el; caja
kitschig cursi
Klasse clase, la 78
klassisch clásico 201
Klavier piano
Klebstoff pegamento
Kleid vestido 166; **~erbügel** percha 102; **~ungsstück** prenda de vestir 101
klein pequeño 280; **Kleingeld** dinero suelto 21
klettern escalar 186
Klima clima, el 31; **~anlage** aire acondicionado, el 96
Kloster monasterio 197
Kneipe bar, el 115, 120; pub, el 209; tasca 115
Knoblauch ajo 131
Knochen hueso
Knopf botón, el 101, 167
Knoten nudo
Koch/Köchin cocinero/a; **Kochbuch** libro de cocina
Koffein cafeína; **koffeinfrei** descafeinado
Koffer maleta 76
Kohl col, la 138
Kohle carbón, el; **~nsäure** *(Mineralwasser)* gas, el 118
Kokosnuß coco
Kolik *(Medizin)* cólico
Kollege/in colega, el/la 40, 252
komfortabel confortable 93
komisch cómico, gracioso
kommen venir 271
Konditorei pastelería 115, 143
Kondom condón, el; preservativo
Konferenzraum sala de conferencias 100
Konfitüre confitura
König rey, el
können poder 38, 271; saber 37
Konsulat consulado 23
Kontaktlinsen lentillas, las 178
Konto cuenta 215
Kontrolle control, el 78
Konzert concierto 199
Kopf cabeza 244; **~hörer** auriculares, los 175; **~kissen** almohada 106
Kopie copia 259
Koralle coral, el
Kork corcho; **~enzieher** sacacorchos, el 107
Körper cuerpo
Korrespondenz correspondencia
kosten costar 20; **Kosten** coste, el; gastos, los 258; **Kostenvoranschlag** presupuesto 231, 258
köstlich delicioso 51
Kotelett chuleta 136, 159
Kotflügel guardabarros, el
Krabbe gamba 126, 135, 161
Kraft fuerza, energía
Kragen cuello 167
krank enfermo; **Krankengymnast/in** fisioterapeuta, el/la 248; **Krankenhaus** hospital, el 228, 238, 245; **Krankenpfleger/in** enfermero/a; **Krankenversicherung** seguro de enfermedad 238; **Krankenwagen** ambulancia; **Krankheit** enfermedad, la 241
Kräuter hierbas (finas), las 131; **~tee** infusión, la 117
Krawatte corbata 166
Krebs (*Medizin*) cáncer, el; *(Tier)* cangrejo 135
Kreditkarte tarjeta de crédito 21
Kreuz cruz, la 197; **~fahrt** *(Schifffahrt)* crucero 81; **~gang** claustro; **~ung** cruce, el 57; **~worträtsel** crucigrama, el
Kriminalroman novela policíaca

Krokette croqueta 126, 137
Krokodil cocodrilo
Krone corona 246
Krücken muletas, las
Kruzifix cruz, la; crucifijo 197
Küche cocina 106
Kuchen torta; pastel, el 144
Kugelschreiber bolígrafo 174, 260
Kuh vaca 137, 159
kühl fresco, frío; **Kühler** (*Auto*) radiador, el 231; **Kühlschrank** frigorífico, nevera 106
Kümmel comino 131
kümmern, sich ocuparse de 100
Kunde cliente, el
Kunst arte, el; **~geschichte** historia del arte 45; **~gewerblich** artesanal 176; **Künstler/in** artista, el/la 175
Kupfer cobre, el
Kupplung embrague, el 232
Kur cura 247
Kürbis zapallo, calabaza 162
Kurierdienst mensajería
Kurort estación termal, la; balneario 247
Kurtaxe tasa de balneario, póliza de turismo
kurz corto 165; **Kurzfilm** cortometraje, el; **kurzsichtig** miope 178
Kuß beso; **küssen** besar
Küste costa
Kutsche carroza; coche de caballo, el

L

Lachs salmón, el 135, 161
Laden tienda 23, 150
Lager almacén, el; depósito
Laken sábana 106
Lamm cordero 136, 159
Lampe lámpara
Land país, el
landen aterrizar 78
Landkarte mapa, el 174; **Landschaft** paisaje, el; **Landwirt** agricultor, el
lang largo 165
Langeweile aburrimiento
langsam despacio 38, 68
Languste langosta 135, 161
Lappen trapo
Lärm ruido
lassen dejar 65, 222
Lastwagen camión, el
Laterne linterna; *(Straßen~)* farola
Lätzchen babero 171
Laube glorieta
Lauch puerro 162
laufen correr; ir a pie 56
Laune humor, el
Laus piojo
laut alto; *(stark)* fuerte, intenso; **Lautsprecher** altavoz, el
Lava lava
Lavendel lavanda
Lawine alud, el; avalancha; **~ngefahr** peligro de avalanchas
leben vivir; **lebendig** vivo
Lebensmittel alimentos, los 151, → 156 ff
Leber hígado 234
Lebkuchen pan de especias, el
lecker bueno, rico
Leder cuero 154, 169
ledig soltero 43
leer vacío
legen poner
Lehrling aprendiz, el 252
Leiche cadáver, el
leicht ligero, liviano 141, 146
Leid pena
leidenschaftlich apasionado
Leihgebühr tarifa de alquiler
Leinen lino 166

leise bajo, silencioso
Leitartikel editorial, el
leiten dirigir; **Leiter/in** jefe/a, el/la 250, 252; director/a, el/la 251, 252
Leiter escalera
Leitung (*Telefon~*) línea 219
lenken conducir; **Lenkrad** volante, el 232
Leopard leopardo
lernen aprender
lesen leer
letzte(r) último 156
Leuchtturm faro
leugnen negar
Leute gente, la
Licht luz, la 95, 233
Liebe amor, el 204; **lieben** amar, querer 271
lieblich (*Wein*) suave, dulce 146
Lied canción, la; **~ermacher** cantautor, el 203
Lieferant suministrador, el; proveedor, el; **liefern** suministrar 258
Liegestuhl tumbona 181; **Liegewagen** coche-litera, el 72
Lift ascensor, el 94
Likör licor, el 119
Lilie azucena
Limonade limonada, gaseosa 118
Linie línea 85
linke(r) izquierdo
links a la izquierda 58
Linsen lentejas, las 162
Lippe labio; **~nstift** lápiz labial, el 170
Liter litro
LKW camión, el 62
Loch agujero
lockig rizado 225
Löffel cuchara 107, 142
Lorbeer laurel, el 131
löschen borrar 263
lösen quitar 64
Luft aire, el; **~matratze** colchoneta (de aire) 112; **~post** correo aéreo; **~pumpe** bomba de aire 82; **~röhre** tráquea
Lunge pulmón, el 243
Lust ganas, las; **(keine) ~ haben** (no) tener ganas

M

machen hacer
Macht poder, el
Mädchen chica; *(Kind)* niña; *(Dienst~)* criada
Madonna virgen, la 198
Magen estómago 239
mager magro
Mahlzeit comida; **~!** ¡buen provecho!
Mai mayo 26
Make-up maquillaje, el 170
Makler agente, el/la
Makrele caballa 160
mal (*Mathematik*) por; **Mal** (*zeitlich*) vez, la 28
malen pintar; **Maler** pintor, el
manchmal a veces, algunas veces
Mandel *(Medizin)* amígdala; *(Frucht)* almendra 126, 144; **~baum** almendro; **~entzündung** tonsilitis, la; amigdalitis, la
Mangel falta; escasez, la
Mangold acelgas, las 138
Manieren modales, los
Mann hombre, el
Manschettenknöpfe gemelos, los
Mantel abrigo 165
Märchen cuento
Margarine margarina
Marienkäfer mariquita
Markt mercado; **~platz** plaza, mercado
Marmelade mermelada 123

Marmor mármol, el
März marzo 26
Maschine máquina
Masern sarampión, el
Maske máscara, careta
Massage masaje, el 248; **Masseur/in** masajista, el/la 248
mäßigen moderar
Maßnahme medida
Matraze colchón, el 95
matt (*Foto*) mate 172
Mauer muro
Maurer albañil, el
Maus ratón, el 261
Mausoleum mausoleo
Mayonnaise mayonesa
meckern criticar, quejarse
Medikament medicamento 236
Medizin medicina 45
Meer mar, el; **Meeresfrüchte** marisco 129, 151, →134f, →161
Mehl harina 157
mehr más 280
mehrere varios/as 175
Mehrfahrtenkarte bonobus, el 86
Mehrheit mayoría
Mehrwertsteuer IVA, el
meinen opinar; **Meinung** opinión, la 52
Melodie melodía
Melone melón, el 139, 163
Mensch hombre, el; **kein ~** nadie
Menü menú, el 129
Messe *(Ausstellung)* feria 263; *(Kirche)* misa
Messer cuchillo 107, 142
Metall metal, el 154
Meter metro 18
Metzgerei carnicería 151
Miesmuschel mejillón, el 126, 135, 161
Miete alquiler, el; **mieten** alquilar 66
Migräne jaqueca
Mikrofon micrófono 259
Mikrowellenherd micro-ondas, el
Milch leche, la 117, 158; **~mix-getränk** batido 118
mild suave 146
Million millón, el 17
Minderheit minoría
Mine mina
Mineralwasser agua mineral, el
minus menos
mit con; **~ Scheck** con cheque 21; **~arbeiten** colaborar
Mitglied *(Club)* socio 209
Mittag mediodía, el 25; **~essen** almuerzo 114
Mitte medio
mittel medio, central; **Mittelmeer** (Mar) Mediterráneo, el 73
Mitternacht medianoche, la
Mittwoch miércoles, el 26
Möbel muebles, los 151;**möbliert** amueblado 104
möchten querer 271
Mode moda
Modem modem, el 261
modern moderno
Modeschmuck bisutería 151
möglich posible
Moment rato, momento; instante, el 76
Monarch/in monarca, el/la
Monat mes, el 26, 27
Mönch fraile, el
Mond luna 33
Montag lunes, el 26
Moor ciénaga, pantano
Moped ciclomotor, el
morgen mañana 27; **Morgen** mañana 25; **morgens** por la mañana 25
Moschee mezquita 197
Motiv motivo
Motor motor, el; **~haube** capó; **~rad** moto, la 62, 66

Mücke mosquito, **~nstich** picadura de mosquito
müde cansado
Mühe esfuerzo
Mühle molino
Müll basura; **Mülltonne** cubo de basura 105
Mumps paperas, las
Mund boca 237, 244
Münze moneda 20
Museum museo 195
Musik música, 45, 202
Muskel músculo; **~kater** agujetas, las
müssen deber, tener que 271, 273
Muster muestra, modelo 258
Mutter madre, la
Mütze gorra

N

nach (*Richtung*) para, hacia, a; (*Uhrzeit*) y 22; (*zeitlich*) después de 22; *(gemäß)* según
Nachbar vecino
Nachfrage demanda
Nachgebühr sobretasa
Nachmittag tarde, la 25; **nachmittags** por la tarde 25
Nachname apellido 43
Nachricht mensaje, el; noticia 100, 222, 223; **eine ~ hinterlassen** dejar un recado
Nachspeise postre,el →139
nächste(r) próximo/a 77
Nacht noche, la 25, 90; **~leben** vida nocturna
Nachteil desventaja
Nacken nuca
nackt desnudo
Nadel alfiler, el
Nagel clavo
nah cerca 59
nähen coser 101
Nahrung alimento
Nahverkehrszug tren de cercanías, el
Name nombre, el
Narbe cicatriz, la
Narkose anestesia
Nase nariz, la
Nationalität nacionalidad, la 43
Natur naturaleza
Nebel niebla 31, 34
neben al lado de 58; **Nebenkosten** gastos accesorios/adicionales, los 104
Neffe sobrino
nehmen coger, tomar 58, 257
Neid envidia
nein no 36, 267
Nelke clavel, el
Nerv nervio
nett simpático, amable
Netz(werk) red, la 262
neu nuevo
Neugier(de) curiosidad, la
nicht no 36, 267
Nichte sobrina
Nichtraucher no fumador, el 72
nichts nada
nie nunca 28, 267
niedrig bajo
niemand nadie 267
Niere riñón, el 243; **~nstein** cálculo renal
niesen estornudar
Nikolaus Santa Claus, el
noch aún, todavía
Nonne monja
Norden norte, el 34; **nördlich** al norte de 34
Not *(Elend)* miseria; *(Armut)* pobreza; **~ausgang** salida de emergencia 75; **~bremse** freno de alarma 75; **~fall** emergencia 230; **~fallstation** urgencias 245

notieren anotar 16
nötig necesario
Notiz apunte, el; anotación, la
Notlandung aterrizaje forzoso, el
Notrufsäule poste de socorro, el 63, 229
November noviembre, el 26
nüchtern *(nicht betrunken)* que no está bebido; **auf ~en Magen** en ayunas 238
Nudeln pastas, las 137
Nummer número 16; **~nschild** matrícula 69
nun ahora
nur sólo 21
Nuß nuez, la
nützen ser útil, servir (*zu* para)

O

Oase oasis, el
ob si
obdachlos sin hogar
oben arriba
Ober *(Kellner)* camarero
Objektiv *(Foto)* objetivo
Obst fruta 139, 163
obwohl aunque
Ochse buey, el
oder o
Ofen horno 130
offen abierto 25
öffentlich público
öffnen abrir 24; **Öffnungszeiten** horario de apertura 25
oft a menudo 28, frecuentemente
ohne sin
ohnmächtig werden desmayarse 240
Ohr oreja; (*Gehör*) oído 243; **~ringe** pendientes, los 177
Oktober octubre, el 26
Öl aceite, el 64, 125
Olive aceituna, oliva 126; **~nbaum** olivo; **~nöl** aceite de oliva, el 125, 131
Oma *(familiär)* abuelita
Omelett tortilla 125, 132
Onkel tío
Opa *(familiär)* abuelito
Oper ópera 200
Operation operación, la
Operette opereta, *(spanische ~)* zarzuela 200
Opfer víctima
Optiker/in óptico/a; **Optikerfachgeschäft** óptica 152
orange naranja 34; **Orange** naranja 163; **~nbaum** naranjo
Orchester orquesta 202
Orchidee orquídea
Ordnung orden, el
Organ órgano
organisieren organizar 198
Orgel órgano
Orgie orgía
Orkan huracán, el
Ornament adorno
Ort lugar, el; sitio
Osten este, el 34; oriente, el
Ostern Pascua 91, 30
Österreich Austria; **österreichisch** austríaco
Overheadprojektor retroproyector, el 260
Ozean océano

P

Paar (*Person*) pareja; (*Sache*) par, el 19
Packung caja, paquete, el 157
Paket paquete, el 217
Paddelboot piragua
Palast palacio
Palme palmera

Panne avería 229
Pantoffel zapatilla, chinela
Papagei papagayo
Papier papel, el 154, 174; **~e** documentación, la 60, 69
Pappe cartón, el 154
Pappel álamo
Paprika (*Gewürz*) pimentón, el 131; (*Schote*) pimiento 138, 162
Papst papa, el 198
Parfum perfume, el 170
Park parque, el 196; **~automat** automático; **parken** aparcar, estacionar 65, 66; **Parkhaus** parking, el 65, 66; **Parkplatz** aparcamiento; parking, el 65, 66; **Parkuhr** parquímetro 66
Partei partido
Party velada; reunión, la
Paß *(Berg~)* puerto, paso; *(Reise~)* pasaporte, el; **~kontrolle** control de pasaportes, el →60f
Passagier pasajero 77
passen quedar/venir/ir bien 45, 164
passieren pasar
Pate/in padrino/madrina
Patient/in paciente, el/la 245
Pauschalpreis precio global
Pause descanso 200
Pech mala suerte, la 47
Pedal pedal, el 82
peinlich desagradable
Pelz piel, la 169
Penizillin penicilina
Pension pensión, la 89, →96
Perle perla 177
Perlmutt nácar, el
Person persona
Personalausweis carné de identidad, el 60
Personenwaage báscula
Pesete peseta 20
Petersilie perejil, el 131
Pfand prenda
Pfanne sartén, la 107
Pfarrer *(katholisch)* cura, el; *(evangelisch)* pastor, el
Pfau pavo real
Pfeffer pimienta 131; **~minze** menta 131
Pfeife *(Signal~)* pito, silbato; *(Tabaks~)* pipa 172; **pfeifen** silbar
Pfeiler pilar, el
Pferd caballo 187
Pfirsich melocotón, el 139, 163
Pflanze planta
Pflaster esparadrapo 236
Pflaume ciruela 163
pflegen cuidar 182
Pflicht obligación, la; deber, el
Pfund medio kilo 18
Pfütze charco
Philosophie filosofía
Physik física
Pickel grano
Pilger/in peregrino/a 198
Pille *(Tablette)* pastilla; *(Verhütung)* píldora
Pilz hongo; (*Speise~*) seta 138, 162
Pinie pino; **~nkern** piñón, el 131
Pinzette pinzas, las
Pistazie pistacho 127
PKW turismo; automóvil, el 62
Plakat cartel, el
Plastik plástico 154
Platin platino
Platz *(Sitz~)* asiento 74; plaza 77
Plombe *(Zahn~)* empaste, el 246
plötzlich de repente, inesperado
Plüsch felpa; peluche, el
Politik política
Polizei policía 228; **~dienststelle** comisaría (de policía); **Polizist/in** policía, el/la; guardia, el
Pommes frites patatas fritas, las
Pony (*Haar*) flequillo 225
Portemonnaie monedero 233
Portion porción, la; ración, la 126

Porto franqueo
Porträt retrato 196
Porzellan porcelana
Posaune trombón, el
Position posición, la 80
Post correo; **~amt** oficina de correos 212; **~bote** cartero
Posten *(Position)* puesto
Poster póster, el
Postfach apartado de correos 216; **Postkarte** postal, la 174, 217; **Postleitzahl** código postal 43
prahlen presumir de
Praline bonbón, el
Präsentation presentación, la 264
Präservativ preservativo
Praxis consultorio
Preis precio 90; **~aufschlag** sobreprecio, recargo de precio; **~liste** listín, el/lista de precios 96, 258; **~nachlaß** descuento 193
Premiere estreno 200
Presse prensa 173
prima genial
privat particular, privado
probieren probar 164
Problem problema, el
produzieren producir 251
Programm programa, el 199, 262
Promenade paseo
Promille grado de alcoholemia
Pros(i)t! *(Trinkspruch)* ¡Salud! 48
Prospekt folleto 192, 264
protestieren protestar
Provinz provincia
Provision comisión, la
Prozent por ciento, el; porcentaje, el 18
Publikum público
Pudding flan, el
Puder polvos, los
Pullover jersey, el; suéter, el 153, 165
Pumpe bomba
punkt *(Uhrzeit)* en punto 22
Puppe muñeca/o, la/el
Püree puré, el
putzen fregar; limpiar
Puzzle rompecabezas, el
Pyjama pijama, el 165
Pyramide pirámide, la

Q

Qualle medusa 181
Qualm humareda
Quark requesón, el
Quartier alojamiento
Quelle fuente, la; manantial, el
Querstraße travesía 58; calle transversal, la
Quitte membrillo
Quittung recibo; **eine ~ ausstellen** extender/hacer un recibo

R

Rabatt rebaja, descuento
Rabe cuervo
Rache venganza
Rad *(Fahr~)* bicicleta; rueda 64
Radiator radiador, el
radieren borrar 174; **Radiergummi** goma de borrar 260
Radio radio, la 96; **~recorder** radiocasete, el 175; **~sender** emisora
Radsport ciclismo 82; **Radweg** carril para las bicicletas 82
raffiniert refinado, sutil, vivo
randalieren saquear, destruir
Rasen césped, el 94
rasieren, sich afeitarse 170, 224; **Rasierschaum** espuma de afeitar 170
Raststätte área de servicio, el 63

raten *(be~)* aconsejar 239
Rathaus ayuntamiento
Ration porción, la
rauchen fumar; **Raucher** fumador, el 72
Raum cuarto; habitación, la; espacio
Rausch borrachera
Rechnung cuenta, factura 21
Recht derecho; **~ haben** tener razón 52; **rechte(r)** derecho/a; **rechts** a la derecha 58
Rechtfertigung justificación, la
rechtzeitig a tiempo 28
Rede discurso
Reederei compañía naviera 82
Regen lluvia 33; **~bogen** arco iris; **~schirm** paraguas, el
Regierung gobierno
Regisseur *(Theater)* director de escena, el; *(Film)* director (artístico), el
regnen llover 31
reich rico (*an* en); *(wohlhabend)* adinerado; *(Mahl)* opíparo
reichen *(genügen)* bastar, ser suficiente; *(sich erstrecken)* llegar, alcanzar
reif maduro
Reifen neumático 232
Reihe fila
reinigen limpiar 90
Reinigung lavandería, tintorería 226
Reis arroz, el 137, 157
Reise viaje, el 40; **~büro** agencia de viajes 150; **reisen** viajar; **Reisender** viajero; **Reisepaß** pasaporte, el 60; **Reisetasche** bolso de viaje 76, 169
Reißverschluß cremallera 167; **Reißzwecke** chincheta
reiten montar a caballo 187; **Reiter** jinete, el
Reklamation reclamación, la 94
Reklame anuncio
Rennbahn *(Auto~)* circuito; *(Pferde~)* hipódromo; **Rennen** carrera 190; **rennen** correr
Rentner/in jubilado/a 44
reparieren arreglar, reparar 64
Reservat reserva natural
reservieren reservar 79; **Reservierung** reserva 98
Restaurant restaurante, el 115, 128
Rettung salvación, la; rescate, el; liberación, la; **~sring** salvavidas, el 81; **~sschwimmer/in** socorrista, el/la; **~sweste** chaleco salvavidas
Revier *(Jagd~)* coto; *(Bezirk)* distrito; *(Polizei~)* comisaría
Rezept receta 236
Rezeption recepción, la 100
Rheuma reuma, el
Richter juez, el
richtig correcto; *(geeignet)* adecuado; **~!** ¡exacto!
Richtung dirección, la 43
riechen oler 51
Rind vacuno, bovino
Ring anillo 177
Rippe costilla
Rock falda 166
Rodelbahn pista de trineos; **rodeln** ir en trineo
roh crudo 130
Rohr tubo
Rolladen persiana 105
Rollstuhl sillón de ruedas, el
Roman novela
Röntgenaufnahme radiografía 242
rosa rosa 34
Rose rosa; **~nkohl** col de bruselas, la 138
Roséwein vino rosado 120, 146
Rosine pasa de uva
Rosmarin romero 131

rot colorado, rojo 34; (*Wein*) tinto 147
Röteln rubéola
rothaarig pelirrojo; **Rotkohl** col lombarda, la; **Rotwein** vino tinto 120, 146
Route itinerario 193
rubinrot granate, color de rubí
Rücken espalda 244
Rückfahrt vuelta, viaje de regreso, el; **Rückgeld** vuelta 21; **Rückkehr** vuelta, regreso, retorno; **Rückwärtsgang** *(Auto)* marcha atrás
Rucksack mochila 76
Ruderboot barca de remos; **rudern** remar 186
rufen llamar
ruhig tranquilo 89
Rührei huevos revueltos, los
rund redondo 154
Rundfahrt paseo / vuelta (en coche)

S

Saal sala
Sache cosa 141
Sack saco, bolsa
Safe caja fuerte 96, 100
Safran azafrán, el 131
Saft zumo, jugo 118
sagen decir 271
Sahne crema, nata 144
Saison temporada 90
Salami salame, el; salchichón, el 125
Salat ensalada → 134; **grüner ~** lechuga 129
Salbe ungüento, pomada 237
Salbei salvia 131
Salz sal, la 131; **salzig** salado 141
Sammlung colección, la
Samstag sábado 26
Sand arena 180
Sandale sandalia 168
sanft *(behutsam)* cuidadoso; suave
Sänger/in cantante, el/la 203
Sardelle anchoa; boquerón, el 126, 135, 160
Sardine sardina 161
Satellitenantenne antena parabólica
Satin raso
satt satisfecho, harto
sauber limpio
Sauce salsa
sauer ácido; *(herb)* agrio
Säule columna
Sauna sauna 182, 183
Schach ajedrez, el
Schachtel caja; *(Zigaretten~)* cajetilla 173
Schaden daño; *(Nachteil)* perjuicio; *(Verlust)* pérdida
Schaf oveja
Schaffner revisor, el 72
Schal bufanda 165
Schallplatte disco 175
Schalter *(Post, Bank)* ventanilla; *(Elektronik)* interruptor, el 108; *(Bahn)* taquilla 72
scharf picante 141
Schatten sombra 110
schauen mirar 64
Schaufel pala
Schaufenster escaparate, el 152
Schauspieler/in actor, el/actriz, la
Scheck cheque, el 21
Scheibe loncha, rodaja 157
Schein *(Bescheinigung)* certificado; *(Fahr~, Geld)* billete, el; **~werfer** proyector, el; *(Auto)* faro 232
scheinen *(aussehen)* parecer 49; **die Sonne scheint** hace sol
Scheitel raya 225
Schere tijeras, las 170, 260

Scherz broma
scheu tímido
schicken enviar 217
Schicksal *(Bestimmung)* destino; *(Los)* suerte, la 47
Schiff barco 81
Schild letrero; señal, la
Schilling chelín, el 213
Schinken jamón, el 123, 159
schlafen dormir; **Schlafmittel** somnífero 236; **Schlafsack** saco de dormir 112; **Schlafwagen** coche-cama, el 71; **Schlafzimmer** dormitorio 106
Schläger (*Sport*) raqueta 189
Schlagzeug batería
Schlange serpiente, la
schlank delgado
schlau listo
Schlauch manguera
schließen cerrar 24
Schließfach *(Post)* apartado de correos; *(Bahnhof)* consigna automática 75
Schlitten trineo
Schloß *(Schlüssel)* candado 82; *(Burg)* castillo 196
Schlüssel llave, la 95; **~anhänger** llavero 169
schmackhaft sabroso; **schmecken** gustar 53
Schmerz dolor, el 239; **schmerzen** doler 239; **Schmerzmittel** analgésico 236
Schmetterling mariposa
Schmuck joyas, las 152
Schnaps aguardiente, el 119
Schnecke caracol, el 126
Schnee nieve, la 33
schneiden cortar 224; **Schneider/-in** sastre, el/modista, la
schneien nevar
schnell deprisa, rápido 69
Schnitt corte, el 224
Schnitzel escalope, el 136, 159
Schnitzerei talla (en madera) 176
Schnuller chupete, el 171
Schnupfen resfriado, catarro
Schnur cordón, el
Schnurrbart bigote, el 224
Schokolade chocolate, el 117, 208
schon ya
schön *(Wetter)* bueno 32; *(hübsch)* bonito 180
Schrank armario 106
Schraube tornillo; **~nzieher** destornillador, el
Schreck susto
schreiben escribir, anotar; *(auf~)* apuntar
Schritt paso
Schublade cajón, el
Schuh zapato 152, 167; **~creme** betún, el; **~größe** número 167
Schuld culpa 47, 229
Schule escuela, colegio 44
Schultertuch mantón, el 176
Schuppen *(Haar)* caspa
Schuster zapatero
Schüttelfrost escalofrío
schwach débil 239
Schwager/Schwägerin cuñado/a
Schwamm esponja
schwanger embarazada 241; **Schwangerschaft** embarazo
schwarz negro 34; **schwarz-weiß** blanco y negro 171
schweigen callar(se)
Schwein cerdo 136, 159
Schweiß sudor, el; transpiración, la
Schweiz Suiza; **schweizerisch** suizo
schwer *(Gewicht)* pesado; *(schwierig)* difícil; *(Verbrechen, Krankheit)* grave 230
Schwester hermana
Schwiegereltern suegros, los; **Schwiegersohn** yerno; **Schwiegertochter** nuera

Schwimmbad piscina 94, 180; **schwimmen** nadar 181; **Schwimmring** flotador, el 184
schwindelig mareado 239
schwul marica, homosexual
schwül bochornoso
See *(Meer)* mar, el; lago 180; **~hecht** merluza 135, 161; **~igel** erizo de mar 181; **~krankenheit** mareo; **~pferdchen** caballito de mar; **~stern** estrella de mar; **Seeteufel** rape, el 161; **~zunge** lenguado 135, 161
Segel vela 188; **~boot** barco de vela, el 188
Segen bendición, la
sehen ver; **sich ~** verse 49; **Sehkraft** vista; **Sehenswürdigkeit** monumento 193
sehr muy; **~ gern!** ¡con mucho gusto! 50
Seide seda 166
Seife jabón, el 169
Seil cuerda 230; **~bahn** teleférico; funicular,el
sein *(sich befinden)* estar 39, 56, 271, 276; ser 271, 275; *(Pronomen)* su 278
seit desde, desde hace 28;
Seitenwind viento lateral 68
Sekretariat secretaría 253, 256; **Sekretärin** secretaria 252
Sekt cava, el; vino espumoso 148
Sekunde segundo
seltsam raro 231
Sendung *(Post)* envío; *(TV)* programa
Senf mostaza 125, 131
Senioren ancianos, los; tercera edad, la 193
Sensation sensación, la
September se(p)tiembre 26
Service servicio; **servieren** servir 101
Serviette servilleta 142
Sessel sillón, el 106; **Sessellift** telesilla
setzen poner; **sich ~** sentarse 50, 257
Seuche epidemia
Shampoo champú, el 169
Sherry jerez, el 148
Shorts pantalones cortos, los
sich se
sicher seguro; **Sicherheit** seguridad, la 78; **Sicherheitsgurt** cinturón de seguridad, el 69, 80; **Sicherheitsmaßnahme** medida de seguridad; **Sicherheitsnadel** imperdible, el; **sicherlich** seguramente 52; **Sicherung** fusible, el 108
Sicht vista
sie *(Sg.)* ella; *(Pl.)* ellos/as 277
Sie *(Sg.)* usted, *(Pl.)* ustedes 277
siegen vencer, triunfar
Silber plata 178
Silvester víspera de Año Nuevo; *(familiär)* noche vieja, la
singen cantar 202
Sitte costumbre, la
Situation situación, la
Sitz asiento 74
Skelett esqueleto
Skier esquís, los; **skifahren** esquiar 185, 187; **Skilift** telesquí, el ; **Skischule** escuela de esquí
skrupellos sin escrúpulos
Skulptur escultura
Slip (e)slip, el
Smaragd esmeralda
so así, de esta manera
Socke calcetín, el 165
Sodbrennen acidez/ardor de estómago
Sofa sofá, el
sofort enseguida 28, 257
Sohn hijo

Sommer verano 31
Sonderangebot rebaja 155
sondern sino
Sonne sol, el 31; **sonnen, sich** tomar el sol 184; **Sonnenblume** girasol, el; **Sonnenblumenkerne** pipas, las 205; **Sonnenbrand** quemadura de sol 236; ; **Sonnenbrille** gafas de sol, las 178; **Sonnencreme** bronceador, el 170; **Sonnenschirm** sombrilla 181; **Sonnenstich** insolación, la 242
Sonntag domingo 26
sorgen, sich preocuparse
Souvenir recuerdo 151
Soziologie sociología
Spaghetti espaguetis, los
Spanien España; **spanisch** español
spannend emocionante, interesante
sparen ahorrar
Spargel espárrago 138, 162
Sparkasse caja de ahorros 215
spät tarde 28
spazieren pasear
Speck tocino
Speichel saliva
speichern almacenar; *(Computer)* memorizar; guardar 263
Speise comida; *(Gericht)* plato; **~karte** carta; menú, el 128, 129; **~röhre** esófago; **~wagen** coche-restaurante, el 71
Spezialist/in especialista, el/la; **Spezialität** especialidad, la 129;
Spiegel espejo
Spiel (*Match)* partido 191; **spielen** jugar 184, 271; *(Instrument)* tocar 202; **Spielhalle** sala de juegos 209; **Spielkarten** cartas, las 209; **Spielzeug** juguete, el 152
Spinat espinacas, las 138, 162
Spitze *(Textil)* encaje, el; punta 225
Sport deporte, el → 184ff
Sprache idioma, el 214; lengua 45, 198
Spray espray, el
sprechen hablar 37, 221; **Sprechstunde** horas de consulta, las;
Sprichwort refrán, el; proverbio
Spritze *(Gerät)* jeringuilla; inyección, la 242
Sprungbrett trampolín, el 182
spülen lavar, fregar; *(Mund)* enjuagar 247; **Spülmaschine** lavavajillas, el; lavaplatos, el
Staat Estado; nación, la; país, el; *(Regierung)* gobierno
Stadion estadio 188
Stadt ciudad, la; **~mauer** muralla 196; **~mitte** centro; **~plan** plano 174
Stahl acero
Stand puesto 263
Stange (*Tabak*) cartón, el 173
Star estrella, figura estelar
stark fuerte 181
Stau atasco, embotellamiento 67
Staubsauger aspiradora
Staudensellerie apio
Steak bistec, el 136
stechen (*Tier*) picar; pinchar; **Stechmücke** mosquito 102
Stecker enchufe, el 108
stehlen robar 233
steigen subir 58, 85
Stein piedra 154
stellen poner
Stellplatz (*Camping*) parcela 89
Stempel sello 260
sterben morir
Stern estrella
Steuer impuesto
Stewardeß azafata 77
sticken bordar
Stiefel bota 168
Stier toro 159, 207; **~kampf** corrida 207

Stimme voz, la
stinken apestar, oler mal
Stirn frente, la
Stock bastón, el; *(Stockwerk)* piso, planta; **~fisch** bacalao (seco) 134; **~werk** piso, planta 17, 153;
Stoff tela 154
Stöpsel tapón, el
stören molestar
stornieren cancelar 79
Strafzettel multa 69
strahlen radiar, brillar
Strand playa 180; **~bude** chiringuito 115; **~matte** esterilla 183
Straße calle, la; carretera 62; **~nbahn** tranvía, el 84; **~nbenutzungsgebühr** peaje, el 63
Streichhölzer cerillas, las 172
Streifen raya
Streik huelga
streiten pelear
Stroh paja; **~halm** *(zum Trinken)* pajita, paja
Strom corriente, la; electricidad, la 108; **~spannung** voltaje, el 108; **Strömung** corriente, la 181
Strumpf media; *(Socke)* calcetín, el
Stück trozo 143, 157
studieren estudiar 45
Stuhl silla, la 106; **~gang** defecación, la
Stunde hora 22
suchen buscar 56
Sucht adición, la
Süden sur, el 34
Sumpf pantano
Suppe sopa 129, →133
Surfbrett tabla de surf 181, 189
süß dulce 146; **~-sauer** agridulce; **Süßstoff** sacarina 124
Sweatshirt sudadera 165
sympathisch simpático 46
synchronisiert doblado

T

Tabak tabaco 172
Tablett bandeja
Tablette tableta, comprimido, pastilla 237
Tag día, el 25; **~esgericht** plato del día 129; **~eszeitung** diario, periódico 173
täglich diario 28
Tal valle, el 196
Tampon tampón, el 170
Tang alga marina, el
Tank depósito; tanque, el 232; **~stelle** estación de servicio, la; gasolinera →63f
Tanne *(Baum)* abeto
Tante tía
Tanz baile, el 205; **tanzen** bailar; **Tanzlokal** sala de fiesta 209
tapfer valiente
Tarif tarifa 67
Tasche *(Hand~)* bolso; *(Beutel)* bolsa; (*Kleidung*) bolsillo 167; **~ndieb** carterista, el; ratero 234; **~nlampe** linterna 112; **~nrechner** calculadora 260; **~ntuch** pañuelo
Tasse taza 107, 117
Tastatur teclado 261; **Taste** tecla 215, 262
tauchen bucear 185; **Taucher/in** buceador/a, el/la; **Taucherbrille** gafas de buceo, las 189; **Taucherflossen** aletas, las 184
tauschen cambiar (*gegen, für* por), intercambiar
tausend mil 17
Taxi taxi, el 84; **~fahrer/in** taxista, el/la 86; **~stand** parada de taxi
Tee té, el 117
Teich estanque, el
Teil parte, la
teilnehmen participar

Telefon teléfono; **~buch** guía telefónica 218; **~einheit** paso; **telefonieren** telefonear 212, 218; **Telefonkarte** tarjeta telefónica 220; **Telefonnummer** número de teléfono 43; **Telefonzelle** cabina telefónica 218; **Telefonzentrale** central telefónica, la
Teller plato 107
Tennisplatz pista de tenis 185
Teppich alfombra 176
teuer caro 93
Theater teatro 199
Theologie teología
Thermalbad baño/piscina termal 182, 248
Thermometer termómetro
Thunfisch atún, el 124, 134
Thymian tomillo 131
Tiefe profundidad, la 181
Tier animal, el
Tinte tinta; **~nfisch** pulpo 127, 135; calamar, el 161
Tisch mesa 106, 128; **~fußball** futbolín, el
Tochter hija
Tod muerte, la; fallecimiento
Toilette servicio, aseo, lavabo; **~npapier** papel higiénico, el
Tomate tomate, el 138, 162
Ton (*Material*) barro, arcilla
Topf olla 107
Tor puerta; portal, el; *(Fußball)* portería; *(erzieltes ~)* gol, el
Torte tarta 143
Tour *(Sport)* vuelta; *(Ausflug)* excursión, la 185
Tourismus turismo; **Tourist/in** turista, el/la
tragen llevar 54
trampen hacer autostop 56
Transport transporte, el 258; **transportieren** transportar
Traube uva 147
Trauer pena
treffen, sich encontrarse, verse 49
Treibstoff combustible, el 230
Treppe escalera 105
Tretboot patín acuático, el 181
trinken beber; tomar; **Trinkgeld** propina 122; **Trinkwasser** agua potable, el (fem.) 75
trocken seco 32, 146; **Trockenheit** sequía
Trommel tambor, el
Tropfen gota 237
tschüs adiós, hasta luego 41
T-Shirt camiseta 165
Tunnel túnel, el
Tür puerta 95
türkis turquesa 34
Turm torre, la 196
Tusche tinta china
Tüte bolsa 153
typisch típico 176

U

U-Bahn metro 56, 84; **~-Station** estación de metro, la 85
Übelkeit náuseas, las
über encima de, sobre 58; **~einkommen** convenir 254
Überfahrt travesía 82
Überfall atraco 233
übergeben, sich vomitar 240
überholen pasar, adelantar
überlegen pensar 51, 98, 155
übermorgen pasado mañana
Übernachtung pernoctación, la; **~smöglichkeit** alojamiento
überprüfen examinar, revisar, comprobar, controlar 64
überqueren cruzar 58
Übersetzer traductor, el 37, 44
Überweisung giro 215, 217, 235; transferencia 236

überzeugen convencer (*von* de); *(überreden)* persuadir
Übung ejercicio, práctica
Uhr (*Uhrzeit*) hora 22; reloj, el 152; **~enfachgeschäft** relojería 177
um para; por; **~ ... herum** alrededor de
umbuchen cambiar 79
umdrehen dar la vuelta; **sich ~** girarse 57
Umkleidekabine vestuario 181
Umleitung desvío; desviación, la 68
Umschlag *(Hülle)* envoltura; *(Brief)* sobre, el
umsteigen hacer trasbordo 71
umtauschen cambiar
Umwelt medio ambiente, el
umziehen mudarse (de casa)
unbequem incómodo 168
und y
unerträglich insoportable 95
Unfall accidente, el 228, 229
unmöglich imposible
uns nos, a nosotros 277
unten *(Adverb)* abajo
unter *(Präposition)* debajo de 58
untere(n) *(Adjektiv)* bajo, inferior
Unterkunft alojamiento →88f; hospedaje, el
Unterschied diferencia
unterschreiben firmar
Urlaub vacaciones, las 54, 90

V

Vanille vainilla 145
Vater padre, el
vegetarisch vegetariano 141
Vene vena
Ventil válvula 82
Ventilator ventilador, el
Venusmuschel almeja 134, 161
Verabredung cita 251
Veranstaltung acto, espectáculo 208, 209; **~skalender** cartelera de espectáculos 199
Verantwortliche(r) responsable, el/la 251
Verband asociación; la; federación, la
verbinden (*Medizin*) vendar; (*Telefon*) pasar a 222; poner con
verboten prohibido
Verbrennung quemadura 236
Verdauung digestión, la
verfahren, sich extraviarse, perderse
Verfallsdatum fecha de caducidad
Verfügung disposición, la 99, 259
vergessen olvidar 141
Vergewaltigung violación, la 234
Vergiftung envenenamiento; intoxicación, la 242
vergrößern aumentar
verhandeln negociar 254
verheiratet casado 43
Verhütungsmittel anticonceptivos, los 241
Verkauf venta 111; **verkaufen** vender 86, 153
Verkehr tráfico; **~spolizei** policía de tráfico 69
verkleinern reducir
verlängern prolongar 92
Verleih servicio de préstamo; *(Auto)* alquiler, el
verletzt herido 229; **Verletzung** lesión, la
verlieren perder 191, 233; **Verlust** pérdida, daño
vermieten arrendar, alquilar 66; **vermietet** alquilado 90
Vernunft razón, la 52
verpacken envolver 153
Versicherung seguro 67
Verspätung retraso 74
Verstauchung torcedura

verstehen comprender; entender 37
verstopft obstruido 95; **Verstopfung** (*Medizin*) estreñimiento 236
Verstoß infracción, la 69
versuchen tratar
vertauschen confundir con
Verteidigung defensa
Vertrag contrato 254
verwählen, sich *(Telefon)* marcar mal, equivocarse de número 222
Verwaltung administración, la; gerencia
Verwandte(r) pariente, el/la
verzeihen disculpar 95
verzollen pagar aduana, declarar 61
via por
Video(recorder) (grabadora de) vídeo
viel mucho; **~en Dank!** ¡muchas gracias!
vielleicht quizás, tal vez 49
Viertel *(Stadt~)* barrio; (*Zahl*) cuarto 18
violett morado; violeta 34
Visitenkarte tarjeta de visita 250
Visum visado 60
Vogel pájaro
Volk pueblo; nación, la; gente, la
voll lleno
Volleyball balonvolea, el
Vollkornbrot pan integral, el 122
Vollpension pensión completa, la
vollständig completo 77
von de, por; **~ ... bis** de ... a, desde ... hasta 27
vor (*örtlich*) delante de 58; (*zeitlich*) hace, antes de 22
vorbereiten preparar 103
vorbestellen encargar
Vorfahrt preferencia de paso 69
Vorgesetzte(r) superior, el/la
vorhanden sein quedar, existir, estar disponible 153
Vorhängeschloß candado
Vormittag mañana 25
Vorname nombre (de pila), el 43
Vorsicht precaución, la; cuidado; **~!** ¡ojo! 228
Vorspeise entremeses, los; primer plato 129, →132f
vorstellen presentar 40; **Vorstellung** función, la 199
Vorteil ventaja 258
Vorverkauf venta anticipada 200
Vorwahl indicativo telefónico, prefijo 218
Vulkan volcán, el

W

Waage balanza, báscula
Wachs cera
Wächter vigilante, el 66
Waffe arma, el (fem.)
Wagen coche, el; auto; **~heber** gato 230
Waggon coche, el 71
Wahlen elecciones, las; **wählen** (*Politik*) votar; *(Telefon)* marcar 102, 221
Wahrheit verdad, la 52
Währung moneda 213
Wald selva; bosque, el 196
Wallfahrt peregrinación, la; romería
Walnuß nuez, la 145
Wand pared, la
wandern hacer excursiones a pie, caminar 186
wann cuando; **~?** ¿cuándo? 27
Ware mercancía 258
warm caliente
warten esperar 49, 86; **Wartesaal** sala de espera 73

warum? ¿por qué? 266f
was? ¿qué? 38, 266f
Waschanlage lavado automático 64; **Waschbecken** lavabo 106; **Wäsche** ropa 111, 150; **waschen** lavar; **Wäscherei** lavandería 226; **Waschmaschine** lavadora 104, 106; **Waschmittel** detergente, el; **Waschplatz** lavadero 111
Wasser agua, el (fem.); **~fall** cascada, catarata 197; **~hahn** grifo 95; **Wassermelone** sandía 163
Watte algodón, el
WC retrete, el 106; wáter, el 90
Wechsel cambio 214; **~kurs** tipo de cambio 214; **wechseln** cambiar 212, 213
wecken despertar 101; **Wecker** despertador, el
Weg camino 56
wegen por
weggehen marcharse 92
wegnehmen quitar
weh tun *(schmerzen)* doler 239; *(seelisch)* hacer daño 224
weiblich femenino
weich blando, suave; **Weichspüler** suavizante, el
Weihnachten navidad, la 30
weil porque
Weile espacio de tiempo, rato 76
Wein vino 146; **~beutel** bota 147, 176; **~faß** bota 147; tonel, el; cuba ; **~glas** copa 116; **~handlung** bodega 115, casa de vinos y licores; **~karte** carta de vinos 131; **~probe** degustación, la 147; **weinrot** rojo burdeos; **Weinstube** bodega 115, 146
weiß blanco 34; **Weißwein** vino blanco 120, 146
weit ancho 165; **~sichtig** hipermétrope 178; **Weitwinkelobjektiv** objetivo gran angular
welche(r)? ¿cuál? 266f
Welle ola
wenig poco; **weniger** menos
wenn (*zeitlich*) cuando; *(Bedingung)* si
wer? ¿quién? 266f
Werbung publicidad, la
werden *(Zukunft)* ir a + Inf. 271; ponerse, llegar a ser, convertirse
Werk obra; **~statt** taller, el 231; **~tag** (día) laborable, el 26
Wert valor, el 234, 242; **~sachen** objetos de valor, los 100
Wespe avispa
Westen oeste, el 34
Wetter tiempo 31; **~bericht** parte meteorológico, el 32
wie como; **~?** ¿cómo? 21, 266f; **~ geht's?** ¿qué tal? 39; **~ lange?** ¿cuánto tiempo? 77; **~ schade!** ¡qué pena! 47
wiederholen repetir 38
wiegen pesar
wieviel? ¿cuánto? 20, 266f
wild bravo, salvaje
Wild caza 136; **~leder** ante, el 169
willkommen! ¡bienvenido! 40
Wimperntusche rímel, el 170
Wind viento 31
Windeln pañales, los 171
Windpocken varicela
Winter invierno 31
wir nosotros 277
Wirbelsäule columna vertebral
wirklich de verdad, efectivamente
Wirtschaft economía; **~swissenschaften** ciencias económicas, las 45
wissen saber 37; **Wissenschaft** ciencia
Witz chiste, el
wo? ¿dónde? 56, 266f
Woche semana 26, 27; **~nende** fin de semana, el 26

woher? ¿de dónde? 266f; **wohin?** ¿adónde? 266f
wohnen vivir 42; **Wohnort** domicilio 43; **Wohnwagen** caravana 110
Wolf lobo
Wolke nube, la 33
Wolle lana 166
wollen querer 271
Wort palabra 38; **Wörterbuch** diccionario 174
wozu? ¿para qué? 266f
Wunde herida
wundervoll maravilloso 53
wünschen desear 152
Wurst embutido 124, 151, 158; **Würstchen** salchicha 159
Wurzel raíz, la

Z

Zahl número 16; **zählen** contar
Zahn diente, el 246; **~arzt/ärztin** dentista, el/la 246; **~fleisch** encías, las 247; **~pasta** pasta dentífrica 170; **~schmerzen** dolor de muelas, el 246; **~stocher** palillo (de dientes) 127
Zange tenazas, las
Zäpfchen supositorio 237
zart *(Fleisch)* tierno
Zecke *(Tier)* garrapata
Zehe dedo del pie
Zeichnung dibujo
zeigen enseñar, mostrar 105, 168
Zeit tiempo 22; **~raum** período, espacio de tiempo; *(Frist)* plazo 258; **~schrift** revista 174;
Zeitung periódico 152, 174
Zelt tienda de campaña 110, 112; **zelten** acampar 110
zentral céntrico; **Zentrum** centro 56
zerstören destruir
Zeuge testigo 229
Ziege cabra
ziehen tirar
Ziel destino 74
Zigarette cigarrillo 172; **Zigarre** puro 172
Zimmer habitación, la 88
Zimt canela
Zinsen intereses, los
Zitrone limón, el 117, 131, 145; **~nbaum** limonero
Zoll aduana 60; **~gebühren** derechos de aduana, los 258
zu (*zeitlich/örtlich*) para, a; *(sehr)* demasiado; **~ Fuß** a pie
zubereiten preparar 141
Zucchini calabacín, el 138, 162
Zucker azúcar, el 124
Zufahrt acceso 262
zufällig por casualidad 101
zufrieden contento 257
Zug tren, el 70; **~ fahren** ir en tren 56
zugeben admitir 98
Zugriff acceso 262
Zündkerze bujía 233
zurück atrás, hacia atrás, detrás; **~geben** devolver 156, 214; **~kommen** volver 86
zusammen juntos 49
Zusatzbett cama supletoria 90
Zuschauer/in espectador/a, el/la 204
Zuschlag (*Zug*) suplemento 72
Zuständige(r) encargado/a 251
Zutaten ingredientes, los
zuviel demasiado
Zwiebel cebolla 131, 138
zwischen entre, en medio de 58; **~landen** hacer escala 81; **~zeitlich** entretanto 99
Zylinder (*Motor)* cilindro
Zypresse ciprés, el

Wörterbuch Spanisch–Deutsch

A

a zu, nach; an; ~ **bordo** *(Schiff, Flugzeug)* an Bord; ~ **la derecha** rechts 58; ~ **la izquierda** links 58; ~ **nombre de** auf den Namen 99; ~ **partir de** ab 28; **¿~ qué hora?** Um wieviel Uhr? 22; ~ **tiempo** rechtzeitig 28
abadía Abtei
abajo unten
abandonado verlassen
abanico Fächer 176
abeja Biene
abierto geöffnet 25, 272; offen
abismo Abgrund
abogado/a Rechtsanwalt/anwältin
abollar eindellen
abonado Teilnehmer 223
abonar gutschreiben, einzahlen
aborigen, el Ureinwohner
abrazar umarmen
abrebotellas, el Flaschenöffner 107
abrelatas, el Dosenöffner 107
abrigo Mantel 165
abril,el April 26
abrir öffnen 24
abrochar anlegen, anschnallen 80
abuelo/a Großvater/mutter
aburrido langweilig
abusar mißbrauchen, ausnützen
academia Akademie, Schule
acampar zelten 110
acariciar streicheln
acceso Zufahrt; Zugriff 262
accidente, el Unfall 228, 229
acción, la Handlung, Tat; *(Handel)* Aktie
accionista, el/la Aktionär/in
accionar betätigen 84
aceite, el Öl 64; ~ **de oliva** Olivenöl 125, 131
aceituna Olive 126
acelerador, el Gaspedal; **acelerar** beschleunigen
acelgas, las Mangold 138
acento Akzent
aceptar akzeptieren; annehmen 21
acera Gehsteig
acercar näherbringen
acero Stahl
aclamar applaudieren
aclaración, la Aufklärung, Erläuterung
acompañar begleiten 182, 257
acondicionador, el Haarspülung 169
aconsejar raten, beraten, empfehlen 239
acontecimiento Ereignis
acordar erinnern; abstimmen 254
acostarse sich hinlegen
acostumbrado gewöhnt; **acostumbrarse** sich gewöhnen
actor, el/actriz, la Schauspieler/in
actual gegenwärtig, aktuell
acusado/a Angeklagte(r); **acusación, la** Beschuldigung; *(Recht)* Anklage
adaptador, el Adapter 260
adecuado angemessen, angebracht; geeignet
adelante vorwärts; **¡~!** herein!
adelgazar abnehmen
además außerdem 153
adeudarse sich verschulden
¡adiós! auf Wiedersehen!
administración, la Verwaltung
admitir akzeptieren, zulassen 98
adonde wohin; **¿~?** wohin? 266f

adorno Ornament; Verzierung
aduana Zoll 60
adulto/a Erwachsene(r)
aéreo per Luft
aeropuerto Flughafen 77
afectuoso herzlich, zärtlich
afeitarse sich rasieren 170, 224
afición, la Hobby, Liebhaberei; **aficionado/a** Amateur, Liebhaber, Fan 82, 191
afincarse sich niederlassen
afonía Heiserkeit
afrenta Beleidigung, Schande
afuera draußen, raus, hinaus
afueras, las Randgebiet, nähere Umgebung einer Stadt
agacharse sich bücken
agencia Agentur; ~ **de viajes** Reisebüro 150
agenda Terminkalender, Notizbuch
agosto August 26
agradable angenehm, nett
agredir angreifen
agrícola landwirtschaftlich; **agricultor/a, el/la** Landwirt/in; **agricultura** Landwirtschaft
agridulce süßsauer
agrio sauer
agua, el Wasser; ~ **potable** Trinkwasser 75
aguacate, el Avocado 132
aguardiente, el Schnaps 119
agudo spitz
águila, el Adler
agujero Loch
ahí da
ahijado/a Patenkind
ahogo Atemnot
ahora jetzt; ~ **mismo** soeben, sofort
ahorrar sparen
ahumado geräuchert 130
aire,el Luft; leichter Wind; ~ **acondicionado** Klimaanlage 96
ajo Knoblauch 131
al *(Präposition)* a + el 269; ~ **contado** bar; ~ **lado de** neben 58; ~ **norte de** nördlich von 34; ~ **revés** im Gegenteil
ala, el Flügel
álamo Pappel
alarma Alarm; Alarmanlage
albahaca Basilikum 131
albañil, el Maurer
albaricoque, el Aprikose 139, 163
albergue, el Herberge 88
albóndiga Frikadelle; Fleischbällchen 126
albornoz, el Bademantel 184
albufera *(besonders in Valencia)* Schwemmgebiet
alcachofa Artischocke 126, 138
alcalde/esa, el/la Bürgermeister/in
alcaparras, las Kapern 131
alcázar, el Festung, Burg
alcóholico alkoholisch
aldea Dorf
alegría Glück; Fröhlichkeit 47
alemán/alemana deutsch; **Alemania** Deutschland
alergia Allergie
aletas, las Flossen 184
alfarería Töpferei
alfiler, el Nadel
alfombra Teppich 176
algas, las Algen 181
algo etwas
algodón, el Baumwolle; Watte 166
alguien jemand 37
algún, alguno/a irgendein(e, er, es)
alimentos, los Lebensmittel 151
allá, allí da, dort
alma,el Seele
almacén, el Kaufhaus 150; Lager
almeja Venusmuschel 134, 161
almendra Mandel 126, 144; **almendro** Mandelbaum
almohada Kopfkissen 106
almorzar zu Mittag essen 114

alojamiento Unterkunft; **alojar** beherbergen, unterbringen; **alojarse** wohnen, untergebracht sein
alpargata Espadrille 168
alquilado vermietet 90; **alquilar** (ver)mieten 66; **alquiler, el** Miete
alrededor um ... herum
alrededores, los Umgebung
altavoz, el Lautsprecher
alto hoch; oberhalb; *(Person)* groß
ama de casa, el Hausfrau 44
amable freundlich 45; höflich
amanecer, el Tagesanbruch
amar lieben
amargo bitter
amarillo gelb 34
ambiente, el Umwelt, Umgebung
ambos beide
ambulancia Krankenwagen
amenazar (be)drohen
amigo Freund 40
amor, el Liebe 204
amueblado möbliert 104
analgésico Schmerzmittel 236
ancho weit 165
anchoa Sardelle 160
anciano/a Greis/in
ancla, el Anker
andén, el Bahnsteig 73
anestesia Narkose
anexo Anlage, Anhang 256
anfitrión, el Gastgeber
ángel,el Engel
anillo Ring 177
animado belebt, munter, angeregt
animal, el Tier
aniversario Jubiläum
anoche gestern abend
anotar aufschreiben, notieren 16
ante, el Wildleder 169
anteayer vorgestern 27
antena Antenne; ~ **parabólica** Satellitenantenne
anterior frühere(r, s)
antes früher; ~ **de** (*zeitlich*) vor + Zeitpunkt 22
anticonceptivos, los Verhütungsmittel 241
anticongelante, el Frostschutzmittel
antiguo alt 201
antipatía Widerwillen, Abneigung, Unfreundlichkeit; **antipático** unsympathisch, unausstehlich
antojarse versessen sein
anual jährlich
anular anullieren, stornieren
año Jahr 27
apagar ausmachen; abstellen 64
aparcamiento Parkplatz 66; **aparcar** parken 65
apartado abseits 110; ~ **de correos** Postfach 216
apartamento Apartment 88
apellido Nachname 43
apéndice, el Blinddarm
aperitivo Aperitif 140
apetecer wünschen, begehren
apetito Appetit
apio Staudensellerie
aplaudir (Beifall) klatschen
apostar wetten, um Geld spielen
aprender lernen
aprendiz, el Lehrling 252
apresurado eilig, hastig
apretar drücken 168
apuesta Wette
aquel(la) jene(r, s) 278
aquí hier
arándanos, los Heidelbeeren 145
araña Spinne
árbol, el Baum
archivo Archiv; Datei 262
área de servicio, el Raststätte 63
arena Sand 180
aria, el Arie
arma, el Waffe
armario Schrank 106

arqueología Archäologie
arquitectura Architektur 45
arrancar *(Auto)* anspringen 231
arreglar reparieren 64
arriba oben
arriesgado gefährlich, riskant
arrogante anmaßend, arrogant
arroyo Bach
arroz, el Reis 137, 157
arte, el Kunst; **artesanal** handgemacht; kunstgewerblich 176; **artesanía** (Kunst-)Handwerk; **artista, el/la** Künstler/in 175
asado gebraten 130
asaltar überfallen; **asalto** Überfall
ascensor, el Lift 94
aseo, ~ personal Körperpflege
asesinato Mord
así so
asiento Sitz; Platz 74
asignatura *(Unterricht)* Fach
asistente, el/la Assistent/in 252
asociación, la Vereinigung
aspiradora Staubsauger
aspirina Schmerzmittel
asunto Angelegenheit
asustarse erschrecken, verschrecken
atacar angreifen
atardecer, el Abenddämmerung
atasco Stau 67
atender bedienen 152
ateo atheistisch
aterrizar landen 78
ático Dachwohnung
atleta, el/la Sportler/in
atracadero Bootsanlegeplatz
atracador/a, el/la Bankräuber/in, Straßenräuber/in; **atraco** Überfall 233
atraer anziehen
atrás zurück, hinten
atrevido gewagt
atropellar überfahren
atún, el Thunfisch 124, 134
aumentar vergrößern
aún noch
aunque obwohl, obgleich, wenn auch
auriculares, los Kopfhörer 175
austral südlich
Austria Österreich; **austríaco** österreichisch
auténtico echt 177
auto Auto; **~bús, el** (Stadt-) Bus 56, 84; **~car, el** (Reise-) Bus 76; **~escuela** Fahrschule 67; **~pista** Autobahn 56, 62; **autovía** Schnellstraße
autoridades, las Behörde, Ämter; **autorizar** genehmigen, bevollmächtigen
¡auxilio! Hilfe! 228
ave, el Geflügel, Vogel 129
avellana Haselnuß 145
avena Hafer
avenida Allee
avería Panne 229
avión, el Flugzeug 77
avisar benachrichtigen; Bescheid sagen 85
avispa Wespe
ayer gestern 27
ayudar helfen 47, 152, 228
ayuntamiento Rathaus
azafata Stewardeß 77
azafrán, el Safran 131
azotea Terrassendach
azúcar, el Zucker 124
azul blau 34
azulejos, los Kacheln 176

B

babero Lätzchen 171
baca Dachgepäckträger
bacalao *(~ seco)* Stockfisch; Kabeljau 134

bache, el Schlagloch
bachillerato Abitur
bagaje, el (Reise-)Gepäck
bahía Bucht
bailar tanzen; **baile, el** Tanz 205
bajar hinuntergehen; aussteigen 58, 85
bajo niedrig, tief; **~, el** *(Musik)* Baß
balcón, el Balkon 96
ballena Wal(fisch)
balneario Bad; Kurort 247
balón, el Ball 184; **~cesto** Basketball 186
banco Sitzbank; Bank 212
banda, ~ de música (Blas-)Musikkapelle
bandeja Tablett
bandera Fahne 180
bañador, el Badeanzug, Badehose 184; **bañar(se)** baden 180; **bañera** Badewanne 106; **bañero** Bademeister 182, 248
baño Bad 96; **~ turco** Dampfbad 248
bar, el Kneipe 115, 120
baraja Spielkarte
barato billig
barba Bart 224
barbacoa Grill
barbero Barbier, Herrenfriseur 223
barca Boot 81; **barco** Schiff 81
barra Stange; *(Kneipe)* Theke
barranco Schlucht
barrer kehren, fegen
barriga Bauch
barril, el Bierfaß 121
barrio (Stadt-) Viertel
barro Ton; Schlamm
barullo Lärm
bastante genügend; **bastar** ausreichen, genug sein; **¡basta!** es reicht!
bastón, el Stock
basura Müll
batería *(Musik)* Schlagzeug; Autobatterie 232
batido Milchmixgetränk 118
bautizo Taufe
bebé, el Baby 171
bebida Getränke 129
beca Stipendium
belleza Schönheit
berberecho Herzmuschel 126, 161
berenjena Aubergine 138, 162
besar küssen; **beso** Kuß
betún, el Schuhcreme
biberón ,el Babyflasche 171
biblioteca Bibliothek
bicho Tier, Ungeziefer
bici, la *(familiär)* (Fahr)Rad 84; **bicicleta** Fahrrad 83
bien (*Adverb*) gut 39
¡bienvenido! willkommen! 40
bigote, el Schnurrbart 224
billete, el Fahrkarte 72; Geldschein 20; **~ de avión** Flugticket 77
bistec, el Steak 136
bisutería Modeschmuck 151
blanco weiß 34; **~ y negro** schwarz-weiß 171
blando weich
blusa Bluse
boca Mund 237, 244
bocadillo belegtes Brot 121, 124
bochorno *(Wetter)* Schwüle 31
bocina Hupe
boda Hochzeit
bodega Weinstube; Weinhandlung 115, 146
bogavante, el Hummer 134, 161
boina Baskenmütze
bolígrafo Kugelschreiber 174, 260
bollo Frühstücksgebäck 122
bolsa Börse; Tüte; Einkaufstasche 153; **bolsillo** *(Kleidung)* Tasche 167; **bolso** Handtasche; Reisetasche 76, 169

bomba Pumpe; Bombe; ~ **de aire** Luftpumpe 82
bomberos, los Feuerwehr 228
bombilla Glühbirne 108
bombona Gasflasche 107
bonito *(Substantiv)* kleiner Thunfisch 135; *(Adjektiv)* hübsch, schön 45, 180
bonobus, el Mehrfahrtenkarte 86
boquerón, el Sardelle 126, 135, 161
bordado bestickt; **bordar** sticken
borracho betrunken
borrar radieren, löschen 174, 263
bosque, el Wald 196
bostezar gähnen
bota Stiefel 168; Weinfaß; Weinbeutel 147, 176
botella Flasche 117
botiquín Verbandskasten
botón, el Knopf 101, 167
bóveda Gewölbe
braga Schlüpfer
brandy, el Weinbrand, Kognak
brazalete Armband; **brazo** Arm 241, 244
brécoles, los Broccoli 138
brillante glänzend 172; ~**, el** Brilliant 178
brindar anstoßen; das Glas erheben
broche, el Brosche 177
broma Scherz, Spaß
bronce, el Bronze
bronceador, el Sonnencreme 170; **broncearse** sich sonnen 184
bronquios, los Bronchien
brújula Kompaß
bruto grob, ungehobelt, dumm
bucear tauchen 185
buen(o) (*Wetter*) schön 32; gut 46; **¡Buenos días!** Guten Tag! 39; **¡Buenas noches!** Guten Abend!, Gute Nacht!; **¡Buenas tardes!** *(nachmittags)* Guten Tag!
bufanda Schal 165
bujía Zündkerze 233
bulto Gepäckstück 79
burlar täuschen, an der Nase herumführen; **burlarse** sich lustig machen
burro Esel
buscar suchen 56
busto Büste
butaca *(Theater)* Parkettplatz
buzón, el Briefkasten 212

C

caballa Makrele 160
caballero Herr 166
caballito de mar Seepferdchen; **caballo** Pferd 187
cabello Haar 169
cabeza Kopf 244
cabina telefónica Telefonzelle 218
cable, el Kabel
cabra Ziege
cacahuete, el Erdnuß 126
cactus, el Kaktus
cada jede(r,s); ~ **uno/a** einzelne(r,s); ~ **vez** jedesmal
cadena Kette 82, 177
cadera Becken
caer(se) fallen
café, el Café 115; Kaffee 117; **cafetera** Kaffeemaschine
caja Kasse; Schachtel 173; ~ **de ahorros** Sparkasse 215; ~ **fuerte** Safe 96, 100
cajero automático Bankautomat 212, 214
cajón, el Schublade
cal, la Kalk
cala (kleine) Bucht
calabacín, el Zuchini 138, 162; **calabaza** Kürbis 162
calamar, el Kalamar 135, 161
calcetín, el Socke 165

calculadora Taschenrechner 260
cálculo Rechnen; ~ **renal** Nierenstein
caldo Brühe 133
calefacción, la Heizung 96; **calentador, el** Boiler; Durchlauferhitzer 95
caliente warm
callado ruhig, still
calle, la Straße 62; **callejón, el** enge Gasse
calmar beruhigen
calor, el Hitze 31
calvo kahl
calzado Schuhwerk
calzoncillo Unterhose
cama Bett
cámara Kammer; *(Foto)* Kamera; ~ **de comercio** Handelskammer 250
camarero Kellner, Ober
camarote, el Kabine, Kajüte 82
cambiar umbuchen 79; *(Geld)* wechseln 212; 213
cambio Wechsel; Wechselkurs 214; ~ **de marchas** *(Auto)* Gangschaltung
caminar wandern; gehen 186; **camino** Weg 56
camión, el LKW 62; **camionero/a** Fernfahrer/in
camisa Hemd 165; **camiseta** T-Shirt 165; **camisón, el** Nachthemd
campana Glocke; **campanario** Glockenturm
campeonato Meisterschaft; **campeón/ona** Meister/in
camping, el Campingplatz 88
campo Feld; Land; ~ **de fútbol** Fußballplatz 185
cancelar stornieren 79
cáncer, el (*Medizin*) Krebs
canción, la Lied
candado (Fahrrad-) Schloß 83
candidato Kandidat
canela Zimt
cangrejo *(Tier)* Krebs 135
cansado müde
cantante, el/la Sänger/in 203; **cantar** singen 202; **cantautor, el** Liedermacher 203
cantidad, la *(Geld)* Betrag, Summe; Menge
caña Rohr; ~ **de pescar** Angel 181
cañada Schlucht, Hohlweg
capaz fähig (*de* zu)
capilla Kapelle 197
capó Motorhaube
caqui, el Kaki
cara Gesicht
caracol, el Schnecke 126
carajillo Espresso mit Kognak
caramelo Bonbon 144
caravana Wohnwagen 110
carbón,el Kohle; ~ **de leña** Holzkohle
cárcel, la Gefängnis
carga Fracht
cariño Zärtlichkeit, Zuneigung, Liebe; **cariñoso** zärtlich, liebevoll, zutraulich
carne, la Fleisch 129, 151, 159
carné de identidad, el Personalausweis 60
carnicería Metzgerei 151
caro teuer 93
carrera *(Bildung)* Studium, Karriere; *(Sport)* Rennen 190
carrete, el *(Foto)* Film 171
carretera Landstraße 62
carta Brief 217; Speisekarte 128; ~**s, las** Spielkarten 209
cartel, el Plakat
cartera Brieftasche 169
cartero Postbote
cartón, el Pappe 154; (*Tabak*) Stange 173

casa Haus; Heim 50, 89; ~ **de labranza** Bauernhof 89
casado verheiratet 43
casco Helm 69
casero hausgemacht 129
casete, el Kassette 175
casi fast 28
caspa (*Haar*) Schuppen
castaño (*Haar*) braun 225
castañuelas, las Kastagnetten
castigar bestrafen; **castigo** Strafe
castillo Schloß; Burg 196
castizo rein, echt
catalizador, el Katalysator
catálogo Katalog 194
catarata Wasserfall 197
cátedra *(Uni)* Lehrstuhl, Lehrfach
catedral, la Kathedrale
católico katholisch 198
caudillo Führer
cava, el Sekt
caza Jagd 186; Wild 136; **cazar** jagen 186
cazuela (Schmor-)Topf
cebada Gerste
cebolla Zwiebel 131, 138
ceja Augenbraue
celebrar feiern 205
cementerio Friedhof
cemento Zement
cena Abendessen 114; **cenar** zu Abend essen 114
cenicero Aschenbecher 142
centeno Roggen
central, la Zentrale, Hauptstelle; ~ **telefónica** Telefonzentrale
céntrico zentral
centro Zentrum 56; ~ **comercial** Einkaufszentrum; ~ **de la ciudad** Stadtmitte
cepillo Bürste 169
cera Wachs
cerámica Keramik
cerca nah 59
cercanías, las nähere Umgebung
cerdo/a Schwein/Sau 136, 159
cereales, los Getreide
cerebro Gehirn
cereza Kirsche 163
cerillas, las Streichhölzer 172
cerrado geschlossen; verschlossen 25; **cerrar** schließen 24
cerro Hügel
cerveza Bier 119
césped, el Rasen; Liegewiese 94
cesta Korb
chabola Hütte, Behausung im Elendsviertel
chalé, chalet, el Ferienhaus, Bungalow
chaleco Weste; ~ **salvavidas** Schwimmweste
champán, el Champagner; Sekt 119, 148
champiñón, el Champignon 126
champú, el Shampoo 169
chaqueta Jacke 165
chelín, el *(Münze)* Schilling 213
cheque, el Scheck 21
chichón, el (*Medizin*) Beule
chimenea Schornstein, Kamin
chincheta Reißzwecke
chiringuito Strandbude 115
chiste, el Witz
chocar zusammenstoßen
chocolate, el Schokolade 117, 208
chófer, el Chauffeur 66
chorizo Knoblauch-Paprika-Wurst 124, 158
chubasco Regenschauer, Platzregen
chuleta Kotelett 136, 159
chulo Zuhälter
chupete, el Schnuller 171
churro in Olivenöl gebratenes Gebäck 124
cicatriz, la Narbe
ciclismo Radsport 82
ciego/a Blinde(r)

cielo Himmel 33
cien hundert 16
ciénaga Moor, Feuchtgebiet
ciencia Wissenschaft; **~s económicas, las** Wirtschaftswissenschaften 45
cigarrillo Zigarette 172
cigüeña Storch
cine, el Kino 199
cinta *(Computer)* Farbband; *(Medien)* Tonband, Kassette; **~ adhesiva** Klebestreifen
cinturón, el Gürtel 169; **~ de seguridad** Sicherheitsgurt 69, 80
ciprés, el Zypresse
ciruela Pflaume 163
cita Verabredung 251
ciudad, la Stadt; **~ de origen** Geburtsort; **ciudadano/a** Bürger/in
clandestino heimlich
claro hell
clase, la Klasse; Sorte 78
clásico klassisch 201
claustro Kreuzgang
clavel, el Nelke
clavo Nagel
claxón, el Hupe
cliente, el Kunde
clima, el Klima 31
clínica Klinik, Praxis
clip, el Büroklammer 260
cobarde feige; **~, el/la** Feigling
cobrar einlösen; kassieren 122, 213
cobre, el Kupfer
coche, el Auto; *(Zug)* Waggon 62, 71, 232; **~-cama** Schlafwagen 71; **~-litera** Liegewagen 72; **~-restaurante** Speisewagen 71
cocer kochen
cocido Eintopfgericht 133
cocina Herd 106; Küche 106; **cocinero/a** Koch/Köchin
coco Kokosnuß
cóctel, el Cocktail
código Code, Chiffreschlüssel; **~ postal** Postleitzahl 43
codo Ellenbogen
cofre, el Truhe
coger nehmen; jmdn. et. abnehmen 58, 257
col, la Kohl 138; **~ de bruselas** Rosenkohl 138; **~ lombarda** Rotkohl
cola Leim; (Warte-) Schlange; *(Tier)* Schweif, Schwanz
colaborar mitarbeiten
colchón, el Matraze 95; **colchoneta** Luftmatraze
colección, la Sammlung
colega, el/la Kollege/in 40, 252
colegio Schule 44
colgante, el Anhänger 177; **colgar** hängen; *(Telefon)* aufhängen; **~ la ropa** die Wäsche (zumTrocknen) aufhängen
cólico *(Medizin)* Kolik
coliflor, la Blumenkohl 138
colina Hügel
collar, el Kette, Halsband 177
color, el Farbe 154
colorado rot
columna Säule
comadrona Hebamme
combate, el Kampf 190
combinación, la Verbindung 71
combustible, el Treibstoff; Benzin 230
comedor, el Eßzimmer; **comer** essen
comerciar handeln 251; vertreiben **comercio** Handel
comestible eßbar; **comida** Essen; Mittagessen 114
comino Kümmel 131
comisaría *(Polizei)* Kommisariat
comisión, la Vermittlungsgebühr; *(Politik)* Ausschuß

comité, el Komitee, Ausschuß
como da, wie; **¿cómo?** wie? 21, 266f; **como si** als ob
cómodo bequem 168
compacto CD 175
compañero/a Kamerad/in; Mitschüler/in; Kollege/in
compañía Gesellschaft; Unternehmen 253; **~ naviera** Reederei 82
comparar vergleichen
compartimento Abteil 72
competencia Kompetenz, Zuständigkeit; Konkurrenz, Wettbewerb
competición, la Wettkampf, Wettrennen, Wettfahrt
completo voll(ständig) 77
comportamiento Verhalten, Benehmen
compra Einkauf; **comprar** einkaufen; kaufen
comprender verstehen, begreifen
compresa Binde 170
comprimido Tablette
comprobar überprüfen 64
común gemeinsam
comunidad, la (soziale) Gemeinschaft; *(Politik)* Körperschaft; **~ de vecinos** Bürgerinitiative
con mit; **¡~ mucho gusto!** sehr gern! 50
concejal/a, el/la (Stadt-)Abgeordnete(r), Gemeinderatsmitglied
concha Muschel
conciencia Gewissen
concierto Konzert 199
conde/esa, el/la Graf/Gräfin
condición, la Bedingung 258
condimento Gewürz 131
condón, el Kondom
conducir lenken, führen; *(Auto)* fahren; **conductor/a, el/la** Fahrer/in 69
conejo Kaninchen 136
conferencia *(Telefon)* Ferngespräch
confesar gestehen
confirmar bestätigen 76, 235
confortable komfortabel 93
confundir verwechseln; **confundirse** sich irren
congelador, el Gefriertruhe, Eisfach
Congreso Kongreß
conocido/a Bekannte(r)
conseguir besorgen 101
conserva Konserve
consigna Parole, Losung; *(Bahnhof)* Gepäckaufbewahrung 73
consolar trösten; **consolarse** sich trösten, über etwas hinwegkommen
constitución, la Verfassung
consulado Konsulat 23
consulta Praxis; Sprechstunde
consumidor/a, el/la Verbraucher/in
contabilidad Buchhaltung 253; **contable, el/la** Buchhalter/in
contagioso ansteckend 242
contaminación, la Verschmutzung
contar zählen; erzählen
contenido Inhalt
contento zufrieden 257
contestador automático, el Anrufbeantworter 223; **contestar** antworten 219
contra gegen 236
contrabando Schmuggel
contraindicación, la Gegenanzeige 237
contrato Vertrag 254
control, el Kontrolle 78
convenir übereinkommen; verabreden 254
convento Kloster
conversación, la Unterhaltung, Gespräch
cooperar zusammenarbeiten; **cooperativa** Genossenschaft

copa Weinglas, Weinkelch 116
copia Kopie 259
coral, el Koralle
corazón, el Herz 243
corbata Krawatte 166
corcho Kork
cordero Lamm 136, 159
cordillera Bergkette, Gebirge
cordón, el Schnur
coro Chor 201
corona Königreich; Krone 246
correcto höflich, korrekt, makellos
correo Post; ~ **electrónico** E-Mail 262, **~s** Post 212
correr rennen
correspondencia Korrespondenz; (*Zug*) Verbindung 71
corrida Lauf; Stierkampf 207
corriente, la Strom, Strömung 181
cortado Espresso mit Milch 117
cortar schneiden 224; **corte, el** Schnitt 224
Cortes, las Königshof und beide Kammern des Parlaments
cortina Vorhang
corto kurz 165; **~metraje, el** Kurzfilm
cosa Ding, Sache
cosecha Ernte
coser nähen 101
costa Küste
costar kosten 20; ~ **caro** teuer sein; **coste, el** Kosten 258
costilla Rippe
costumbre, la Sitte; Gewohnheit
cotidiano täglich
coto *(Jagd)* Revier
crear schaffen, erschaffen, kreieren
creer glauben 52
crema Creme 170
cremallera Reißverschluß 167
crepúsculo Dämmerung, Sonnenuntergang
crimen, el Verbrechen
crío/a Säugling
cristal, el *(Material)* Glas 154
croqueta Krokette 126, 137
cruce, el Kreuzung 57; **crucero** Kreuzfahrt 81; **crucigrama, el** Kreuzworträtsel
crudo roh 130
cruz, la Kreuz; Kruzifix 197; **cruzar** über-, durchqueren 58
cuaderno Heft 174
cuadro Bild 194; Viereck
¿cuál? welche(r)? 266f
cualquier/a irgendeine(r,s)
cuando (*zeitlich*) als; (*Kondition*) wenn; **¿~?** wann? 27, 266f
¿cuánto? wieviel? 20, 266f; **¿~ tiempo?** wie lange? 77
cuarto (*Zahl*) Viertel 18
cuba libre, el Cola mit Rum 120
cubierta Deck 81
cubierto(s), el/los Besteck 107
cubo de basura Mülltonne 105
cuchara Löffel 107, 142
cuchillo Messer 107, 142
cuello Kragen 167
cuenta Rechnung 21; ~ **corriente** Girokonto 215
cuento Geschichte; Märchen
cuerda Seil 230
cuero Leder 154, 169
cuerpo Körper
cuesta Hang, Anhöhe
cuestión Frage; Problem
cueva Höhle 196
cuidado Sorgfalt, Fürsorge; **¡~!** Achtung! 228; **cuidar** pflegen, aufpassen 182
culpa Schuld 47, 229
cultivar anbauen
culto gebildet
cuñado/a Schwager/Schwägerin
cúpula Kuppel
cura, el Pfarrer
cura, la Kur; ~ **termal** Badekur

curiosidad, la Neugier, Neugierde
curso Kurs, Lehrgang
curva Kurve
cuyo/a dessen, deren

D

dado Würfel
dama Dame
danza Tanz; **danzar** tanzen
daño Schaden, Verletzung; **hacerse ~** sich weh tun
dar geben
de von; **~ ... a** von ... bis 27; **¡~ nada!** keine Ursache! 46; **~ paso** auf der Durchreise 61; **~ verdad** wirklich
debajo unter 58
deber müssen; *(Geld, Dank)* schulden, schuldig sein
débil schwach 239
decaer herunterkommen, verfallen
decir sagen 271
declarar erklären 234; verzollen 61
dedo *(Hand)* Finger; *(Fuß)* Zeh
defender verteidigen, schützen
degustación, la Weinprobe 147; **degustar** kosten, probieren
dejar lassen 65, 222; **~ en paz** in Ruhe lassen 54
delante de (*örtlich*) vor 58
delicioso köstlich 51
demanda Nachfrage
demasiado zuviel; zu sehr
demora Verzögerung, Verspätung; **demorar** verschieben
dentadura Gebiß
dentista, el/la Zahnarzt/ärztin 246
denuncia Anzeige 235
depender abhängen
depilarse enthaaren
deporte, el Sport
depositar hinterlegen 100
deprisa schnell 69
derecho rechte(r); **a la derecha** rechts 57; **derechos de aduana, los** Zollgebühren 258
dermatólogo Hautarzt
desagradable unangenehm, unerfreulich; **desagradar** mißfallen
desagüe, el Abfluß 95
desaparecer verschwinden; **desaparición, la** Verschwinden
desayunar frühstücken 101; **desayuno** Frühstück 90, 114, 122
descanso Pause 200
descapotable, el Kabrio 66
desconfiado mißtrauisch; **desconfiar** kein Vertrauen haben (*de* in)
describir beschreiben; **descripción, la** Beschreibung
descuento Ermäßigung; Preisnachlaß 193
desde *(zeitlich)* seit 28;(*örtlich*) ab; **~ hace** seit 28
desear wünschen 152
desesperación, la Verzweiflung
desfile, el Umzug, Festzug 205
desgracia Unglück; Unfall; **por ~** leider
desierto unbewohnt, leer; **~, el** Wüste
desmayarse ohnmächtig werden 240
despacho de equipajes Gepäckabfertigung 75
despacio langsam 38, 68
despegar abheben, starten
despertador, el Wecker; **despertar** wecken 101
después de *(zeitlich)* nach 22
destinatario Empfänger; **destino** Ziel 74
destornillador, el Schraubenzieher
desviación, la Umleitung 68
desvío Abzweigung; Umleitung
detalle, el Detail 254

detergente, el Waschmittel
deteriorar beschädigen
detrás de hinter 58
devolver zurückgeben 156, 214
día, el Tag 25
diabético, el Diabetiker 141
diagnóstico Diagnose
diamante, el Diamant 178
diapositiva Dia 171
diario täglich 28; Tageszeitung 173
diarrea Durchfall 236
diccionario Wörterbuch 174
diente, el Zahn 246
dieta Diät 248
¡diga! *(am Telefon)* Hallo! 221
dinero Geld 21; ~ **suelto** Kleingeld 21
dirección, la Adresse; Richtung 43
directo direkt 71
director/a, el/la Leiter/in; Direktor/in 251, 252; ~ **de escena** Regisseur
dirigir leiten; **dirigirse** sich begeben 80
disco Schallplatte 175; ~**teca** Diskothek 208, 209
disculpar entschuldigen 222; verzeihen 95
disolver auflösen 237, 238
disposición, la Verfügung 99, 259
disquete, el Diskette 261
distancia Entfernung 59
distorsión, la *(Medizin)* Verstauchung
docena Dutzend 19
documentación, la Ausweispapiere 43; ~ **del coche** Fahrzeugpapiere 69
doler schmerzen; weh tun 239
dolor , el Schmerz 239; ~ **de muelas** Zahnschmerzen 246
domicilio Wohnort 43
domingo Sonntag 26
¿dónde? wo? 56, 266f
dorada Goldbarsch 161
dormir schlafen
dormitorio Schlafzimmer 106
droga Droge 208
ducha Dusche 90; **duchar** duschen 111
dudar bezweifeln 52
dueño Besitzer 105
dulce süß 146
durar dauern 59
duro hart 141

E

echar werfen, schleudern; *(Arbeit)* entlassen, feuern; *(Film)* geben, zeigen; ~ **de menos** vermissen
ecología Ökologie
economía Wirtschaft; **económico** günstig 93
edad, la Alter 43
edificio Gebäude
educación, la Erziehung; *(Kultur)* Bildung
ejemplo Beispiel; **por** ~ zum Beispiel
el *(Artikel)* der 268
él *(Pronomen)* er 277; **de** ~ ihm; **a** ~ ihn, ihm; **para** ~ für ihn
elecciones, las *(Politik)* Wahlen
electricidad, la Strom 108
elegante elegant 153
elegir wählen; auswählen 140
ella *(Pronomen)* sie 277; ~**s** *(Plural)* sie; **de** ~ ihr; **a** ~ sie, ihr
ello *(Pronomen)* es
ellos *(Pronomen, Plural)* sie 277, **a/de** ~ ihnen
elogio Lob
embajada Botschaft 23, 228
embalse, el Stausee
embarazada schwanger 241
embotellado *(in Flaschen)* abgefüllt 147

embotellamiento *(Auto)* (Verkehrs-)Stau
embrague, el Kupplung 232
embutido Wurst 124, 151, 158
emergencia Notfall 230
emigrante, el/la Einwanderer/Einwanderin
emisora *(TV, Radio)* Sender
emoción, la Emotion, Aufregung; **¡qué ~!** wie aufregend!
empanada gefüllte Teigtasche 126
empaquetar einpacken, verpacken
empaste, el *(Zahn)* Plombe 246
empezar anfangen; beginnen; **~ a leer** anfangen zu lesen
empleado/a Angestellte(r) 252
empresa Betrieb; Unternehmen 251, 253
empujar drücken, anschieben 231
en in; an; auf 58; **~ ayunas** nüchtern; auf nüchternen Magen 238; **~ efectivo** *(Geld)* bar 21; **~ punto** *(Uhrzeit)* punkt 22
enamorado verliebt; **enamorarse** sich verlieben
encajes, los Spitze
encantado entzückt, begeistert; **¡~!** angenehm! 40; **encantar** sehr mögen 53
encargado/a Zuständige(r) 251
encargar vorbestellen
encendedor, el Feuerzeug; **encender** anmachen 109
enchufe, el Stecker 108
encías, las Zahnfleisch 247
encima de auf; über 58
encoger eingehen; einlaufen 165
encontrar finden; **~se** sich treffen 49
enfermedad, la Krankheit 241; **enfermero/a** Krankenpfleger/in; **enfermo** krank
enfrente de gegenüber 58
enfriar kühlen
¡enhorabuena! Glückwunsch! 48
enjuagar *(Mund)* spülen 247
ensalada Salat 129
enseguida sofort; gleich 28, 257
enseñar zeigen 105
entender verstehen 37
entrada Einfahrt 63; *(billete)* Eintrittskarte 101
entrar hineingehen
entre zwischen 58
entregar abgeben 67; aushändigen; übergeben 105
entremeses, los Vorspeisen 129
entretanto zwischenzeitlich 99
enviar schicken 217; **~ por fax** faxen 259
envolver einpacken 153; verpacken
época Epoche 176, 195
equipaje, el Gepäck 75; **~ de mano** Handgepäck 79
equivocarse sich irren 52, 222
erizo Igel; **~ de mar** Seeigel 181
error, el Fehler 143
escalar klettern 186
escalera Treppe 105
escalofrío Schüttelfrost
escalope, el Schnitzel 136, 159
escaparate, el Schaufenster 152
escote, el Ausschnitt 167
escribir schreiben
escuchar hören 201
escuela Schule; **~ de esquí** Skischule
ese, esa, eso diese(r, s) 278
esmeralda Smaragd
esófago Speiseröhre
España Spanien; **español** spanisch; **español/española** Spanier/in;
esparadrapo Pflaster 236
espárrago Spargel 138, 162
especial speziell; spezial; **especialidad, la** Spezialität 129; **especialista, el/la** Spezialist/in

espectáculo Veranstaltung 208, 209; Show; **espectador/a, el/la** Zuschauer/in 204
espejo Spiegel
esperar (er-)warten 49; warten 86
espina *(Fisch)* Gräte 160
espinacas, las Spinat 138, 162
esponja Schwamm
espray, el Spray
espuma de afeitar Rasierschaum 170
esquiar skifahren 185, 187
esquina Ecke 57
estación, la Bahnhof 70; **~ de metro** U-Bahn-Station 85; **~ de servicio** Tankstelle 64; **estacionar** parken 66
estadio Stadion 188
estado civil Familienstand 43
estafa Betrug
estampado gemustert 167
estancia Aufenthalt 93, 234
estanco staatlicher Tabakladen 150, 172
estanque, el Teich
estar sein; sich befinden 39, 56, 271, 276; **~ de moda** „in" sein 175
este, esta, esto diese(r, s) 278
este, el Osten 34
esterilla Strandmatte 183
estimado geschätzte(r) 235
estómago Magen 239
estrecho eng 167
estrella Stern; *(Person)* Star; **~ de mar** Seestern
estreno Premiere 200
estreñimiento *(Medizin)* Verstopfung 236
estufa Heizgerät
excursión, la Ausflug, Tour 185
existir existieren 223
éxito Erfolg 48
explicar erklären 259
exportar exportieren 251
exposición, la Ausstellung 193; **expositor, el** Aussteller 264
expulsar vertreiben
exterior außen
extranjero *(Person)* Ausländer; *(Land)* Ausland 216
extrañar vermissen

F

fábrica Fabrik
fabuloso phantastisch
fachada Fassade
fácil einfach, leicht; möglich
factura Rechnung 21; **facturación, la** (*Flug*) Check-in 78; **facturar** *(Reise)* aufgeben 76
faena Arbeit
falda Rock 166
faltar fehlen 95, 141
familia Familie
fanfarrón/ona, el/la Angeber/in
farmacia Apotheke
faro Leuchtturm
fatiga Mühe; Müdigkeit
favor, el Gefälligkeit, Gefallen 46, 259
fax, el Faxgerät 259, 260; Faxschreiben
fe, la *(Religion)* Glaube; Vertrauen; **persona de buena ~** redliche Person; **de mala ~** böswillig; *(Jura)* **dar ~ de** beglaubigen
febrero Februar 26
fecha Datum 29; **~ de nacimiento** Geburtsdatum 43
felicidad, la Glück; **¡felicidades!** herzlichen Glückwunsch! 48; **felicitación, la** Gratulation 48; **felicitar** gratulieren; **feliz** glücklich, froh 48
felpa Plüsch
femenino weiblich

feo häßlich; gemein; **la cosa se está poniendo fea** die Sache wird langsam unangenehm
feria Messe 263; ~ **monográfica** Fachmesse 264
festejar feiern
festivo Feiertag 26
fiambre, el Aufschnitt
fianza Kaution
ficha Formular 99; Jeton 111
fideo dünne Fadennudel 129
fiebre, la Fieber
fiel treu
fiesta Fest 205
fijador, el (Haar-) Festiger 226
fila Reihe
filete, el dünne Fleischscheibe 136
filosofía Philosophie
filtro Filter 172, 232
fin, el Ende; ~ **de semana** Wochenende 26
finca Grundstück
fino trockener Sherry 148
firma Unterschrift; Firma
física Physik
fisioterapeuta, el/la Krankengymnast/in 248
flaco dürr, mager
flan, el Karamelpudding 139
flash, el *(Foto)* Blitzlicht 172
flauta Flöte
flequillo *(Haar)* Pony 225
flirteo Flirt
flor, la Blume 150
flotador, el Schwimmring 184
fogata Lagerfeuer
fogón, el Herd
follar *(vulgär)* ficken
folleto Prospekt 192, 264
follón, el *(familiär)* Durcheinander, Wirbel
fonda Gasthof 89
forrado *(Kleidung)* gefüttert 167
fortaleza Festung 196
fotocopiadora Fotokopierer 259, 260; **fotografía** Foto 171
fractura Bruch
fraile, el Mönch
franco *(Münze)* Franken 213
franela Flanell
franquear frankieren
freír braten
freno Bremse 82, 232; ~ **de alarma** Notbremse 75
frente Stirn
fresa Erdbeere 139, 163
fresco frisch 141
frigorífico Kühlschrank 106
frío *(Adjektiv)* kalt; *(Substantiv)* Kälte 31
frito fritiert; in Öl gebraten 130
frontera Grenze
fruta Obst 139, 163
fue *(Vergangenheit von sein)* er ging/war 273
fuego Feuer 228, 47; **~s artificiales, los** Feuerwerk 205
fuente, la Quelle
fuerte stark, fest 181
fumador, el Raucher 72; **fumar** rauchen
función, la Vorstellung 199
funcionar funktionieren 95, 259
funcionario/a Beamter/in
funda Hülle
fusible, el Sicherung 108
fútbol, el Fußball 185, 191
futuro Zukunft

G

gabardina Regenmantel
gabinete, el *(Politik)* Kabinett
gafas, las Brille 178; ~ **de buceo** Taucherbrille 189; ~ **de sol** Sonnenbrille 178
gaita *(in Galizien)* Dudelsack

galán gutaussehender Mann; Verehrer
galería Galerie 191; (*Theater*) Balkon 200
gallina Huhn, Henne; **carne de ~** Gänsehaut; **~, el** Feigling
galleta Keks 144
gallo Hahn
gamba Krabbe 126, 135, 161
gana Lust; **no me da la ~** ich habe keine Lust; **tener ~s de** Lust haben zu
ganadería Viehzucht
ganancia Gewinn; **ganar** gewinnen 191
gancho Haken
ganga Gelegenheitskauf
garaje, el Garage 65, 97
garantía Garantie
garbanzo Kichererbse 138, 162
garganta *(Körper)* Kehle; *(Geographie)* Schlucht
garrafa Karaffe 117
gas, el Gas 106, 107; Kohlensäure 118
gasa Mull
gaseosa klare Zitronenlimonade 118
gasoil, el Diesel 63; **gasolina** Benzin 63; **gasolinera** Tankstelle 64
gastar ausgeben 155; **gastos, los** Ausgaben, Kosten
gato Katze, Kater 98; *(Auto)* Wagenheber 230
gaviota Möwe
gazpacho kalte Tomatensuppe
gel,el Gel; **~ de ducha** Duschgel 169
gemelos, los Manschettenknöpfe; Zwillinge
gente, la Leute; Volk
genuino echt, unverfälscht
geografía Geographie 45
gerente, el Geschäftsführer 252
germánicas (filologías ~), las Germanistik
gesto Miene, Gesichtsausdruck; Geste
gestoría Agentur zur (raschen) Erledigung behördlicher Formalitäten
gilipollas, el/la *(vulgär)* Schwachkopf, Idiot
gimnasio Fitneßcenter 188
ginebra Gin 119
girar abbiegen 58; **girarse** sich umdrehen
girasol, el Sonnenblume
giro Überweisung 215, 217, 235
gitano/a Zigeuner/in
globo Luftballon; Ballon; **~ terráqueo** Erdkugel
glotón, el Vielfraß
gobierno Regierung
¡gol! Tor!
goma Gummi
gota Tropfen 237
gracias danke 46
granate rubinrot
grande groß 280
granja Bauernhof
graso fettig 141
grave schwer; schwerwiegend 230
grifo Wasserhahn 95
gripe, la Grippe
gris grau 34
grosellas, las Johannisbeeren
guante, el Handschuh 165
guapo schön, hübsch, gutaussehend 54
guardar speichern 263
guardarropa, el Garderobe 200
guardia, el Polizist; Grenzbeamter
guarnición, la Beilage 129
guía, el *(Person)* Fremdenführer 199; **~ (turística), la** *(Buch)* Reiseführer 174

guisante, el Erbse 138, 162
guiso Eintopf
guitarra Gitarre 176
gusano Wurm
gustar gefallen; schmecken 53; **gusto** Geschmack

H

haba Bohne(nfrucht)
haber *(Hilfsverb)* haben, sein; *(unpersönlich)* es gibt, es sind, es ist
hábil geschickt; fähig; **día ~, el** Werktag
habitación, la Zimmer 88; **~ doble** Doppelzimmer 90; **~ individual** Einzelzimmer 96
habitante, el Einwohner
hablar sprechen 37, 22
hace (*Wetter*) es ist 31; *(Zeit)* vor
hacer machen, tun; *(Wetter)* es ist 31; **~ daño** weh tun 224; **~ escala** anlaufen; zwischenlanden 81; **~ trasbordo** umsteigen 71
hacia *(Richtung)* nach, zu; **~ arriba/abajo** nach oben/unten; *(Zeit)* gegen
hacienda Finanzamt
halagar schmeicheln
halcón, el Falke
hallar encontrar; **hallazgo** *(Tat)* Entdeckung; *(Gegenstand)* Fund
hamaca Hängematte 183
hambre, el Hunger
hamburguesa Hamburger 125
harina Mehl 157
hasta bis 41
hay *(Form von haber)* es gibt
hecho gemacht 154, 176, 272; **~ a mano** handgemacht 176
heladería Eisdiele 115; **helado** Eis 139, 145
hembra *(Fauna)* Weibchen; *(vulgär)* Frau, Weib
hemorragia Blutung
hepatitis, la Leberentzündung
herida Wunde; **herido** verletzt 229
hermano/a Bruder/Schwester; **~s, los** Geschwister; **~ gemelo** Zwillingsbruder
hermoso schön, hübsch; **hermosura** Schönheit
héroe, el Held
herramienta Werkzeug
hielo Eis
hierba Gras, Kraut; *(familiär)* Marihuana; **~s medicinales, las** Heilkräuter; **mala ~** Unkraut
hierro Eisen
hígado Leber 234
higo Feige 163; **~ chumbo** Kaktusfeige
hilo Faden
hincha, el/la Fan, Anhänger/in
hinchado geschwollen 239
hinojo Fenchel 138, 71
híper, hipermercado, el Großmarkt, Supermarkt
hipermétrope weitsichtig 178
hipódromo (Pferde)Rennbahn
hipopótamo Nilpferd
historia Geschichte; **~ del arte** Kunstgeschichte 45
hogar, el Feuerstelle; Heim
hoja Blatt
¡hola! hallo! 39
hongo (*Medizin*) Pilz
hora Stunde 22; **~s de apertura** Öffnungszeiten 25
horchata Erdmandelmilch 118
hormiga Ameise
horno Ofen 130
hospital, el Krankenhaus 228, 238, 245
hospitalidad, la Gastfreundschaft
hostal, el Gasthof; kleines Hotel 89

hoy heute 27
huelga Streik
hueso Knochen
huevo Ei 123

I

ictericia Gelbsucht
ida y vuelta (*Reise*) hin und zurück 72
idea Idee; Absicht; Kenntnis; **no tener ni ~** keine Ahnung haben
idear *(Plan)* ausdenken
idílico idyllisch
idioma, el Sprache 214
ídolo *(Religion)* Götze; Abgott, Idol
iglesia Kirche 197
ignorancia Unwissenheit; **ignorar** nicht wissen, ignorieren
igual gleich; ähnlich; **al ~ que** genauso wie; **~mente** gleichfalls 41
ilegal ungesetzlich
iluminación, la *(Licht)* Beleuchtung, Erhellung; *(Erklärung)* Erläuterung
imaginable vorstellbar; **imaginación, la** Phantasie; Einbildung; **imaginar** sich einbilden; sich einfallen lassen; sich ausdenken; **imaginarse** sich vorstellen; **¡imagínate!** stell dir vor! 52
imbécil schwachsinnig; **~, el/la** Dummkopf
imitación, la Nachahmung, Imitation
impar ungerade; einzigartig; **número ~** ungerade Zahl
imperdible, el Sicherheitsnadel
imperdonable unverzeihlich
imponente eindrucksvoll, beeindruckend, toll
importancia Wichtigkeit, Bedeutung; **darse ~** angeben
importar importieren 251
importe, el Betrag 213
imposible unmöglich
imprescindible unentbehrlich
impresión, la Eindruck 52; **impresionante** eindrucksvoll 46
impresora Drucker 261; **imprimir** drucken 263
impuesto Steuer
incidente, el Zwischenfall, Streit
incluir beinhalten 90
incómodo unbequem 168
industria Industrie
infantil kindlich; Kinder- 171
infección, la Infektion 242
inflación, la Inflation
información, la Information; Auskunft 223
infracción, la Verstoß 69
infusión, la Kräutertee 117
inhalar inhalieren
inscribirse sich anmelden; sich einschreiben 185; **inscripción, la** Inschrift; Anmeldung, Einschreiben
insecticida, el Insektenspray; **insecto** Insekt 236
insertar einführen; hineinstecken 221
insolación, la Sonnenstich 242
insoportable unerträglich 95
instrucción, la Anweisung; Gebrauchsanleitung 105, 221
intención, la Absicht, Plan
interés, el Interesse; **interesante** interessant 45; **intereses, los** *(Handel)* Zinsen
interior innen
intermitente, el Blinker
intérprete, el/la Dolmetscher/in 37; 44
interruptor, el Schalter 108
interurbano zwischen Städten; Inlands- 102
intoxicación, la Vergiftung 242
invierno Winter 31

invitación, la Einladung 50; **invitar** einladen 50
inyección, la Spritze 242
ir gehen; sich fortbewegen; fahren 56, 271; **~ a + inf.** *(Zukunft)* werden + Inf 271; **~ a pie** laufen, zu Fuß gehen 56; **~ al colegio** zur Schule gehen 44; **~ en tren** mit dem Zug fahren 56; **irse** weggehen
isla Insel
itinerario Route 193
izquierdo linke(r); **a la izquierda** links 57

J

jabón, el Seife 169
jaleo Aufruhr; Streit; **armar ~** Krach machen; **meterse en un ~** sich in die Nesseln setzen; **tener un ~ con alguien** mit jemandem streiten
jamás nie, niemals
jamón, el Schinken 123, 159
jaqueca Migräne
jarabe, el Sirup, Saft 237
jarana (Feten-) Lärm, Trubel
jardín, el Garten 194; **jardinero/a** Gärtner/in
jarro Kanne; **jarrón, el** Blumenvase
jefatura (obere) Behörde; **~ de policía** Polizeipräsidium
jefe, el Chef, Leiter 250, 252
jerez, el Sherry 148
jersey, el Pullover 153, 165
jeringuilla kleine Spritze
jinete, el Reiter
jornada *(Zeit)* Tagesverlauf; *(Arbeit)* Arbeitstag
jorobar *(familiär)* nerven, auf die Nerven gehen; zerstören, kaputtmachen
joven jung 146
joyas, las Schmuck 152; **joyería** Juwelier 152, 177
jubilado/a Rentner/in 44
judías, las Bohnen 162
juego Spiel
juerga Feier, Fete; **estar de ~** feiern, ausgehen
jueves, el Donnerstag 26; **Jueves Santo** Gründonnerstag
juez, el Richter
jugar spielen 184, 271; **juguete, el** Spielzeug 152
jugo Saft
juicio Urteil
julio Juli 26
jungla Dschungel
junio Juni 26
junta Dichtung 232
junto a neben, an
juntos gemeinsam, zusammen 49
justicia Gerechtigkeit; **justo** gerecht
juventud, la Jugend
juzgado Gericht

K

kilogramo Kilogramm
kilómetro Kilometer 18
Kleenex Tempo-, Papiertaschentuch

L

la *(Artikel)* die 268; *(Pronomen)* sie, Sie; es, ihn 277
labio Lippe
laborable, el Werktag 26
laca Haarspray 226
lado Seite; **al ~ de** neben; **al ~** nebenan; **por otro ~** andererseits

ladrar bellen
ladrillo Ziegelstein
ladrón, el Dieb 228
lago, el See 180
lágrima Träne
laguna Lagune
lamentar bedauern, beklagen
lámpara Lampe
lana Wolle 166
lancha Boot, Barkasse
langosta Languste 135, 161
lápiz, el Bleistift 174, 260
largo lang 165
laringe, la Kehlkopf
lástima Bedauern, Mitleid; **dar ~** Mitleid erregen, leid tun; **¡qué ~!** wie schade!
lata Dose 116, 157
laurel, el Lorbeer 131
lavadero Waschplatz 111; **lavado automático** Waschanlage 64; **lavadora** Waschmaschine 104, 106
lavanda Lavendel
lavandería Wäscherei; Reinigung 226; **lavar** waschen; **lavado en seco** Chemische Reinigung 226; **lavavajillas, el** Geschirrspüler 106
laxante, el Abführmittel
leche, la Milch 117, 158
lechón, el Spanferkel
lechuga grüner Salat 134
leer lesen
legal rechtmäßig, legal, gesetzlich
legumbre, la Hülsenfrucht, Gemüse
lejos entfernt 59
lengua Sprache 45; 198; Zunge 244; **lenguado** Seezunge 135, 161
lentejas, las Linsen 162
lentillas, las Kontaktlinsen 178
león/ona el/la Löwe/in
lesión, la Verletzung
letra Buchstabe; (Hand-) Schrift; (Lied-) Text
letrero Schild
levadura Hefe
levantarse aufstehen
ley, la Gesetz; (Spiel-) Regel
libertad, la Freiheit
libre frei
librería Buchhandlung; **libro** Buch 150, 174
licor, el Likör; hochprozentiges Getränk 119
líder führend; **~, el** Führer 251
liebre, la Hase
ligero leicht; „light“ 141, 146
lima Feile
limón, el Zitrone 117, 131, 145; **limonero** Zitronenbaum
limpieza Reinigung 90
línea Linie 85; *(Telefon)* Leitung 219; **~ aérea** Fluggesellschaft 77
lino Leinen 166
linterna Taschenlampe 112
líquido flüssig
liso glatt 225
lista de precios Preisliste 258
listo fertig 99, 172
litera Etagenbett
litoral, el Küstenstreifen
llamada Aufruf 80; **llamar** (an)rufen; **llamarse** heißen 42
llanta Felge
llave, la Schlüssel 95; **llavero** Schlüsselanhänger 169
llegar ankommen 71
lleno voll
llevar tragen; **~ consigo** mit sich führen 54, 57; **llevo tres días aquí** ich bin drei Tage hier
llover regnen 31; **lluvia** Regen 33
lobo Wolf
localidad, la Örtlichkeit; *(Theater)* Eintrittskarte 191

loción de afeitar, la Aftershave 170
loco verrückt, närrisch
lomo Filet 124
lugar, el Ort, Platz, Stelle; Stätte; ~ **conmemorativo** Gedenkplatz
luna Mond 33
lunes, el Montag 26
luz, la Licht 95, 233

M

maceta Blumentopf
machista chauvinistisch, machohaft
madera Holz 154
madrastra Stiefmutter
madre, la Mutter; **madrina** Patin
madrugada Tagesanbruch
maduro reif
magdalena Ei-Biskuit-Gebäck; Madeleine 143
magistrado/a Richter/in
magro mager
maíz, el Mais
majo schön, hübsch
mal(o) schlecht, schlimm, übel; **mala suerte, la** Pech 47
maldecir verfluchen, lästern
malentendido Mißverständnis
maleta Koffer 76; **maletín, el** Aktenkoffer 169
maltratar mißhandeln
mama *(vom Tier)* Euter; *(von Frau)* Brust
mamá Mama, Mutti
mañana morgen 27; **~, la** Vormittag, Morgen 25
manantial, el Quelle
mancha Fleck 226
mandar befehlen, anordnen; schicken, senden
mandíbula Kiefer
manera Art, Weise
manga Ärmel 167
mango *(Frucht)* Mango; *(von Pfanne)* Griff , Stiel
manguera Schlauch
manifestación, la Demonstration
manjar, el Delikatesse
manosear befummeln, betasten
mansión, la Villa
manta Decke 176
mantequilla Butter 123
mantón, el Schultertuch 176
manzana Apfel 163
mapa, el Landkarte 174
maquillaje, el Make-up 170
mar, el Meer
maravilloso wundervoll 53
marcapasos, el Herzschrittmacher 78, 241
marcar *(Telefon)* wählen 102, 221
marcharse weggehen 92
marea, ~ alta Flut 181; **~ baja** Ebbe 181
mareado schwindelig; betrunken 239; **mareo** Seekrankenheit
marfil, el Elfenbein
marido Ehemann 40
mariposa Schmetterling
marisco Meeresfrüchte 129, 151
mármol, el Marmor
marrón braun 34
martes, el Dienstag 26
martillo Hammer
más mehr 279f
masaje, el Massage 248; **masajista, el/la** Masseur/in 248
masticar kauen 238
mate *(Foto)* matt 172
matrícula *(Auto)* Kennzeichen, Nummernschild 69
mausoleo Mausoleum
mechero Feuerzeug 172
medicamento Medikament 236; **medicina** Medizin 45; **médico/a** Arzt/Ärztin 228, 238, 239, 245

medida Maßnahme; **~ de seguridad** Sicherheitsmaßnahme
medio mittel; in der Mitte 73; halb 18; **~, el** Mitte; **~día, el** Mittag 25
medir messen
medusa Qualle 181
mejilla Backe
mejillón, el Miesmuschel 126, 135, 161
melocotón, el Pfirsich 139, 163
melón, el Melone 139, 163
membrillo Quitte
menos weniger; minus; (*Uhrzeit*) vor 22
mensaje, el Nachricht 100, 222, 223; **mensajería** Kurierdienst
menta Pfefferminze 131
mentón, el Kinn
menú, el Menü; Speisekarte 129
mercado Markt; **mercancía** Ware 258
merienda Vesper 114
merluza Seehecht 135, 161
mermelada Marmelade 123
mes, el Monat 26, 27
mesa Tisch 106, 128
mesón, el rustikales Restaurant 115
metal, el Metall 154
metro U-Bahn 56, 84; Meter 18
mezquita Moschee 197
microondas, el Mikrowellenherd
micrófono Mikrofon 259
miel, la Honig 123
miércoles, el Mittwoch 26
mierda Scheiße; **¡~!** Scheiße!
mil tausend 17; **millón, el** Million 17
mina Mine
minusválido/a Behinderte(r) 193
miope kurzsichtig 178
mirador, el Aussichtspunkt 196; **mirar** (nach)schauen 64
misa Gottesdienst 197
mitad, la Hälfte 157
mixto gemischt 134
mochila Rucksack 76
moda Mode
modem, el Modem 261
moderar mäßigen
módico mäßig, gering
modificar ändern
modista Schneiderin
molestar stören
molido gemahlen
monasterio Kloster 197
moneda Währung 213; Münze 20; **monedero** Portemonnaie 233
monja Nonne
montaña Berg
montar aufbauen 264; **~ a caballo** reiten 187
montura Brillengestell 178
monumento Sehnswürdigkeit; Denkmal 193
mora Brombeere; **morado** violett 34
mordisco Bißwunde
morir sterben
mosca Fliege; Mücke; **mosquito** Stechmücke
mostaza Senf 125, 131
mostrar zeigen 168
moto, la Motorrad 62, 66
motor, el Motor 232
mover bewegen 241
mozo junger Mann; Gepäckträger 75
mucho viel
muebles, los Möbel 151
muela Zahn 246; Backenzahn
muestra Muster 258
mujer, la (Ehe-) Frau 40
muletas, las Krücken
multa Strafzettel 69
muñeca/o Puppe; **muñeca, la** Handgelenk
muralla Stadtmauer 196

músculo Muskel
museo Museum 195
música Musik 45, 202
muy sehr

N

nacer geboren werden; *(Fluß)* entspringen
nacionalidad, la Nationalität 43
nada nichts 267
nadar schwimmen 181
nadie niemand 267
naipe, el Spielkarte
nariz, la Nase
naranja orange 34; **~, la** Orange 163; **naranjo** Orangenbaum
narración, la Erzählung
nata Sahne 139, 144
nativo/a Eingeborene(r)
náuseas, las Übelkeit
navaja Taschenmesser; **~ de afeitar** Rasiermesser
navidad, la Weihnachten 30
necesitar brauchen
negociar verhandeln 254
negro schwarz 34
nene/a, el/la Baby, Kleinkind
nervio Nerv
neumático Reifen 232
nevar schneien
nevera Kühlschrank 106
niebla Nebel 31, 34
nieto/a Enkel/in
nieve, la Schnee 33
ningún, ninguno/a kein(e, er) 267
niñez, la Kindheit
niño/a Kind, Junge/Mädchen
no nein, nicht 36, 267; **¡~ me digas!** Was du nicht sagst! 52
noche, la Nacht, Abend 25
nombre, el Vorname 43
norte, el Norden 34
nos uns 277
nosotros wir 277
noticia Nachricht
novedad, la Neuigkeit, Neuheit
novela Roman; **~ policíaca** Kriminalroman
noviembre, el November
novio fester Freund 40, 54; Bräutigam
nube, la Wolke 33
nuera Schwiegertochter
nuestro/a unser/e 277f
nuevo neu
nuez, la Walnuß 145
número Nummer 16; Schuhgröße 167; Zahl 16; **~ de teléfono** Telefonnummer 43
nunca nie 28, 267
nupcias, las Hochzeit

O

o oder
obedecer gehorchen, Gehorsam leisten
obispo Bischof
objetivo Objektiv; Ziel, Zweck; **~ gran angular** *(Foto)* Weitwinkelobjektiv
obligación, la Verpflichtung
obra Werk; **~s, las** Bauarbeiten 68; **obrero/a** Arbeiter/in
obsequiar beschenken, bewirten
ocio Freizeit
octubre, el Oktober 26
oculista, el/la Augenarzt/-ärztin 239
ocupado besetzt 219
ocuparse de sich kümmern 100
oeste, el Westen 34
oferta Angebot 155, 254
oficina Büro 255; **~ de turismo** Fremdenverkehrsbüro 192
oficio Beruf

ofrecer anbieten 91, 257
oir hören 222; **¡oiga!** Hören Sie! 38
ojalá hoffentlich
ojo Auge 244; **¡~!** Vorsicht! 228
ola Welle
óleo Ölgemälde
oler riechen 51
olivo Olivenbaum
olla Topf 107
olvidar vergessen 141
ombligo Bauchnabel
ópera Oper 200
operación, la Operation
opinión, la Meinung 52
oportunidad, la Gelegenheit
oposición, la Widerstand
óptica Optikerfachgeschäft 152;
óptico/a Optiker/in
orden, la Auftrag; Befehl 256
ordenador, el Computer 261
oreja Ohr
organizar organisieren 198
órgano Orgel
orgullo Stolz
orilla Ufer
oro Gold 178
orquesta Orchester 201
os euch 277
oscuro dunkel
oso Bär
ostra Auster 133
otoño Herbst 31
otro(a) andere(r,s)
ovación, la Beifall
oveja Schaf
oxígeno Sauerstoff

P

paciente, el/la Patient/in 245
pacotilla, de ~ minderwertig
padre, el Vater; **padrino** Pate
paella Reispfanne 136
pagar bezahlen 20
página Seite
país, el Land, Staat
paisaje, el Landschaft
pajarita *(Kleidung)* Fliege
pájaro Vogel
pala Schaufel
palabra Wort 38
palacio Palast
palanca Hebel 84
pálido bleich
palillo Zahnstocher 127
paliza Tracht Prügel
palma Handfläche; *(Baum)* Palme
palmear klatschen
palmera Palme
paloma Taube
pan, el Brot 123, 157
pana Cord
panadería Bäckerei 151
pancarta Transparent
pandilla Clique
pantalla Bildschirm 261
pantalón, el Hose 165
pantano Sumpf
pañales, los Windeln 171
pañuelo Taschentuch
papel, el Papier 154, 174; **~ higiénico** Toilettenpapier
paperas, las Mumps
papilla Brei 171
paquete, el Packung; Paket 157
par, el *(Sachen)* Paar 19
para für; (*Richtung*) nach, zu; (*zeitlich*) zu, an; **~ + Inf.** um zu; **~ que** damit; **¿~ qué?** wozu?
parada Haltestelle 81, 85; **~ de taxi** Taxistand
parado arbeitslos 44
paraguas, el Regenschirm
parar anhalten 64, 71
parcela *(Camping)* Stellplatz 89
parecer finden, gefallen 53; scheinen 49

pared, la Wand
parentela Verwandtschaft
pariente, el/la Verwandte(r)
parking, el Parkplatz, Parkhaus 65, 66
paro Arbeitslosigkeit
parque, el Park 196; ~ **infantil** Spielplatz
parquímetro, Parkuhr; Parkautomat 66
parrilla Grillrost 130
parroquia Gemeinde
parte, la Teil; **~, el** Bericht; ~ **meteorológico, el** Wetterbericht 32
partera Hebamme
partido Partei; *(Sport)* Spiel, Match 191
pasaje, el Flugticket 79; **pasajero** Passagier 77; **pasaporte, el** Reisepaß 60
pasar hereinkommen 50; passieren, geschehen
Pascua Ostern 91, 30
pasear spazieren
pasillo Flur 105
paso Schritt; Durchfahrt; Telefoneinheit
pasta Teig; Masse; Brei; ~ **dentífrica** Zahnpasta 170; **~s, las** Nudeln 137
pastel, el Kuchen 144; **pastelería** Konditorei 115, 143
pastilla Tablette 237
pata Bein; **tener mala** ~ Pech haben
patada Fußtritt
patata Kartoffel 137, 162
patín acuático, el Tretboot 181
patio Innenhof
pato Ente; **pagar el** ~ etwas ausbaden müssen
patria Vaterland, Heimat
patrulla (Polizei-) Streife
pavo Truthahn
payaso Clown
paz, la Frieden
peaje, el Straßenbenutzungsgebühr 63
peatón, el Fußgänger
pedal, el Pedal 82
pedazo Stück
pedido Bestellung; **pedir** bestellen 140; bitten 46, 271
peinado Frisur; **peinar** kämmen; **peine, el** Kamm 170
pelearse sich streiten; sich prügeln
película *(Foto, Kino)* Film 204
peligroso gefährlich
pelirrojo rothaarig; **pelo** Haar 224
pelota Ball 184
peluquería Friseursalon 223; **peluquero/a** Friseur/euse
pena Leid; Schmerz
pendientes, los Ohrringe 177
pensar denken, überlegen 51, 98, 155
pensión, la Pension 89
pequeño klein 280
pera Birne 163
percebe, el Entenmuschel 161
perder verlieren 191, 233
perdón, el Entschuldigung 47; **perdonar** entschuldigen
peregrino/a Pilger/in 198
perejil, el Petersilie 131
perfume, el Parfum 170
periódico Zeitung 152, 174
perla Perle 177
permanente, la Dauerwelle 224
permiso Erlaubnis; ~ **de conducir** Fahrerlaubnis; Führerschein 67; **permitir** erlauben, gestatten 46, 257
perro Hund 98
persiana Rolladen 105
persona Person
pescado Fisch 129, 151; **pescar** fischen

peseta Pesete 20
peso Gewicht
petanca Boccia(spiel) 185
petróleo Erdöl
pez, el Fisch
pezón, el Brustwarze
piano Klavier
picante scharf 141
picar stechen
pie, el Fuß 224
piedra Stein 154
piel, la Haut; Pelz 169
pieza Stück, Bestandteil; ~ **de recambio** Ersatzteil 231
pijama, el Pyjama 165
pila Batterie 172, 175
pilar, el Pfeiler
pimentón, el Paprikapulver 131; **pimienta** Pfeffer 131; **pimiento** Paprika(schote) 138, 162
piña Ananas 139, 163
pincho Fleischspieß 127
pino Kiefer; Pinie
pintar malen; **pintor/a, el/la** Maler/in
pinzas, las Pinzette
piñón, el Pinienkern 131
pipa Pfeife 172
pipas, las Sonnenblumenkerne 205
piropo Kompliment
piscina Schwimmbad, Pool 94, 180; ~ **cubierta** Hallenbad 182; ~ **termal** Thermalbad 182, 248
piso Stockwerk 17
pista de tenis Tennisplatz 185
pistacho Pistazie 127
plancha Bügeleisen; Metallplattengrill 130; **planchar** bügeln 101, 226
plano eben; ~**, el** Stadtplan 174
planta Pflanze; Stockwerk 153
plástico Plastik 154
plata Silber 178
plátano Banane 163
platino Platin
plato Teller 107
playa Strand 180; ~ **nudista** FKK-Strand 180
plaza Platz 77
plazo Frist; Zeitraum 258
plomo Blei
pluma Feder; Füller 174
poco wenig, etwas, bißchen
poder dürfen 46; können 38, 271
policía, el/la *(Person)* Polizist/in; ~**, la** *(Behörde)* Polizei 228; ~ **de tráfico** Verkehrspolizei 69
política Politik
pollo Hähnchen 137, 151, 160
polvos, los Puder
pomada Salbe 237
pomelo Grapefruit 163
poner setzen, stellen, legen
por wegen; (*Reise*) via; (*Mathematik*) mal; ~ **ciento, el** Prozent 18; ~ **favor** bitte; ~ **la mañana** morgens 25; ~ **la tarde** nachmittags 25; ~**que** weil; **¿~ qué?** warum
posible möglich
posición, la Position 80
posología *(Medizin)* Dosierung, Anwendung 237
postal, la Postkarte 174, 217
poste de socorro, el Notrufsäule 63, 229
póstigos, los Fensterläden
precio Preis 90
preferencia de paso Vorfahrt 69
preferir bevorzugen 156
preguntar fragen
prenda Kleidungsstück 101
prensa Presse 173
preparar vorbereiten 103; zubereiten 141
presentación, la Präsentation 264; **presentar** vorstellen 40
preservativo Präservativ

presión, la Druck; Blutdruck 242
prestar ausleihen, verleihen
presupuesto Kostenvoranschlag 231, 258
primavera Frühling 31
primer(o) erste(r) 17
prismáticos, los Fernglas 178
probable wahrscheinlich
probador, el Anproberaum; Kabine; **probar** probieren; anprobieren 164
problema, el Problem
producir herstellen, produzieren 251
profesión, la Beruf 43
profundidad, la Tiefe 181
programa, el Programm 199, 262
prohibido verboten
prolongar verlängern 92
pronto bald 28
propina Trinkgeld 122
propulsión, la Antrieb
protagonista, el/la Hauptdarsteller/in 203
próximo/a nächste(r) 77
pub, el Kneipe, Club 209
publicidad, la Werbung
público öffentlich; **~, el** Publikum, Leute
pueblo Dorf; Volk
puerro Lauch 162
puerta Tür 95; **~ de embarque** Flugsteig 78
puerto Gebirgspaß; Hafen 56, 81
puesto Posten; Position; Stand 263; **~ de información** Informationsstand 263
pulmón, el Lunge 243
pulpo Tintenfisch 127 135, 161
pulsar drücken 215, 262
punta Spitze 225
punto Punkt, Stelle; Zeitpunkt; **~ cardinal** Himmelsrichtung
puro Zigarre 172

Q

que *(Relativpron.)* das; daß; *(bei Vergleich)* als
qué, ¿~? was? 38, 266f; **¡~ alegría!** Wie schön! 48; **¡~ aproveche!** Guten Appetit! 51; **¿~ hora es?** Wie spät ist es? 22; **¡~ pena!** Wie schade! 47; **¿~ tal?** Wie geht's? 39
quedar passen 45, 164; vorhanden sein 153; **quedarse** bleiben 55, 92
quejarse sich beschweren
quemadura Verbrennung 236; **~ de sol** Sonnenbrand 236; **quemar** brennen
querer möchten; wollen; lieben 271
queso Käse 123, 139, 151, 158
quiebra Bankrott
¿quién? wer? 266f
quieto ruhig, unbewegt
quilate,el Karat
quincena vierzehn Tage
quiosco Kiosk 85, 152, 173
quisiera ich würde gern 276
quitamanchas, el Fleckentferner
quitar lösen 64
quizás vielleicht 49

R

rabia Wut
ración, la Portion 126
racismo Rassismus
radiador, el *(Auto)* Radiator; Kühler 231
radio, la Radio 96; **~casete, el** Radiorecorder 175; **~grafía** Röntgenaufnahme 242
raíz, la Wurzel
rama Ast, Zweig

ramo *(von Blumen)* Strauß; *(Handel)* Branche, Zweig
rana Frosch
rape, el Seeteufel 161
rápido schnell
raqueta *(Sport)* Schläger 189
raro selten; merkwürdig 231
rascacielos, el Wolkenkratzer
raso Satin
rastro Spur; Flohmarkt 150
rata Ratte
ratero Taschendieb 234
rato Weile; Moment 76
ratón, el Maus 261
raya, la Streifen; Linie; *(Haar)* Scheitel
rayo Blitz; *(von Sonne)* Strahl; **~s X, los** Röntgenstrahlen
razón, la Vernunft; Recht 52
realidad, la Wirklichkeit
rebaja Sonderangebot 155
rebanada *(von Wurst, Käse etc.)* Scheibe
recado Auftrag; Nachricht
recargo *(von Tickets)* Zuschlag
recepción, la Rezeption 100
receta Rezept 236
recibir erhalten, empfangen
recibo Quittung
recién *(gestrichen)* frisch, *(Einkauf)* neu, *(Ankunft)* gerade
recipiente, el Behälter
recital, el Konzert, Lesung
reclamación, la Reklamation 94
recoger abholen 49, 76
recomendar empfehlen 89, 175, 140
recompensa Belohnung
reconciliación, la Versöhnung
recto geradeaus 57
recuerdo Souvenir 151
red, la Netz(werk) 262
redondo rund 154
reducir verkleinern
refugio Berghütte 89
regalo Geschenk 151, 153
regatear *(Preis)* feilschen um
régimen, el Diät 248
región, la Region, Gegend 176
regreso Rückkehr
rellenar ausfüllen 99; **relleno** gefüllt 126, 144
reloj, el Uhr 152; **relojería** Uhrenfachgeschäft 177
remar rudern 186
remitente, el Absender
remolcar abschleppen 230
reparar reparieren 64
repetir wiederholen 38
repleto voll, vollgefüllt
reserva Reservierung; Buchung 98; **~r** reservieren; buchen 79
resfriado Erkältung
respiración, la Atmung
responsable, el/la Verantwortliche(r) 251
restaurante, el Restaurant 115, 128
retirar *(Bank)* abheben; entnehmen 215
retocar ändern 164
retraso Verspätung 74
retrato Porträt 196
retrete, el WC 106
retroproyector, el Overheadprojektor 260
reuma, el Rheuma
reunión, la Besprechung 255; Meeting
revelar *(Foto)* entwickeln 172
revisor, el Schaffner 72
revista Zeitschrift 174
rezar beten 198
ría fjordähnliche Bucht
rímel, el Wimperntusche 170
rincón, el Ecke; Winkel
riñón, el Niere 243
río Fluß 197

rizado lockig 225
robar stehlen, rauben 233
roble, el Eiche
robo Einbruch, Diebstahl 233
roca Fels 180
rodilla Knie 244
rogar inständig bitten
rojo rot 34
romero Rosmarin 131
rompecabezas, el Puzzle
romper kaputtmachen; **~se** kaputtgehen
roncar schnarchen
ropa Wäsche; Bekleidung 111, 150
rosa rosa 34; **~, la** Rose
rosca Gewinde
roto kaputt 84, 95, 272
rubéola Röteln
rubio blond 225; *(Tabak)* hell
rueda Rad 64
ruido Geräusch 231

S

sábado Samstag 26
sábana Laken, Bettuch 106
saber wissen; können 37
sabor, el Geschmack
sabroso schmackhaft
sacacorchos, el Korkenzieher 107
sacar herausholen; ziehen 247
sacarina Süßstoff 124
sacerdote/tisa Priester/in
saco Sack; **~ de dormir** Schlafsack 112
sagrado heilig, ehrwürdig
sal, la Salz 131
sala Saal, Wohnzimmer; **~ de conferencias** Konferenzraum 100; **~ de espera** Wartesaal 73; **~ de fiesta** Tanzlokal 209; **~ de juegos** Spielhalle 209
salado salzig, gesalzen 141
salario Lohn
salchicha Wurst; Würstchen 159; **salchichón, el** Salami 125
saldar *(Scheck)* einlösen 213
salida Ausfahrt 63; **~ de emergencia** Notausstieg, Notausgang 75; **salir** abfahren 70; ausgehen 208
salmón, el Lachs 135, 161
salón, el Wohnzimmer
salsa Soße; *(figürlich)* Reiz, Würze
salud, la Gesundheit; (*Trinkspruch*) Prost! 48, 119
saludar (be)grüßen 41, 256; **saludo** Gruß 39
salvaje *(Tier)* wild; *(Person)* roh
salvavidas, el Rettungsring 81
salvia Salbei 131
sandalia Sandale 168
sandía Wassermelone 163
sangrar bluten; **sangre, la** Blut
sangría spanische Rotweinbowle
sano gesund
santo/a Heilige(r) 198; **santo, el** Namenstag
sapo Kröte
sarampión, el Masern
sardina Sardine 161
sartén, la Pfanne 107
sastre, el Schneider
sauna Sauna 182, 183
se sich
sé ich weiß
secador, el Haartrockner 183
secar fönen 224
sección, la Abteilung 251
seco trocken 32, 146
secretaria Sekretärin 252; **secretaría** Sekretariat 253, 256
secreto Geheimnis
sed, la Durst 116
seda Seide 166
sedante, el Beruhigungsmittel
seducir *(Person)* verführen; *(Sache)* faszinieren

seguir folgen 58; fortfahren, weitergehen
seguramente sicherlich 52
seguridad, la Sicherheit 78
seguro Versicherung 67; ~ **de enfermedad** Krankenversicherung 238
seleccionar auswählen 215, 219
sello Briefmarke 150, 217; Stempel 260
selva Dschungel; ~ **virgen** Urwald
semáforo Ampel 57
semana Woche 26, 27; **Semana Santa** Karwoche 30, 207
sencillo einfach 153
senda, sendero Fußweg, Pfad
seno Brust
sensual sinnlich
sentarse sich setzen 50, 257
sentir fühlen; bedauern 37
señal, la Zeichen; ~ **de tráfico** Verkehrszeichen
señor, el Herr 38; **señora** Frau; Dame 38
sequía Trockenheit
ser sein 275
serpiente, la Schlange
servicio Toilette; Service; Bedienung 128
servilleta Serviette 142
servir servieren 101
sesión, la Filmvorführung 204, 205
sesos, los Hirn
seta Pilz 138, 162
sexo Geschlecht 43
si wenn; ob
sí ja 36
Sida, el Aids 241
sierra Gebirge
siglo Jahrhundert 177
silla Stuhl 106; **sillín, el** Fahrradsattel 82; **sillón, el** Sessel 106
simpático sympathisch 46
sin ohne; ~ **plomo** bleifrei 63
sindicato Gewerkschaft
sino sondern
sinvergüenza, el/la unverschämte Person
sitio freier Platz; Raum 98
sobre über 58; **~, el** Briefumschlag 174
sobrecargo Aufschlag 91
sobrino/a Neffe/Nichte
sociedad, la Gesellschaft 253; **socio** Geschäftspartner; (*Club*) Mitglied 209
sociología Soziologie
socorrista, el/la Rettungsschwimmer/in
sol, el Sonne 31
solicitar beantragen
solo allein 54; **sólo** nur 21
solomillo Filet
soltero ledig 43
sombra Schatten 110
sombrero Hut 165
sombrilla Sonnenschirm 181
somnífero Schlafmittel 236
sonrisa Lächeln
soñar träumen
sopa Suppe 129
sótano Keller
suave weich; mild; (*Wein*) lieblich 146; **suavizante, el** Weichspüler
subir hochgehen; einsteigen 58
sucio dreckig 95
sudadera Sweatshirt 165
suegros, los Schwiegereltern
suerte, la Glück; Schicksal 47
suéter, el Pullover 165
Suiza Schweiz; **suizo** schweizerisch
suministrador, el Lieferant; **suministrar** liefern 258
superior, el/la Vorgesetzte(r)
suplemento (*Zug*) Zuschlag 72
supositorio Zäpfchen 237
sur, el Süden 34

T

tabaco Tabak 172
taberna Kneipe, Bar, Bistro
tabla Brett, Tafel; **~s, las** *(Theater)* Bühne; **~ de surf** Surfbrett 181, 189
tacaño geizig
tacón, el (*Schuh*) Absatz 168
tacto Tastsinn; *(figürlich)* Takt(gefühl)
tajada *(von Melone etc.)* Scheibe
talgo spanischer Schnellzug
talla Größe 155, 163, 164; **~ en madera** Schnitzerei 176
tallarín, el Bandnudel
taller, el Werkstatt 231
tallo Stengel, Stiel
tamaño Größe, Format 172
también auch, ebenfalls
tambor, el Trommel
tampoco auch nicht, ebensowenig
tampón, el Tampon 170
tapa, la Appetithappen; Snack 125
tapiz, el Wandteppich
tapón, el Stöpsel
taquilla Schalter 72
tarde spät 28; **~, la** Nachmittag 25
tarifa Tarif 67; **~ de alquiler** Leihgebühr
tarjeta Karte; Visitenkarte 250; **~ de crédito** Kreditkarte 21; **~ de embarque** Bordkarte 77
tarta Torte 143
tasa Gebühr; **~ de balneario** Kurtaxe
tasca Kneipe 115
taxi, el Taxi 84; **taxista, el/la** Taxifahrer/in 86
taza Tasse 107, 117
té, el Tee 117
teatro Theater 199
techo (*Raum*) Decke
tecla Taste 215, 262; **teclado** Tastatur 261
tejado Dach
tejanos, los Blue Jeans
tela Stoff 154
tele, la *(familiär)* Fernsehen 95
telediario Tagesschau
teleférico Seilbahn
telefonear telefonieren 212, 218; **telefónica** Fernmeldeamt 212, 218
telegrama, el Telegramm
telescopio Fernrohr
telesilla Sessellift; **telesquí, el** Skilift
televisor, el Fernseher
telón, el *(Theater)* Vorhang
temblar zittern, beben
temer fürchten; **temor, el** Angst
tempestad, la Sturm
templado *(Flüssigkeit)* (lau)warm; *(Klima)* mild
temporada Saison 90
temprano früh 28
tenazas, las Zange
tenedor, el Gabel 107, 142
tener haben 271, 273; **~ prisa** es eilig haben 86; **~ que + Inf.** müssen
teñir färben 224
teología Theologie
terminar beenden; aufhören 200
termómetro Thermometer
ternera Kalb 137, 159
testigo Zeuge 229
tiempo Zeit 22; Wetter 31
tienda Geschäft, Laden 23, 150; **~ de campaña** Zelt 110, 112
tijeras, las Schere 170, 260
tinta Tinte; **~ china** Tusche
tinto (*Wein*) rot 147
tintorería Reinigung 226
tío/a Onkel/Tante
típico typisch 176

tirar ziehen
tirita Heftpflaster
toalla Handtuch 95, 184
tocar berühren; an der Reihe sein 152; (*Musik*) spielen 202
tocino Speck
todavía noch
tomar nehmen; trinken; ~ **el sol** sich sonnen 184
tomate, el Tomate 138, 162
tomillo Thymian 131
tonsilas, las (*Medizin*) Mandeln; **tonsilitis, la** Mandelentzündung
tormenta Gewitter 34
tornillo Schraube
toro Stier 159, 207
torre, la Turm 196
tortilla Omelett 125, 132
tos, la Husten 239; ~ **ferina** Keuchhusten
trabajar arbeiten 44, 250
traductor, el Übersetzer 37, 44
traer bringen
tráfico Verkehr
traje, el Anzug 166; ~ **de baño** Badeanzug 184
trampolín, el Sprungbrett 182
tranquilo ruhig 89
transbordador, el Fähre 81
transferencia Überweisung 236
transparente durchsichtig
transportar transportieren; **transporte, el** Transport 258
tranvía, el Straßenbahn 84
tráquea Luftröhre
tratamiento Behandlung 247; **tratar** (*Medizin*) behandeln; handeln 204
travesía Querstraße 58; Überfahrt 82
tren, el Zug 70
trineo Schlitten
trombón, el Posaune
trozo Stück 143, 157
trucha Forelle 161
trueno Donner
tubo Rohr
tumba Grab 194
tumbona Liegestuhl 181
turismo Tourismus; PKW 62; **turista, el/la** Tourist/in
turquesa türkis 34
turrón, el Mandel-Nougat-Spezialität 143

U

último letzte(r) 156
ultramarinos, los Lebensmittelgeschäft
un(a) *(Artikel)* ein(e) 268
ungüento Salbe
único einzig, einzigartig
uña Fingernagel; Zehennagel 170
urbanización, la Siedlung, Villenkolonie
urgencias Notfallstation 245; **urgente** eilig; dringend 217
usar benutzen, gebrauchen; **uso** Gebrauch
útil nützlich; **utilizar** (be)nutzen
uva Traube 147

V

vaca Kuh; Rind 137, 159
vacaciones, las Urlaub; Ferien 54, 90
vacuna Impfung 241
vainilla Vanille 145
vajilla Service; Geschirr
¡vale! einverstanden! 49, 51
valle, el Tal 196
valor, el Wert 234, 242
válvula Ventil 82
vaqueros, los Jeans 165

varicela Windpocken
varios mehrere, einige, verschiedene 175
vaso Becher, Glas 107
vegetariano vegetarisch 141
vehículo Fahrzeug 62
vela Kerze 198; Segel 188
velocidad, la Geschwindigkeit 67
vena Vene
vendar verbinden, zubinden
vender verkaufen 86, 153
venir kommen 271
venta Verkauf 111; ~ **anticipada** Vorverkauf 200
ventaja Vorteil 258
ventana Fenster
ventilador, el Ventilator
ver sehen; **~se** sich sehen; sich treffen 49
verano Sommer 31
verdad, la Wahrheit 52
verde grün 34
verdura Gemüse 129, 138, 151
vestido Kleid 166; **vestuario** Umkleidekabine 181
vez, la (*zeitlich*) Mal 28
vía Gleis 73
viajar reisen; **viaje, el** Reise 40; **viajero** Reisende(r)
vídeo Video; Videorecorder
vidrio Glas 154
viento Wind 31; ~ **lateral** Seitenwind 68
viernes, el Freitag 26
vigilante, el Wächter 66; **vigilar** aufpassen, bewachen 65
vinagre, el Essig 131
vino Wein 146; ~ **blanco** Weißwein 120, 146; ~ **rosado** Roséwein 120, 146; ~ **tinto** Rotwein 120, 146
violación, la Vergewaltigung 234
violeta violett 34
virgen, la Madonna; Jungfrau 198
visado Visum 60
visita Besuch; **visitante, el/la** Besucher/in 264; **visitar** besuchen; besichtigen 193
vista Ausblick 93; Sehkraft
visto gesehen 272
vivir leben; wohnen 42; **vivo** lebendig
volante, el Lenkrad 232; *(Handel)* Flugblatt
volar fliegen
voltaje, el Stromspannung 108
volver zurückkommen 86; ~ **a + Inf.** etwas wieder tun 54
vomitar sich übergeben 240
voz, la Stimme
vuelo Flug 77
vuelta Rückfahrt, Rückkehr; (*Geld*) Rückgeld 21

W

wáter, el WC 90

Y

y und; (*Uhrzeit*) nach 22
ya schon
yerno Schwiegersohn
yeso Gips
yodo Jod
yogur, el Joghurt 123, 158

Z

zanahoria Karotte 138, 162
zapatero Schuster; **zapato** Schuh 152, 167
zarzuela spanische Operette 200
zorro Fuchs
zumo Fruchtsaft 118

Abbildung 1: Spanische Speisefische

salmón (= Lachs)

lubina (= Seebarsch)

boquerón (= Sardelle)

bacalao (= Kabeljau)

dorada (= Goldbarsch)

caballa (= Makrele)

merluza (= Seehecht)

bonito (= Gestreifter Thun)

pez espada (= Schwertfisch)

lenguado (= Seezunge)

Abbildung 2: Weingegenden Spaniens

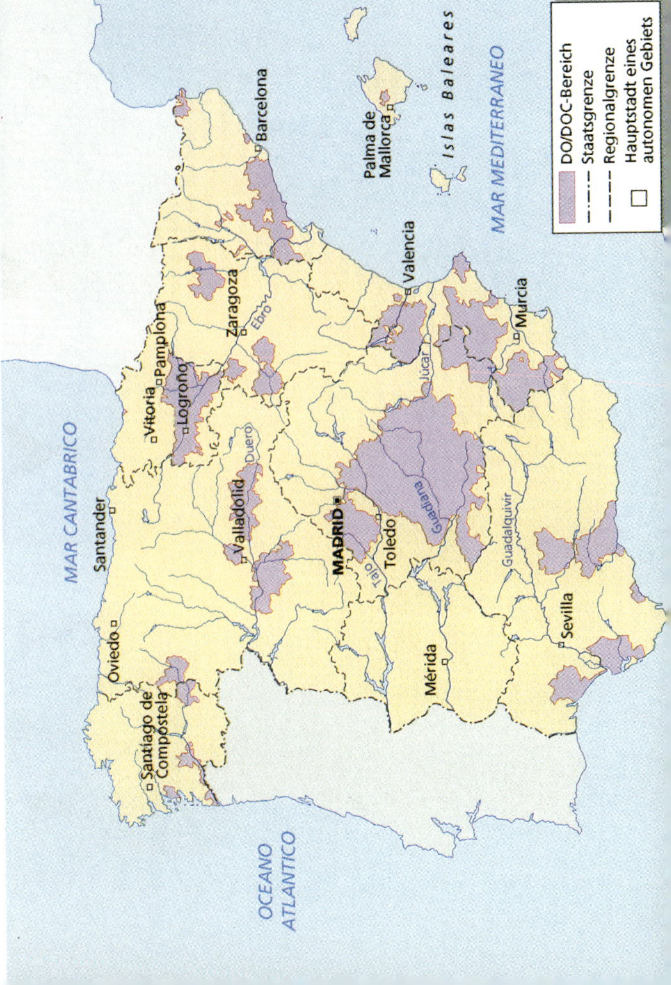

Abbildung 3: Geldscheine

Abbildung 4: Verkehrsschilder

Rote Welle bei schnellerer Fahrt als 60 km/h

Kriechspur für LKW's

Feuergefahr

Autobahn

Bundesstraße

kommunale Nebenstraße

Touristeninformation

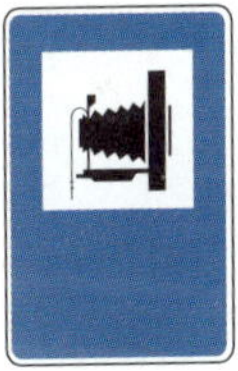

Aussichtspunkt

Denkmal

Wasser

Angelrevier

Paß gesperrt

Mini-Sprachführer
Katalanisch – Baskisch – Galizisch

Überall in Spanien kommen Sie mit der offiziellen spanischen Landessprache, dem *castellano* oder *español*, an das gewünschte Ziel. Als kleine Orientierungshilfe in den zweisprachigen Landesteilen Spaniens finden Sie hier einige wichtige Ausdrücke, Begriffe und Informationen zusammengefaßt, die Sie lesen oder hören könnten:

Katalanisch	Baskisch	Galizisch	Deutsch
lavabos	konketak	lavabos	Toiletten
dones / senoyres	andreak	mulleres	Frauen
homes / senyors	jaunak	homes	Männer
lliure	ez dago hartuta	libre	frei
ocupat	harturik dago	ocupado	besetzt
entrada	sarrera	entrada	Eingang
sortida	irteera	saída	Ausgang
estireu	tira egin	estirar	ziehen
empenyeu	bultz egin	empuxar	drücken
tancat	itxirik	cerrado	geschlossen
obert	zabalik	aberto	geöffnet
caixa	kutxa	caixa	Kasse
sí	bai	si	ja
no	ez	non	nein
gràcies	eskerrik asko	gracias	Danke
perdó	barka	perdón	Entschuldigung
bon dia	egun on	bon día	Guten Morgen!
bona tarda	arratsalde on	boa tarde	Guten Tag!
bona nit	gau on	boa noite	Gute Nacht!
adéu (-siau)	agur	adeus	Auf Wiedersehen!